U0146112

一树花开
四月天

林徽因 传
Life Of Lin
Huiyin

丁立梅 著

Ding Li Mei
Works

作家出版社

图书在版编目（CIP）数据

一树花开四月天：林徽因传 / 丁立梅 著. -- 北京：作家出版社，2017.1（2017.5 重印）

ISBN 978-7-5063-8962-4

Ⅰ. ①一… Ⅱ. ①丁… Ⅲ. ①林徽因（1904-1955）-传记 Ⅳ. ① K826.16

中国版本图书馆CIP数据核字（2016）第130064号

一树花开四月天：林徽因传

作　　者：丁立梅
责任编辑：省登宇
装帧设计：粉粉猫
出版发行：作家出版社
社　　址：北京农展馆南里10号　　邮　　编：100125
电话传真：86-10-65930756（出版发行部）
　　　　　86-10-65004079（总编室）
　　　　　86-10-65015116（邮购部）
E-mail:zuojia@zuojia.net.cn
http://www.haozuojia.com（作家在线）
印　　刷：三河市北燕印装有限公司
成品尺寸：145×210
字　　数：230千
印　　张：10.5
版　　次：2017年1月第1版
印　　次：2017年5月第2次印刷
ISBN　978-7-5063-8962-4
定　　价：35.00元

目　录

序

知道她，还是在念高中时，地摊上逛着，突然撞见一本徐志摩传之类的书。书里印有她的照片，民国美女，一笑倾人城，再笑倾人国。以为她仅仅是个有男人缘的美人，会诌两行诗文，而已。

当我真的走近她，我为自己曾经的浅薄与无知羞愧，我的心一次又一次被她震疼，几度泪下。乱世出佳人，佳人多磨难，真的应在她身上。仿佛是为了均衡，上苍给了她显赫的家世、绝美的容颜、绝代的才华，却也给了她磨难重重的人生。

她早年留学欧美，饱吸欧伦之风，她的英语说得比母语还流畅，是个既西化又传统的女子。好男人为她趋之若鹜，她却始终坚持最初的选择，不离不舍。

她涉猎广泛，文学、建筑、绘画、音乐、历史、服饰、舞台设计，好像没有什么在她面前是壁垒，她总是如履平地、轻松自如地在这些领域里徜徉。

只是，少有人知道，她的风光在人前、付出在背后。诗文里闪现的灵光，无一不是她无数次的推敲得来的。她是个极其勤奋又专心的女子，来不得一丝一毫的浪费。她从温馨的窗内走出，走到风雨琳琅的窗外，和丈夫梁思成一起，挤火车，爬小车，骑驴，步行，抵达那人迹罕至的野外，在那些年久失修的古建筑上，攀上爬下，丈量考察；贫病交加的日子，她枕于病榻，仍手不释卷，通读了汉代史等方面的书籍，为梁思成的《中国建筑史》一书修改、补充和润色，且亲自撰写了其中的五代、宋、辽、金部分；新中国成立后，她又参加了国徽和人民英雄纪念碑的设计，并为保护濒临绝迹的景泰蓝，抱病奔走呼号。

她有过锦衣玉食众星捧月的大好春光，生命中黄金的九年，却遭到巨大浪费，被打入"地狱"，辗转流亡。因肺病复发，她常年被困在一张帆布床上，透过小小的窗，望见的一角天空，一直被阴霾笼罩着。牛羊的叫声，从遥远的梦境传过来。偏僻潮湿的李庄，一叶孤舟般地，飘荡在茫茫的风雨中。那些烛影摇红的时光呢？梁家客厅里，好男人围一圈，徐志摩、梁思成、金岳霖、沈从文……她梨涡深深，机智敏锐，语锋犀利，谈笑宴宴。好日子短暂得似昙花。长久的病痛，长久的颠沛，在她人生最好的一页上，写满流亡、悲愤、屈辱、贫困、疾病。所有的才能，如被压抑的种子，无法生根发芽抽枝长叶——这才是让她痛不欲生的。

日子的千锤百打，蚀去她娇好的容颜，憔损了她非凡的才华，她几乎没有好好过一个丰盛的中年，一下子就迈入了老年。心中的信念却始终没有倒下，古建筑是她神圣的信仰，在她生命的最后时光，她还在为保护北京的古城墙，饮泪泣血。

这个叫林徽因的女子，生前最大的奢望，莫过于能在人间四月天里，好好享几天太平，做她喜欢做的事。她没能等到那一天，郁郁而终。让她意想不到的是，拂去大半个世纪的风霜烟尘，她的美丽聪慧、侠骨柔肠、摛锦才华，更加倾国倾城、光彩照人。

第一章

尘世里的初相见

尘世里的初相见

提起江南，总使人想起那首耳熟能详的汉乐府来：

江南可采莲，莲叶何田田！鱼戏莲叶间。鱼戏莲叶东，鱼戏莲叶西，鱼戏莲叶南，鱼戏莲叶北。

江南最好的季节不是春。哪里的春天，都是群花烂漫，都是一样的花团锦簇。等各地的花潮都退去，满世界只剩下叶的绿，江南的好，便凸现出来，满湖的莲与荷，清纯活泼，千娇百媚。——游人只合江南老了。

我曾跟人开过玩笑，我说我下辈子一定要生在江南。在六月天微雨的黄昏，穿碎花的旗袍，撑一顶碎花的小伞，走在江南的雨巷里。想想那等摇曳生姿，兀自醉了。如若再逢上一段艳遇，那整个人生就再完美不过了。

这是江南骨子里的媚。

相遇江南，是每个女人的梦。不消说它的粉墙黛瓦。不消说它的小桥雨巷。不消说睡意浅浅的早晨，被卖玉兰花的妇人湿湿的叫卖声唤醒。就说它满湖的莲与荷吧，六月湖上的风，吹着也还清凉。采莲的女子，头扎蓝印花布的头巾，身穿蓝印花布的斜襟衫，莲藕般的胳膊，在莲叶间，鱼样地灵活。她左采右采，整个画面看上去，恰如仙子落凡尘。

这么一说，林徽因委实幸运，她生在江南，生在江南最好的六月里。

那是清光绪三十年的六月。阳光拍打着青碧的西湖水。湖上的莲已长成，有的正含苞，有的已然盛开。面容娇嫩，清澈纯净，犹如小生命。岸边杨柳依依、绿意森森，一派江南的初夏风光。

这是乱世。腐败的清政府统治已日趋式微，行将就木。有识之士开始了救国活动，四处奔走呼号。山雨欲来风满楼。

可这关阳光什么事呢？阳光照旧泼泼洒洒、如银似金，照亮了一个世界。这关花朵什么事呢？荷开了。莲开了。栀子花更是开得不管不顾，整个杭州城密布着它的香，浓烈缠绵，如炒熟的糖栗子。

自然界的法则就是顺其自然，该出太阳时出太阳，该开花时开花。这就如同一个人的出生，是无可逆转的事。

六月十日，陆官巷深处的林家老宅里，人影幢幢，笑语喧喧。一个女婴，在众人的期盼中，呱呱坠地。

乱世出佳人。多年后，这个女婴长大，验证了这样一个道理。

每个婴儿的出生，都是尘世里的初相见。

只是，相见的是温雅纯良，还是愚昧无知；是锦衣玉食，还是苦贫饥寒；是阳光琳琅，还是风雨如晦。这真是没得选择的事。

所以，常有人哀叹生错了人家，哀叹生不逢时逢地。

林徽因哀叹过吗？

六月天的暖阳下，她是一朵清香，是柔嫩的喜悦。尘世迢遥，江湖浪高，暂都与她无关。

这个时候的林家，在杭州城赫赫有名。

林氏一族，本是福建一带的名门望族。到祖父林孝恂时，家道中落，很是清苦了一段时期。后来，林孝恂考中进士，身列翰林之选，与康有为同科，先后在浙江海宁、石门、仁和各州县任地方官，后代理了杭州知府。林氏一族迅速崛起。

林孝恂虽身为晚清官吏，境界却早已超越了同僚们，他饱读诗书，知识渊博，接受西方政法思想，眼界颇为开阔。在对子女的培养上，他大刀阔斧，舍得投资。他在杭州首创开设家塾之风，晚辈中不分男女，一律进家塾接受教育。他既请了国学大师林琴南这样的人到私塾来，给孩子们讲授四书五经，又聘请了新派名流林白水，给孩子们介绍天文地理、境外概况，还招聘了加拿大人华惠德、日本人嵯峨峙到私塾，教习孩子们英文、日文。这使得林家子侄，个个都思想激进，诗书满腹，文采不凡。写下《与妻书》而慷慨赴义的林觉民，就是其中之一。

祖母游氏，也不是个只识针头线脑锅碗瓢盆的小脚妇人，她容颜端庄，气质高雅，喜典籍，会书法。长子林长民的书法，颇得她真传。而长大后的林徽因，颇得她的遗韵。

这一对睿智的夫妇，开明开化，长子婚后久久不育，他们竟很能沉得住气，耐心地等。这一等，就是八年。八年后，云开日出，终于等来了林徽因。虽是个女娃子，他们一样欢天喜地，心肝宝贝地疼着。

饱读诗书的祖父左掂量、右斟酌，给这个孙女取名"徽音"。《诗经·大雅·思齐》里有：

> 思齐大任，文王之母。思媚周姜，京室之妇。大姒嗣
> 徽音，则百斯男。

短短几句里，分别夸赞了三位不平凡的女性。第一位是文王的母亲大任，她是多么的雍容端庄。第二位是文王的祖母周姜，她是多么的贤淑美好。最了不得的是第三位，她是文王的妻子大姒，享誉于世，为文王生下许多儿子。

老爷子的心思不言自明，他希望他这个宝贝孙女，将来能够像大姒一样，美名远扬。也寄希望于自她之后，他们林家能够子嗣兴旺、门庭发达。

若干年后，这个孙女果然不负他所望，如一颗耀眼的星星升起，光华熠熠，风华绝代。只是那个时候，老爷子早已离世多年。这个孙女也不叫"徽音"了，而改名为"徽因"。原因是一个男作家林微音，与她的名字相撞，常被人混淆。这大概是老爷子磕破脑袋也没想到的事。

林徽因现存最早的一张照片，摄于三岁那年。

西窗下，枇杷树前，绿草地上，祖母的雕花藤椅做了摆设。阳光透过树隙，洒下一圈的光，银箔儿似的。小徽因被这圈光裹着，白衫，白裤，加上红色小筒靴。额上的发，被抿上去了，露出她光洁的柔软的额。小小的身子，倚着藤椅，一只手搭在身后的椅座上，一只手搁在前面，露出手腕上的玉镯来。众人在逗她笑，徽儿，笑一个！笑一个！她望着黑乎乎的机器，不知怎么办才好了，神情有点拘谨，小脸蛋圆鼓鼓的，微皱着小眉头，想笑，却憋着。看上去，恰如一朵含苞欲放的花骨朵儿，让人想一抱在怀，好好地亲。

林徽因三岁照

这是她最好的童年吧，金枝玉叶，备受恩宠，日子是清清亮亮的一串水晶，剔透晶莹。她展颜一笑，世上所有的花儿便都开了。多年后，林徽因写过一首题为《笑》的诗：

> 笑的是她的眼睛，口唇，
> 和唇边浑圆的漩涡。
> 艳丽如同露珠，
> 朵朵的笑向
> 贝齿的闪光里躲。
> 那是笑——神的笑，美的笑：
> 水的映影，风的轻歌。
>
> 笑的是她惺忪的鬈发，
> 散乱的挨着她的耳朵。
> 轻软如同花影，
> 痒痒的甜蜜
> 涌进了你的心窝。
> 那是笑——诗的笑，画的笑：
> 云的留痕，浪的柔波。

谁能展露出这样清纯的如同露珠般的笑？只有孩子。写这首诗的时候，林徽因已为人母，女儿梁再冰刚好是她现在的年纪，小小的天真，盛满唇边的酒窝，如柔波似的光阴。

童年是一尾活泼的鱼

二十世纪初，四五岁的小丫头在干吗呢？

贫苦人家，大抵是能帮着父母拾掇拾掇家务活了，烧火做饭，照看弟妹，提篮割草，放牧牛羊。像野地里随便长着的一株草，无人留意。富裕一点的人家，该教小丫头女红了，西窗下坐着，绣绷子撑开，一针一线绣出荷花和牡丹。

还有缠足。

缠足之风，这个时候尚未休，"三寸金莲"还很得人心。

我的祖母就非常不幸地生在这个年代。也是大户人家的姑娘，被父母掌中宝似的疼着爱着，但还是被捉住缠了足。四五岁的小人，疼得蚀魂蚀骨，日夜哭泣。可又有什么办法呢？她那思想保守的父母一边心疼得流泪，一边拿裹脚布把她的小脚死死缠住。我见过祖母的一双小脚，肉粽子似的，小小一团，走起路来只能踩着碎步。

祖母生前一说起那段往昔，叹息便落花似的，落不完地落着。

忍不住想，林徽因若是踩着这样一双小脚，去欧洲，去美国，在一群优秀的男人中间，莲步碎乱，那将是何等惨烈？

对着她成年后的一张裙装照，我左看右看，终于放下一颗心来，她没有缠足。

女红大概也没有学。

她的母亲不会女红，自然不会教她。她的祖母和姑姑都是文化人，也不大可能教她。或许女红也会做一点，只是当着玩儿。彼时，花开稠稠，喜悦静好，她只管无忧地做着她的小孩子，承欢在祖父母膝下，学着识一些字、读一些书。日日晴天，夜夜月圆。

讨人喜的孩子，大抵都有颗七巧玲珑心，能察言观色，乖巧懂事。

这是天生的敏感。

尤其是生在大家族里，一堆的孩子争宠。

林徽因从记事起，已隐约知道，自己的娘是个不顶事的，家里人不拿娘当回事。她能做的，就是表现得好一点、再好一点，讨祖父母喜欢。

她做到了。嘴甜，要强，有主见，是个小人精。即使后来有了妹妹麟趾，即使表姊妹们一堆儿，她的受宠，也没有被抢去一点点，祖父母还是宠她如掌上明珠，一直把她带在身边亲自照拂，竟不关她母亲什么事。

不由得想起十月桂花。露湿风凉，桂花开了，不过米粒大小，不引人注目。可人都知，桂花开了，欢喜不迭。只因它的香，实在太浓烈，让人忽视不得。李清照夸它："何须浅碧深红色，自是花中第一流。"

这是小小桂花的聪慧，它知道，靠什么能赢得人心。

人生的得失圆缺，有时亦是公允的。

林徽因拥有一个才华横溢气度不凡的爹，却摊上个无知无识的娘。

林徽因不跟娘亲，母爱的那一页，蒙了尘。

这个时候，大姑林泽民带着女儿在娘家常住。大家闺秀，温厚纯良，又进过家塾，琴棋书画样样精通，深得孩子们喜爱。闲时，大姑领着徽因在内的一帮孩子，教他们诗词歌赋，徽因顶小，贪玩，在一边漫不经心地听着讲。但随后的诵读记忆、理解表达，她都胜表姊们一筹。她口齿伶俐，童声叮当，水晶一样的光阴，剔透欢腾。

如此，更得宠爱。大姑待她，竟比对亲生女儿还要好，亲自带在身边教习。她受到极好的启蒙教育，蒙了尘的那一页，终被描上金边。花影飘摇，阳光泄泄融融。

彼时，她笑也轻扬，泪也轻扬。清亮的眸子里，倒映的是蓝天白云，是粉墙边开不完的金钟花。童年是一尾活泼的鱼，她只管幸福地游弋，溅起一朵又一朵快乐的水花，在水草间，藏起她甜美的梦。跫音袅袅，日月千秋。

常常忆起多年前。

那时还小。我和祖母坐在厨房里。晚饭刚刚吃过，桌上还留有玉米稀饭的热气。一盏煤油灯照着，灯光昏昏黄黄。外面的风，从门缝里挤进来，灯影在墙上晃晃的。我突然想到了死亡。

祖母正在拾掇着什么。我望着灯光里的祖母，眼睛里突然蓄满了泪。祖母也会死的———想到这儿，我无来由地悲伤，悲伤到不能自已。假如没了祖母，我怎么过呢？那时，我跟祖母吃睡在一起。祖母给我梳小辫。祖母给我缝花衣裳。祖母给我做南瓜饼。我被恐惧攫住了心，竟大哭起来。祖母一把抱住我，惊问：你这孩子，怎么了？

这是一个孩子的恐惧，在她小小的世界里，日日陪伴她的祖母是她的天、她的地、她的日月星辰。倘若失去，便如同坠入深渊，万劫不复。

七岁的林徽因，正经历着这样一场恐惧。

祖母游氏心脏病突然发作，万分不舍地走了。老宅还是那幢老宅，粉墙上爬满常青藤；院子里长枇杷树和桂花树；海棠花开不败，总是开得泼辣辣的；阳光日日穿庭过户。但却大不同了，祖母喜坐的雕花藤椅，空了。整幢老宅子，空了。

月光缱绻的夜晚，再没有一个温暖的怀抱，供徽因安睡。她的圆月，缺了角。

这时的林徽因，尚不能明白，人世间的生离死别本是常态。总要等到多年后她才能参透，人与人的缘分有浅有深。缘起缘灭，就如同花开花落，是再正常不过的事了。

我们的生命中不免都是这样，一些人来了，一些人又走了。朝来寒雨晚来风，这是谁也无法预测与阻挠的事。我们能做的，只是在拥有的时候，不辜负，不浪费，好好相待，才不枉在这世间相遇一场。

林家的主心骨没了，整幢老宅子像散了架。

家里照旧人来人往，却少了能主事的。长子林长民在外做事，根本顾不上家。老爷子林孝恂痛失老伴，精神萎靡，病体衰弱，心有余而力不足。林家大少奶奶何雪媛又是个极无能的，整天除了抱怨，无所事事。作为林家的长房孙女，小小的徽因，似乎在一夜之间长大了。她虽还稚嫩着，却收起贪玩，乖巧地守在祖父身边，不吵不闹，沉着稳健地帮着打理一个家。

林长民再不拿她当不谙世事的小孩子看了，他当她是可以分担忧愁的朋友。书信回来，事无巨细的交代，也都是写给她的。她再通过书信——向父亲汇报，读什么书了，做什么事了，家里人谁谁谁都怎样了。一副小大人的做派。

环境逼迫，让林徽因不得不把她金色的童年，拱手相让。她的朋友费慰梅后来说过这样一句话：她的早熟可能使家中的亲戚把她当成一个成人，而因此骗走了她的童年。

童年的那尾鱼，就这样，悄悄地游走了。水面清圆，无声无息。

紫藤花开，轻轻地放着香

辛亥革命爆发后，一些前清官吏纷纷跑回老家，置田买房，以求晚保。林徽因的祖父没有跟风，老爷子去了上海，投股商务印书馆。他的眼光，始终不同凡响。

林徽因告别杭州，跟随祖父，到了上海，住在虹口区金益里。她一边侍奉祖父，一边和表姊们一起，入附近的爱国小学读二年级。

如果杭州是小家碧玉，上海则是大家闺秀。一个秀气天成，举止矜持；一个雍容优雅，落落大方。杭州给了林徽因灵秀与柔媚，上海则带给她优雅和活泼。

小徽因没少走过那些长长的里弄，好奇地看两边人家，蓝窗帘遮着的小阁楼上，似乎藏着无限的秘密。偶尔从哪家的留声机里，传出沪剧《游码头》。街上的店铺里，永远堆满花花绿绿的新奇玩意儿。摩登的女人，坐在洋车上，撑着白绸伞，笑得像朵牡丹花。戏园、剧院和游乐场里，人永远那么多，戏剧上演了一出又一出，京剧、昆曲、越剧、滑稽戏不一而足。还有演新剧的，由一些进步学生主演，动作与对白都极其夸张，吸引了大批观众。

在八九岁的小女孩眼里，此时的十里洋场，犹如万花筒。

天地阔大，我们绝大多数人，一生能涉足的，却只是那小小的一隅。

自身努力不足是一方面，机缘的缺少，则是另一方面。

"命中注定"是个带有宿命色彩的话题，然谁又能否认命中注定？它是偶然中的必然，如同春来百花开、秋至华叶衰，是谁也逆转不了的事。

命运对林徽因似乎很青睐，小小年纪，她就能行走在路上。这个时候，她多半还是觉得好玩，有着孩子结识新地方的欣喜。她并不知道，这样的行走，日后对她的影响是何等深远，她人生的底册，因此变得色彩斑斓、丰满丰厚。她一一收纳路过风景，无有遗漏。如蚌孕珍珠，一朝打开，莹莹风华，倾倒众生。

老年的费慰梅，回忆起她年轻时的闺蜜，仍心潮澎湃：

> 其他老朋友会记得她是怎样滔滔不绝地垄断了整个谈话。她的健谈是人所共知的，然而使人叹服的是她也同样地长于写作。她谈话同她的著作一样充满了创造性。话题从诙谐的轶事到敏锐的分析，从明智的忠告到突发的愤怒，从发狂的热情到深刻的蔑视，几乎无所不包。她总是聚会的中心和领袖人物，当她侃侃而谈的时候，爱慕者们总是为她那天马行空般的灵感中所迸发出来的精辟警句而倾倒。

上海这一站，对林徽因来说，仅是个开端。

血缘是件十分奇怪的东西，是你中有我、我中有你，是你牵我连、你疼我疼的。

我们把那叫作亲人。

再不待见的亲人，一旦他（她）遇事遇难，你的心，将会迸然碎裂，疼痛难耐。表面上你们是隔山隔水的，可心底里，有一根线，一直在牵着你和他（她）。亲人之间，哪里有真正的不相干呢？

林徽因不喜欢母亲，却又深爱着她。

这种矛盾的情感，实在让一个孩子为难。

她做过梦吧，梦里，家里一团和气。母亲变了，变得温柔贤淑、和颜悦色。父亲变了，变得很爱母亲，看向母亲的眼神，温暖多情。徽因高兴地跳啊跳，一手牵着母亲，一手牵着父亲，白日光长长的。

醒来，一弯残月照冷了枕边。风吹过深深的巷子，拍打着门窗。夜的静，把她的无助拉长。现实是凉而多刺的，可爱的妹妹麟趾夭折了，母亲只身待在北平。父亲对母亲再没一丝情意，连架也不愿意吵了的，他撇下母亲，跑来上海，决意迎娶新人进门。

新人叫程桂林，虽识字不多，但年轻貌美，性格温存，善解人意。父亲生性就是个顶浪漫的人，遇此红颜，如得珍宝。九岁的徽因，已略知人事，她的心，是向着母亲的。本是母亲的位置，却被另一个女人占领了，她自然不愿意。但她又是极崇敬父亲的，看着父亲因新人欢笑，眉目飞扬，她也跟着开心。

这样的纠缠，在一个孩子心里，挽成一个死结，再难解开。

成年后，林徽因对父母的这段僵死的婚姻仍不能释怀，她不愿自己的婚姻有一丁点那样的影子，她情愿为它哭为它闹。一次，她跟梁思成闹别扭，两人互不相让，结果，梁思成气鼓鼓上了火车，她则在家里哭得稀里哗啦。尽管如此，她心里还是欢喜的，因为，他们是互相在乎，才会跟对方生气。她在给沈从文的信中写道：

> 在夫妻中间为着相爱纠纷自然痛苦，不过那种痛苦也是夹着极端丰富的幸福在内的。冷漠不关心的夫妇结合才是真正的悲剧！

父母之间的冷漠，到底伤着了她，让她极早地品尝到人生的无奈与苦楚。到这时，她金色的童年，差不多过完了。

父亲在北平任职，林徽因全家迁居北平。

这一年是民国三年，徽因十岁。

如果说，上海是风情万种的，北平则是霸气十足的。一个是窈窕娇娘舞蹁跹，一个是将军拔剑对苍穹。皇城根下，带给人的，更多的是恢宏、大气和凝重。每一截城墙上，都写着历史的沧桑。随便一座建筑里，都装着故事。这个城，对林徽因的影响，是穿心入肺的，她一生的悲喜荣辱，都将在这里一一上演。

不过，对此时的小徽因来说，风霜雨雪都还遥远着，她只是单纯地欢喜着、兴奋着，绕着新家，转着圈。在她十岁的眼里，这个世界多像一只魔瓶，随便轻轻一扭，就能冒出许多新颖来：那庄严肃穆的故宫，那碧波流倾的北海，那斑驳拙朴的古城墙，那深深的胡同，那古色古香的四合院……里面到底还装有多少新奇？她根本不知下一刻，等待自己的是什么。她只管快乐着，把她的梦想，一个一个种下——

她希望，父母就此团聚，和睦融洽；

她希望，祖父的病快快好起来，长命百岁；

她希望，自己能再去学堂读书，学更多的知识，认识更多的新朋友……

"书幌露寒青简湿，墨花润香紫毫圆。"这是林孝恂在浙江石门为官时手书的对联。

写这副对联时，应是霜湿露浓的暗夜吧？天也清凉，秋也寂静。他握笔在手，愣是把一个秋夜，弄得墨花朵朵，暗香浮动。这哪里像个官老爷？分明就是一介书生，文采飞扬，诗意儒雅，只醉心于舞文弄墨，自得其乐。

他身上的这种气质，延续到下代人，林长民身上有，林徽因身上有。徽因从小就一直待在祖父母身边，一日一日，耳濡目染着，他们充当了她真正的启蒙老师。先天的熏陶，再加后天的勤奋，才成就了后来那个一身诗意满腹才情的林徽因。

命运常常突如其来，给人当头一棒。全家搬来北平后不久，林孝恂的胆石症就恶化了，他如一盏耗尽油的灯，眼见着那一星点光，暗了、暗了，终撒手人寰。任凭徽因千呼万唤，他再也不能睁开他的眼，慈祥地看一眼这个他最疼爱的孙女了。

三年前，林徽因送走祖母。三年后，林徽因又失去祖父。

这世上，又少了一个疼她的人了。

从此，光阴里所有的疼痛和孤寂，她都要独自一一去承担。

时局动荡不休。

先是袁世凯称帝，后是张勋复辟，然后是段祺瑞讨伐张勋复辟。政治命运直接关乎着家庭命运，林家在这样的动荡里，几次搬家，拖家带口，在北平与天津之间往返。

十二三岁的林徽因，正式接管一个家，负责照顾娘和二娘及一群弟妹。她的能干凸显出来，小小年纪，竟能把千头万绪的家事，料理得有条不紊，深得父亲激赏。

家庭矛盾这时却愈演愈烈。

自从父亲另娶，母亲的心理，就被严重扭曲了。她整日待在后院，怨天怨地，心被仇恨的怒火焚烧着，她恨自己的男人，恨抢了她位置的女人，恨这个女人生下的一堆孩子。

她越是这样，自己的男人越是不喜她。她像一款过期食品，被彻底遗弃，再无人问津。

林长民归家，只待在前院，陪着二夫人和孩子们，一家子亲亲热热、欢声笑语，越发衬出后院的冷清和阴暗。从前院望过去，后院就像中世纪的城堡，被遗落在光阴外。

林徽因贪恋前院的热气蒸腾，常待在那里不肯挪步，她逗弄弟妹，和父亲闲话，心里跳动的，都是温情和快乐。在那里，生活犹如画中景，天长地久般的美好。

当她很不情愿地回到后院，双脚像踩进冰窖里，刚刚还持有的温度，消散殆尽。迎接她的，是母亲的谩骂和哭泣。母亲找不到发泄对象，就把所有的不满和怨愤，一股脑儿加到这个女儿身上。

长夜漫漫，四壁冰冷，母亲凄楚的泪，一滴一滴，落在徽因小小的心上。她恼着父亲的无情，又恨着母亲的无能，她无法逃离，只能日日度着这冰火两重天。

多年后，林徽因在她的小说《绣绣》里，说出了她这时的心声：

> 那时我对绣绣的父母两人都恨透了，恨不得要同他们说理，把我所看到的各种情形全盘不平地倾吐出来，叫他们醒悟，乃至于使他们悔过，却始终因自己年纪太小，他们情形太严重，拿不起力量，懦弱地抑制下来。但是当我咬着牙毒恨他们时，我偶然回头看到我的小朋友就坐在那里，眼睛无可奈何地向着一面，无目的地愣着，忽然使我起一种很奇怪的感觉。我悟到此刻在我看去无疑问的两个可憎可恨的人，却是那温柔和平的绣绣的父母。我很明白即使绣绣此刻也有点恨着他们，但是蒂结在绣绣温婉的心底的，对这两人到底仍是那不可思议的深爱！

七十多年后，她的儿子梁从诫回忆，他们的母亲跟别人的母亲不一样，在他们小时，从未给他们讲过像小白兔、大灰狼之类的童话。

一个没有童话的童年，是什么样的？林徽因到底没能挥去她童年的阴影，它影响了她一生。

生活总给人不断安慰，在这里失去的，有时会在那里得到补偿。

家庭的纷争，家事的琐碎，让林徽因身心疲惫。幸好有一块清静地，使她渐渐长成的少女心，有了安放地。

那是英国教会办的培华女子中学。这是所贵族学校，校园优美，环境清幽，校风明朗，所有老师全是外籍的，授课全用英语。这使得生于高宅大院内的少女们，得以走到朝气蓬勃、文明开化的新天地，对她们眼界的开阔、思想的放飞，裨益良多。

林徽因和表姊们一起，进入这所中学读书。在这里，她得以摆脱了家事的牵绊、母亲的抱怨，一门心思读书度光阴。她的聪颖，让她很快掌握了另一种语言——英语，那些美妙的单词，像优美的音符，让她沉醉其中、乐而忘返。

这个时候，她少女的模样已初长成，眉目若水，亭亭玉立。她梳一条黑辫子垂在脑后，穿斜襟立领琵琶扣的衫、及膝的百褶裙，如一朵紫藤花，悄悄绽开。流光清浅，心事悄然。多年后，林徽因写下一首《藤花前》。记忆里，藤花般少年的情怀，唯有风知道：

紫藤花开了

轻轻地放着香，

没有人知道……

林徽因和表姐们在培华女子中学

紫藤花开了

轻轻地放着香，

没有人知道。

楼不管，曲廊不作声，

蓝天里白云行去，

池子一脉静；

水面散着浮萍，

水底下挂着倒影。

紫藤花开了

没有人知道！

蓝天里白云行去，

小院，

无意中我走到花前。

轻香，风吹过

花心，

风吹过我——

望着无语，紫色点。

第二章

三生三世

书生意气，挥斥方遒

清末民初，中国正经历一场裂变，如同海啸来袭，浊浪滚滚，泥石俱下。

这样的乱世，总能跳出几个响当当的人物，引领风骚。

林长民算得其中一个。

他生于官宦之家，家底深厚。却不是一般的官宦子弟，玩世不恭，抑或不学无术。他走的是有为青年的路，饱读诗书，思想积极，满腹才情。这当然与他自身的天资与努力分不开，但更重要的是，他的背后，站立着的，是一个叫林孝恂的父亲。其人虽身为晚清官吏，却有着同僚们没有的睿智和超前意识，且拥有一双慧眼，看透了晚清的腐败与颓废，十分推崇西方政法思想，且大刀阔斧地在自家里搞起"改革"——开设私塾，引进西学；送子侄多人出国留学。

对长子林长民，老爷子悉心培养。他已隐约感到，改朝换代势在必行。他希望这个儿子学有所成，能够成为时代尖尖上的人。

彼时，推翻旧世界的雷声，轰隆隆的，就响在不远处。

每个人的青春里，都布满梦想的种子。

每一粒种子，都像树上新萌发的芽，柔软、稚嫩。青春的激情浇灌着它，让它一度蓬勃蓊郁。

青年才俊林长民，怀抱他梦想的种子——成为治世之能臣，他别妻别女，两度远涉日本，在早稻田大学攻读政治经济。

在那里，他朦胧的梦想，渐渐明晰起来——要通过推动改良，实现立宪，使中国走向富强。他与留日福建学生组织闽学会，翻译日文书籍，想将新思想新文化推广到国内。闽学会出版的第一部书，就是林长民翻译的《西力东侵史》。他还参加了留日学生界的拒俄运动，在拒俄大会上，林长民慷慨陈词，激情澎湃，赢得掌声无数。

在学业之余，林长民广泛交流结纳。如日本的名流犬养毅、尾崎行雄等；如清末状元张謇、政治家岑春煊、国内名士梁启超；与留日的立宪派志士汤化龙、孙洪尹等人也交情颇深；与君宪派的杨度、同盟会的宋教仁等亦多有接触。在他眼里，道不同没关系，只要投缘，他就竭力相交，坦诚以待。他认为，政治家须有容人的雅量，中国前途不可知，尤需联络异己，为沟通将来政治之助。

这个时候，他风流倜傥、热情洋溢，又乐善好施，成为社交场合的风云人物，是留学生中的"明星"，曾一度被推荐担任留学公会会长。

他整个的人，日臻成熟。书生意气，挥斥方遒。

梦想的种子，只有落到现实的土壤上，才能抽枝长叶。

一九〇九年，林长民学成归来，装着一肚子的法政蓝图，他迫不及待想把它们付诸实践。

当时，清政府为了笼络留学生，特地设廷试来考核他们，凡通过者，均赐予进士。林长民不屑参加这样的廷试，接受了家乡福建的邀请，跑回去担任了福建省咨议局的书记长，兼福建官立法政学堂的教务长。他大刀阔斧地搞起改革，革除法政学堂的陋习，引进西方新思想，这让守旧势力们极度不安，他的教务长一职被罢免。

不久，他在老家福建，与同学刘崇佑一起，创办了私立法政学堂，自任校长。这是全国最早成立的私立法政学校之一，也是当时福建唯一的私立高等学校。此后十多年，林长民不论人在哪里，都心系着这所学校，年年为它筹资。在他离世前一年，他还在为它四处奔走，扩充该校为福建大学，为地方上造就了许多人才。

他还创办了一本杂志叫《法政杂志》，传播他的法政思想，培养改良运动的新生力量。他曾写道：

> 国之中有一人明法政，则国之中多一劲旅；有数十人明法政，则多数十劲旅；有千百人明法政，有亿万人明法政，则多千百亿万之劲旅；举全国之人尽明法政，则全国皆劲旅也。

革命的风暴来袭，武昌起义爆发。

林长民以福建代表的身份，担任中华民国临时参议院议员，赴南京参加临时约法会议，并参与《临时约法》的制订。

会上，他锋芒毕现，震惊四座，与同盟会党人发生争执，由此还引发了一场刺杀。他侥幸避过此劫，却没有因此而消减掉半毫分的政治热情，反倒把这次遇险当作开端，以他书生的天真和热忱，满腔热血，一头坠进乌漆漆的政治浪潮中。

从此，他在风云诡谲、危机四伏的从政路上，几番浮沉，成为政坛上炙手可热、又颇受争议的人物。

一九一七年，他进入段祺瑞内阁，在北洋政府任司法总长，和梁启超同僚。梁当时任财政总长。两个男人脾性相投，志同道合，惺惺相惜，携手共推宪政运动，成为政坛"研究系"（宪法研究会）的中坚，结下了深厚的友谊。

这段友谊，后来直接促成了一段儿女佳话，使之成为传奇。——这是当初两个男人始料不及的。

三生三世

有这么一个传说，十分动人：

一个精灵，一日在看明镜里的尘世时，看到一着蓝色衣衫的男子，当街而立，遗世孤傲。精灵一下子心动了，她恳请佛祖，让她变成人，她要到尘世去陪伴这个男子。佛祖给了她三世，一世美丽，一世富有，一世聪明。三世，精灵都如愿成为男人的情人，却无一善终。要么是爱而不得，要么是得而不爱。最后，精灵舍弃了美丽、富有和聪明，一无所有，只求佛祖让这个男人爱她，一生一世。佛祖答应了，把她变成男人的女儿。从此，在尘世里，她被男人温柔地呵护着，不离不弃，疼爱了一生一世。

每个女儿，原都是父亲的前世情人，遂历经三生三世，才成父女。

缘定三生，林长民在二十八岁那年，迎来徽因。他爱她，这种爱，起初只是基于一个父亲本能的爱，如千万个寻常的父亲一样。她的到来，使他一潭死水的婚姻，有了复活的迹象。使他荒漠般的情感小洲上，现出一汪清澈的泉。从做父亲的眼里看过去，这个小小的女儿，无疑是可爱的，怎么爱也爱不够。

> 徽音白衫黑绔，左手邀语儿，意若甚暱。实则两子偶
> 黯，往往相争果饵，调停时，费我唇舌也。

这是林长民题在林徽因八岁那年照片上的字。这个时候的徽因，人小鬼大，活泼伶俐，深得家人欢心，每每被言及聪慧种种。父亲的得意，是黑天里的一窗灯火，满满溢出来。

大凡女儿家，最初的世界里，仰望到的父亲，都是高大无比。如果这个父亲再潇洒一点，再有点才华，在做女儿的眼里，那简直是顶天立地、举世无双。

我小时就瞎崇拜我的父亲。他不过一介农民，可他会吹口琴，会拉二胡，识很多字，还会在白纸板上画画，在红纸上写春联。人又长得好看。在那时的我看来，这个父亲，近乎无所不能。每每与小伙伴们在一起，我总要炫耀一下，仿佛拥有了这个父亲，就拥有了全世界。

小时的徽因对父亲，也是如此崇拜吧？虽是聚少离多，父亲对她来说，犹如旅人。可这更增添了一份神秘，有了企盼与等待。那种滋味，在还是小孩子的她的心里，蜿蜒成一条幸福的小溪，昼夜不停地流啊流。当父亲披着风霜，突然踏进院落，小小的她是如何欢呼雀跃。父亲带回的玩具、零食自不会少，还有父亲这个人，真真切切在跟前。他揽她入怀，相聚的每一刻，都浸着甜。

外人眼里看过去，她的父亲"躯干短小，而英发之慨呈于眉宇。貌癯而气腴，美髯飘动，益形其精神健旺，言语则简括有力"；"言情，尤无曲不到，真安琪儿"，端的是气宇轩昂、风度翩

翩。在她眼里，这个父亲，自然是天底下最好看的。极为难得的是，这样一个父亲，从来没有做父亲的架子，总是和颜悦色，俯下身子，跟她亲昵。于是，他在的日子，便是天空晴暖、山水清明。

她不懂他的政治，只知他是个走天下做大事的人。她仰视他，对他的话言听计从。小的时候，他要她多读书，长进益，要乖巧，要讨祖父母欢心，她一一做到。六七岁的小人儿，就能跟他通书信，家里大小事务，一一详细汇报。很有些邀功的意思了。再大一些，她成了家里主事的，帮着料理家事，照应二娘和弟妹，安抚母亲，和他书信往来，一切有条不紊——她做这些，不过为的是讨得他赞许。

他果真父心大悦，回信给她：

> 我不在家，汝能为我照应一切，我甚喜也。

林家有女初长成。彼时，她不过十二三岁。

成年后，林徽因在保存着的一封父亲的回信上，加了如此批注：

> 二娘病不居医院，爹爹在京不放心，嘱吾日以快信报病情。时天苦热，桓病新愈，燕玉及恒则啼哭无常。尝至夜阑，犹不得睡。一夜月明，桓哭久，吾不忍听，起抱之，徘徊廊外一时许，桓始熟睡。乳媪粗心，任病孩久哭，思之可恨。

隔着岁月望过去，星月朗朗，林徽因小小的身影，映在廊下，虽瘦弱，却如一棵挺拔的小树，不屈不挠。因有那个父亲在，纵有千般难万般苦，她也甘愿隐忍着一肩扛了，不想让父亲有后顾之忧。

　　天下父母，少有不巴望自己的孩子是高人一筹的。即便天资一般、长相平常，在做父母的眼里，也是聪颖非常，漂亮俊美，他日辉煌，无可替代。

　　林长民最初也怀了这样的心理，他希望自己的女儿是个秀外慧中的，能够多读点书，成为知书识礼的大家闺秀。

　　愿望也仅仅如此。

　　只是，在不知不觉中，家里这个日益长成的女儿，像一本神秘的大书，摊在他跟前。他掀开一页是惊喜，再掀开一页，还是惊喜。小小年纪的徽因，竟能诵读不忘。且与他书信往来，信中文通理顺，超乎她的年纪。她何止是聪慧？她简直就是个天才。

　　他再不拿她当小孩，而是当一个知心朋友，他煞有介事地跟她聊家事，有时甚至是国事。她眨巴着一对水灵灵的大眼睛聆听。他的话，有些她虽懵懂着，但她却能发表自己的见解，虽还带着小孩子的幼稚，却是另一番见识，让他惊叹。

　　他去日本游历，整个家全丢给了十三四岁的徽因。徽因要应付整天神神叨叨的娘，还要照应多病的二娘，和一堆幼小的弟妹，她竟一样也没落下。还抽空读了一堆书，学习英文。又把家里收藏的一堆字画搬出来，一一整理出收藏目录。他归来，她献宝一样献给他。林长民心里是欢喜和惊叹着的，但嘴上并没有多么夸她，只是淡淡笑着说：不是很适用。徽因竟为此暗自羞惭了老半天。

　　她性子里的要强，跟他如出一辙。

　　他以为得一普通石头，却发现原是瑰宝。从此，他以有个天才的女儿自诩。他曾对人说："做一个有天才的女儿的父亲，不是容易享的福，你得放低你天伦的辈分先求做到友谊的了解。"其炫耀之情，溢于言表。

他们已不纯粹是简单的父女关系，他们也是知己。对他们极度了解的徐志摩，在后来悼念他的文章《伤双栝老人》中，唏嘘地写道：

> 她，你曾经对我说，是你唯一的知己；你，她也曾对我说，是她唯一的知己。

有道是，千金易得，知己难求。他们却极自然而然地，成了彼此的高山和流水。

成年人相聚，谈得最多的话题，往往是儿女。

儿女有出息的，父母脸上倍觉有光，有事没事，总爱拿出来显摆，像炫耀一件稀世珍宝。

林长民也不能免俗。他首先是一个父亲，其次才是政治家、书法家、文学家。

朋友们每每相聚，他总忍不住搬出他的天才女儿来，夸耀一番。结果，人尽皆知，林家有女名徽音（当时林徽因还不曾改名），才貌卓绝，品格超群，是女儿中的极品。

他的至交梁启超，对他这个女儿渐渐上了心。

梁启超的名头，在当时，响彻云霄。他是清光绪的举人，是中国近代维新派的代表人物，是社会变革的活动家，是近代中国的思想启蒙者，是民初清华大学国学院的四大教授之一，是著名的新闻报刊活动家，等等。这么一个响当当的人物，在做父亲上，也是个护犊的，对待子女，完全是一副俗世中慈父的模样。

长子梁思成，自幼在他的悉心指导下，攻读完《左传》《史

林长民与林徽因

记》等古籍，打下深厚的古文化功底。十四岁就进了清华学校（清华大学前身）学习，不单学业优秀，而且兴趣广泛，爱好美术和音乐，经常为校刊画插图，被聘为美术编辑。还参加了学校的合唱队、军乐队，担任过乐队队长和第一小号手。

一个家有才女，一个家有才子，有点天造地设的意思了。两个做父亲的一拍即合，决定让这对儿女见见面。

一九一八年初秋的一天，十七岁的梁家大公子梁思成，顶着满城的金色，去往林家拜访，见到了十四岁的林家大小姐林徽因。

父亲们安排的这一次相会，后来直接促成了一段美满姻缘。梁启超每每念及这桩婚姻，都自得得不得了，他在给大女儿思顺的书信中写道：

> 我觉得我的方法好极了，由我留心观察看定一个人，给你们介绍，最后的决定在你们自己，我想这真是理想的婚姻制度。

林徽因过尽千帆，最终选定梁思成，其中很大原因，是因为父亲林长民。父亲认定的人，便是她认定的。他懂她，比她自己更懂得。

一路与你同行

民国初年，中国的局势一盘散沙、南北东西。政治风云瞬息万变，前一刻还白云悠悠、风和日丽，后一刻已乌云压顶、狂风呼啸、浊浪排空。林长民被卷入其中，似一枚叶坠入漩涡，上下浮沉。他做过北洋政府的司法总长，担任过事务长，在不少民间团体中，也担任过要职。一时间，他的身份特殊起来，一身二任，可以自由出入朝野，以民间外交推动政府外交。

一九一八年十一月，第一次世界大战结束，巴黎和会即将召开。林长民负责和会特定期间的外交事务，敦促政府提交我方提案，提案以由他等人提出的请愿大纲为依据。

一九一九年四月，在欧洲进行国民外交活动的梁启超，得知北平政府已秘密与日本签订借款合同和关于山东问题的换文，立即电告在国内的林长民。林长民非常震惊和愤慨，连夜赶写了《外交警报敬告国民》一文，登于五月二日的《晨报》《国民公报》上。这篇仅仅三百余字的文章，不啻一枚重磅炸弹，迅捷在中华大地上炸响：

> 呜呼！此非我举国之人所奔走呼号求恢复国权，主张应请德国直接交还我国，日本无承继德国掠夺所得之权利者耶？我政府、我专使非代表我举国人民之意见，以定议于内、折冲于外者耶？今果至此，则胶州亡矣！山东亡矣！国不国矣！

文章最后，他大声疾呼：

> 国亡无日，愿合四万万民众誓死图之！

这根导火线，直接导致了震撼中外的"五四运动"的爆发。

徐世昌闻讯后，指责林长民"放野火"，万分恼怒地解散了外交委员会。一介书生，仰天大笑，并不介意。随后，他竟抬棺去街道发表演说。他说，曹汝霖有权力，可能杀我，我拼一条命，要跟他斗到底！棺材已预备在此。

木秀于林，风必摧之。林长民轰轰烈烈的爱国行径，遭当局迁怒，徐世昌让他离职出洋考察。政府不力，让林长民陡生出黯淡之心，他突然想做只闲云野鹤，遨游天际。

一念间，云起云灭。一念间，风吹风住。他的这一念，对他来说，纯属无奈。但对女儿林徽因来说，却成了扭转她命运的契机。

终年在外奔波忙碌，他难得顾及到家，好在有个徽因在，为他分担了许多。徽因的烦恼，他是了然于心的，家庭关系的错综复杂，何雪媛整天神神叨叨，女儿身陷其中，不得开心颜。他想趁这个机会，带徽因出去散散心。他亦不愿这个天才的女儿，就这么沦陷在家事里，像千千万万个普通姑娘一样，早早嫁作他人妇，在俗世的庸常里，碌碌无为地过一生。他要带她出去，开拓她的视野，增长她的见识，让她活得大气一些。

他亦是存了私心的，世界之大，也只有这个女儿，能陪在身侧，帮他解忧一二。

于是，我们的小姑娘徽因，在她十六岁的这年春天，收到了父亲的信。她像往常一样，拆开那封信，以为又是寻常的询问和叮嘱，她甚至都想好了回复的话。她要告诉父亲，最近又读两本新书了。英语可以会话了。弟妹们都很乖。二娘的病也没有再犯。然这次父亲却送她一个大大的惊喜，父亲说，要带她去远游：

> 此次远游携汝同行。第一要汝多观察诸国事物增长见识。第二要汝近我身边能领悟我的胸次怀抱。第三要汝暂时离去家庭繁琐生活，俾得扩大眼光，养成将来改良社会的见解与能力。

　　父亲为她规划的人生，大而广阔。小姑娘暂时还没能体会到这些，她正被巨大的幸福包裹着，为能够走出家门、远去欧洲而欢欣鼓舞。她把父亲的来信，反反复复地看，直到确信那不是做梦。她一步跳到院子里，对着天空扬起她秀气的小脸，想呼想叫，想雀跃。

　　北平的春天来得晚，风还是清凉涩冷的，望过去，树木花草，还是一副沉睡未醒的样子。但林家院子里的两棵栀树，分明已绿意攀爬。墙角的一株海棠，已欢欢喜喜地举着一头的花苞苞。天空中浮游着几朵白、几朵蓝，纯净且欢快。

　　当一嘟噜一嘟噜的槐花，捧出大捧大捧洁白的甜蜜，当南来的风，吹着五月的香软，林徽因和父亲一道，告别亲朋，从北平一路南下，进入印度洋，踏上了去欧洲的旅途。

　　万吨客轮一声长鸣，呜呜呜——他们渐渐远离了陆地。浪涛拍击着船舷，一波复一波，推着客轮，向着海洋深深处驶去。林徽因只记得，岸边的木棉树，火把一样的，映红了半个天空。

　　他们在海上一走就是两个多月。小徽因每天一睁开眼，看到的都是碧蓝的波浪，翻滚着向四面漫开去。那些波浪，一会儿像女人的裙摆，一会儿像万朵花开，无边无际。仰头望天，天空则是另一个海洋，一样的无边无际。周遭寂静、渺茫，但小徽因并不感到时光难耐，心里充盈的，只是兴奋和欢喜。像碧波上，跳着的一串串阳光。有父亲在身侧，每一寸时光，都是金色的。

　　父女二人的海上生活，丰富多彩。林长民说话幽默，旁征博引，一船的人都被他吸引。他还用好看的小楷，写航海日记，写一段，就念给徽因听。带去的英文书籍，是他亲自帮徽因挑的，他们一起朗读，并用英语交流。

　　他们跟同船的旅客也很快熟稔。中有不少欧洲客，都被他们这

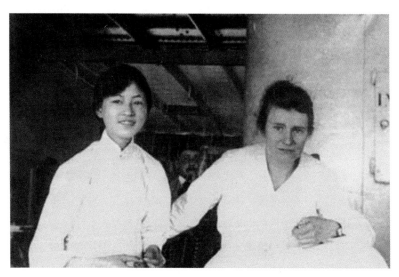

林徽因在去欧洲客轮上

对父女迷住了，一有空就围在他们身边。特别是对林徽因，他们更是着了迷，他们喜欢看这个小姑娘深深的梨涡，喜欢听她优雅的谈吐，和活泼的笑声。彼时，徽因穿白底子碎花斜襟衫、百褶裙。乌黑的长发，在脑后随意束起，明眸皓齿，清爽得像一朵水莲花。欧洲客们纷纷要求跟她合影，十六岁的林徽因，俨然成了客轮上的"明星"。

海阔天高。外面的世界，在这个少女跟前，一扇一扇洞开。它们将在她的记忆里，烙下斑斓的痕。她人生的风景，因此变得丰富多彩、超越寻常。

欧洲最好的时光，在夏季。

这个时候，天光漫漫，鲜花处处。穿长裙的姑娘，在大街上随意溜达，花朵一样的，艳且明媚。天空是水洗过的洁净。林徽因的心中，也盛开着千朵万朵花，艳且明媚。她睁着一双大眼睛，欣喜地看着，一路跟着父亲，先后抵达了法国、意大利、瑞士、德国、比利时等国家。

他们在巴黎街头徜徉。那真是一座艺术的殿堂，画画的、拉提琴的，随便一转身就能看到。街旁每一户人家，房前屋后，都攀爬着红的花白的花。林徽因直直看呆了，她不时雀跃着惊叹：好美啊！

他们在塞纳河畔游玩，柳枝轻拂，碧波荡漾，时光在这里拐了个弯，舍不得走了。他们去参观列满艺术珍品的卢浮宫，数百个大厅数也数不过来，每一个大厅都是富丽堂皇的，四壁及顶部都有精美的壁画及精细的浮雕。郊外的凡尔赛宫，更是宏伟壮丽、美轮美奂。林徽因敏感纤细的心，被一种强大的艺术震撼了。原来，建筑也可以这么美！

在意大利，他们一头扑进这个欧洲民族和文化的摇篮里，感受古罗马的文明气息。在瑞士，他们漫步在那座花园般的国度，遥望阿尔卑斯山的皑皑白雪，聆听远处松林里传来的风声。到了德国和比利时，清凉的风中，布满矢车菊的香。林长民还特地带徽因去参观了一些工厂和报馆，意在培养女儿的社会改良思想。可惜徽因对这些兴趣不大，倒是更喜欢那些欧式建筑和大捧大捧的矢车菊。

这段欧洲游历，成了林徽因一生的转折点，她的世界观发生了急骤的变化。艺术的影子，不知不觉，在她的人生里，描了画。

风吹过花的心

短期游历结束，林徽因跟随父亲，在伦敦停留下来。

九月的伦敦，秋已渐深，烟雾空蒙，树木苍苍。

牵牛花攀着房东家红褐色的院墙，花早败，茎和叶都渐染秋色。瘦凌凌的一枝两枝藤蔓，贴在院墙上，像写意画。天空错综迷离，刚刚还太阳高照，转瞬间却乌云压顶，渐渐地，下起雨来。

嘀嗒嘀嗒。嘀嗒嘀嗒……

下不完的雨。

空气都是湿漉漉的。林徽因坐在室内，守着壁炉，她觉得，仿佛只要一伸手，就能握住一把水珠。

林长民开始忙碌起来，他与梁启超、汪大燮倡组讲学社。又应邀去一些地方做演讲，会晤世界各地的能人志士。当地的留学生和国内华人社团也不断慕名来访。

这个时候，林徽因便常常一个人留在房东家里，虽说她以优异成绩考进了 St.mary's College（圣玛丽学院），但一俟放学放假，便还是一个人。

是想父亲在身边的，但父亲忙得顾不上她了，只丢给她一堆书，让她翻阅。无事消闲，她就捧着那一本又一本砖头样厚实的英文书看，有萧伯纳的剧本，有勃朗宁夫人的诗，有莎士比亚的戏剧，有笛福、乔纳森·斯威夫特、夏洛蒂·勃朗特等人的小说。她越看越着迷，英文搭建的纸上世界，色彩缤纷，它们拨响了她心中某根敏感的弦，叮叮咚咚，叮叮咚咚，如山泉应和天上的月亮，如向晚的风，驶进了一抹斜照里。

读书读累了，林徽因会倚在窗前往外看，远远近近，一片烟雨茫茫。她希望看到一抹亮色，那是父亲的身影。但一次也没有。她实在无聊了，就跑到楼下去，找女房东说说话。女房东是个建筑师。林徽因第一次听说"建筑师"，她瞪大眼，不解，什么叫建筑师？在她的意识里，建筑就是泥瓦匠们随便砌砌的，哪里还要师？

女房东后来带她去写生，去剑桥一带，那里有各色各样的欧式建筑，多教堂，每一幢，都极漂亮极庄严。女房东告诉她，千万别小看了这些建筑，那不是简单地盖房子，真正的建筑是一门艺术，是凝固的音符。

这番话，对林徽因来说，既新鲜又别致，她傻愣在异乡的天空下，眼前的建筑，仿佛在跳舞。她的心中涌动着千万重和声，竟是说不清道不明的。她问女房东：我也可以成为建筑师吗？女房东笑了，肯定地答：当然可以，只要你热爱它。

缘定终身，有时也许只在一瞬间。

偶然间与建筑交会，让林徽因从此念念不忘，一生追随着建筑而走，矢志不渝，不单成就了她自己，而且直接影响了梁思成，使他最终成为中国建筑史上的一代宗师。

经年之后，她回忆道：

> 我曾跟着父亲走遍了欧洲。在旅途中我第一次产生了学习建筑的梦想。现代西方的古典建筑启发了我，使我充满了要带一些回国的欲望。我们需要一种能使建筑物数百年不朽的良好建筑理论。

伦敦的天，进入十一月份，已霜飞露冷，天气涩阴得厉害。

这日午后，林长民难得在家，徽因靠着壁炉和他聊天。家里突然来了两个客人造访，是在伦敦大学政治经济学院就读的两名中国留学生——徐志摩和张奚若。早在国内，徐志摩就久闻林长民的大名，也听他的恩师梁启超说过好几回，说其人不单单是杰出的社会活动家，在书法和诗文上也颇有造诣，他只恨无缘相见。当偶然间听说林长民也在伦敦，那份巧遇的机缘，让他激动得一刻也待不住，不顾外面雨雾蒙蒙，拖着张奚若就来了。

林长民热情地接待了二人，他们谈笑宴宴，相见甚欢。尤其和徐志摩，林长民更是聊得投机。碰巧的是，他们还是半个老乡，这更增添了一份亲切。两人从家乡故里，聊到世事时势、诗文时尚，不时爆发出会心的一笑。天已擦黑，两人都不觉得，大有相见恨晚之感。

在林长民，这个小友甚是有趣，身上洋溢着的浪漫与诗意，跟他很是投缘。他亦是个浪漫诗意之人，滚滚红尘，诸色人等，竟难得遇见一个投合了自己这份情意的，让他常感叹"万种风情无地着"。

在徐志摩，实实在在被林长民这个"老人"吸引了。他惊讶于他"清奇的相貌"，更惊讶于他"清奇的谈吐"。

两人很有点惺惺相惜的意思了。

这之后，他们往来频繁，几乎到了无话不说的地步。林长民甚至把在留日时遇到的一场艳遇，悄悄说给徐志摩听。徐志摩后来写成了小说《春痕》，里面玉树临风的主人公逸，就是以林长民为原型的：

> 他圆小锐敏的睛珠，也同他头发一般的漆黑光芒，在一泻清利之中，泄漏着几分忧郁凝滞，泄漏着精神的饥渴，像青翠的秋山轻罩着几痕雾紫。

友情的光芒，就这样穿透了伦敦的烟雨迷离，抵达两个男人的心上。相差二十年的两个人，成了忘年交。

人生的相遇，有时迟一步不行，早一步也不行。

初到伦敦，林徽因还有着结识新地方的雀跃与惊喜，日子久了，一切都沦入庸常，她渐渐生起厌倦。异乡孤寂，落不尽的雨，散不尽的雾，少女的心，无趣且无聊。她多盼望出现一个有趣的人，多盼望有点意外发生，少女的梦里，有着旖旎一片片。

徐志摩的出现，带来了新颖与惊喜，契合了林徽因少女的梦。他谈吐不凡，风度翩翩，有着和父亲一样的儒雅浪漫——这种她从小就熟悉的气息，让她对他，又多了几分亲近。

他在她心上，投下明亮的影子。他是一道神秘的门，她想去叩。

几番相见，徐志摩的目光，早就从林长民的身上，转移到他女儿身上。徽因像只会发光的水晶球，让他着迷。他喜欢听她说话，喜欢看她笑，她的话语里，飘散着群花的气息。她的笑里面，有碧波轻荡。她才气纵横，思维活跃，一口流利的伦敦味的英语，如黄鹂宛转，叮叮当当。她就这么走进他心里，攻城略地，所向披靡。

彼时，徐志摩和妻子张幼仪一起，住在剑桥乡下的小镇沙士顿。林长民和徽因的伦敦来信，都是寄到小镇一家理发店对面的杂货铺里，几乎一日一封。徐志摩每日清晨早早起床，对妻子借口说是要去理发，便匆匆忙忙走出家门，赶往杂货铺，只为尽快读到徽因的信。

春天的沙士顿，美得像水粉画。风变得轻软。轻软的风中，摇曳着黄的花、白的花，一朵两朵三四朵。人家的矮墙上，紫藤花铺得满满的。街道两旁的树渐渐蓬勃，清早的天光，照得上面的叶片儿闪闪发光。徐志摩心情愉悦地走在春风里，脚步轻快，觉得眼前的景物样样都好，个个可爱。

他满脑子闪现着的，都是徽因可人的模样。甜蜜的少女，多像春天枝头的一朵蓓蕾，痒痒地拨动着他的心弦。他有了作诗的冲动。后来，他果真作诗数首，饱含欢欣，情感的堤坝一经决开，一泻千里。他的眼里，什么都是欢唱着的，都可以入得诗的：

> 南风熏熏，
>
> 草木青青，
>
> 满地和暖的阳光，
>
> 满天的白云黄云，
>
> 那边麦浪中间，
>
> 有农夫农妇，笑语殷殷。[①]

林徽因成就了一个诗人徐志摩。反过来，徐志摩也成就了她的

---

① 诗引自徐志摩《夏日田间即景（近沙士顿）》。

一九二〇年林徽因于伦敦

文学。他们是彼此映照的两个，把彼此照得更明亮。

一九二一年五月，世界国联总会在意大利米兰召开，林长民被推为中国首席代表，从英国前往意大利出席会议，并发表了热情洋溢的演说，风采翩然，大放光芒。徐志摩等人都跑去听他演讲。

伦敦的寓所便静了。

林徽因一个人待在寓所里，窗外是伦敦下不完的雨。她捧着一本书看，觉得书上的每一个字都暗哑着，屋子静得像荒岛。她的心无由地恐慌起来，十六七岁的女孩，多么喜欢热闹，而不是这无端的寂静。打小的家庭阴影，也让她害怕独处，害怕失去。父亲的暂时分别，让她想起北平的后院，母亲那张幽怨的脸，还有压抑的哭泣。这么些年，她竭力表现得完美和优秀，只为父亲眷顾的眼，在她身上停留了再停留。她做到了，然内心里，还是害怕失去。

她少有安全感。

她后来的婚恋对象选择了梁思成，而不是徐志摩，与这密切相关。梁思成是沉稳内敛的，有她一直渴求的俗世里的安宁。徐志摩是浪漫的、热情似火的，与她心灵契合，却没有她想要的安稳。她喜欢浪漫也害怕浪漫，那种情感，像烟又像雾，她握不住。

现在，她尚未爱恋，正处在"解看花意"的年纪。她独自坐着，一下午的时光，慢慢滑进了黑里头。她想起北平。这里没有北平的廊庑庭院，海棠花着着一树的红，一株两株三四株，倚着廊庑，或是立在庭院里。花开过了，一地残红，远远看过去，像掉了一地的心。

花的寂寞与疼痛有谁知呢？

风吹过花的心，一下一下。

她想念北平了。

唉——她叹一口气，泪就忍不住掉下来。昏暗的灯的影子，晃动着无边的空。空气中，余留着人家炸牛腰子同洋咸肉的味道。顶大的书房。顶大的饭厅。她一个人吃饭，一面咬着手指头哭。多希望有点浪漫的事发生啊，希望有个人来叩她的门，走进来同她面对面坐着说话。或者，同她坐在楼上炉子边，给她说点什么。最盼望的，是有个人来爱她。——她做着所有这个年龄的女孩都在做着的梦。

十六年后，已有了两个孩子的林徽因，在逃难昆明的途中，跟沈从文忆起这段经历，还是不能释怀：

> 说起爸爸的演讲，当时他说得顶热闹，根本没有想到注意近在自己身边的女儿的日常一点点小小苦痛比那种演讲更能表示他真的懂得那些问题的重要。现在我自己已做了嬷嬷，我不愿意在任何情形下把我的任何一角酸辛的经验来换他当时的一篇漂亮话，不管它有多么风趣！这也许是我比他诚实，也许是我比他缺一点幽默！

她对情感的依恋近乎于执着与天真，像一朵花，贪恋风的好。所以，更容易受伤。

喜欢"机遇"这个词。它像头顶金冠、脚踩祥云、闪闪发光的神。

人人都想逢上它，与之相交。

可命运常蹉跎，机遇总是擦肩而过。抑或是，任你踮起脚尖眺望，它就根本没有来敲你的门。

林徽因的机遇，却总是排着队在候她。

林长民非凡的外交才能，为她赢来了一个又一个机遇，他把她从狭小的小天地，引领进大世界。

伦敦寓居，林长民很快形成了自己的社交圈子。这个圈子里，有当时英国著名的作家和诗人托马斯·哈代，有著名的小说家赫伯特·乔治·威尔斯、爱德华·摩根·福斯特、K.曼斯菲尔德等人，也有不少英国议员，以及旅欧的徐志摩、张奚若、金岳霖、吴经熊、张君劢、聂云台等人。她起点的平台之高，是同龄的女性无法企及的。

林徽因以女主人的身份，在他们的寓所里，招待这些客人。她从小的理家才能，这时得到极大的发挥，她把父女两人的寓所收拾得既干净又雅致，她还会泡好喝的下午茶，会做好吃的点心。

有时她也跟父亲外出，去拜访一些人，或是参加一些聚会。这无形中锻炼了她的社交能力，既温文尔雅，又落落大方。她所接触的小说家和诗人们，也对她产生了不可磨灭的影响，使她得以在后来的文学路上，撷取到一朵又一朵奇葩，小说、诗歌、散文、戏剧，竟无一不硕硕其朋、明艳动人。

其中，对她影响最大的，莫过于徐志摩。他拨动了她少女的心弦，让她既害怕，又喜悦。

罗敷尚未嫁，使君已有妇。这样的相遇，注定是一场泅不过的河，你在那岸，我在这岸。

暑假到来，林徽因跟随父亲的朋友柏烈特医生一家，到布莱顿海边度假。

那儿，澄蓝的大海，如天空一样，辽远窅阔。徽因在那儿玩得极开心，她学会了游泳，还和柏烈特的女儿们一起，去参观了不少有意思的建筑，如皮尔皇宫等。那些阁楼式的设计，让徽因惊奇不已。建筑在她眼里，再不单纯是一幢幢砖瓦或木头的房子，而是艺术品。那一根根柱子、一块块飞起的檐，仿佛都会说话。她要成为女建筑师的愿望，更为明晰了。

她给父亲写信，也给徐志摩回信。徐志摩的信，像勤快的小鸟，在黄昏时分准时抵达。信都是用英文写的，这是她喜欢的表达方式。徐志摩滚烫的情感，在那些音符一样的字母里激荡。十七岁少女的心，花一样地开了。可是，却疼痛的、忧伤的，她清醒地知道，她不能。家庭生活的阴影，一直笼罩在她身上，她挣不脱甩不开。

父亲的回信来得慢。信来，却告之她要回国了：

> 　　得汝来信，未即复。汝行后，我无甚事，亦不甚闲，匆匆过了一个星期，今日起实行整理归装。"波罗加"船展期至十月十四日始行。如是则发行李亦可少缓。汝如觉得海滨快意，可待至九月七八日，与柏烈特家人同归。此间租屋，十四日满期，行李能于十二三日发出为便，想汝归来后结束余件当无不及也。九月十四日以后，汝可住柏烈特家，此意先与说及，我何适，尚未定，但欲一身轻快随便游行了，用费亦可较省……将届开船时，还是到伦与汝一路赴法，一切较便。但手边行李较之寻常旅行不免稍多，故到临时再图部署。盼汝涉泳日谙，心身俱适。
>
> 　　　　　　　　　　　　　　　　　　八月二十四日父手书

徽因懂得父亲的心，他急急要带她回国，一方面自有他的政法蓝图要施展，另一方面，他是要让她远离徐志摩，让他们的感情冷一冷。他希望她将来能够安稳在婚姻里。而这个安稳，徐志摩不具备，他太了解他这个小友了，就像了解他自己一样。他们是活在激情中的人，没有激情的生活，毋宁死。

海风吹在林徽因的身上，也吹在她的心上，少了清凉，多了咸涩。海阔天高，前路漫漫，谁和谁能够守得地久天长？流年不复。

半生缘

欧洲归来，北平景山后街雪池林宅的日子，又慢慢复归正轨。后院两棵桤树上，阳光一簇一簇落在上面，像开满洁白的小花朵。

林徽因继续入培华女中读书，和表姐们一起。这个时候，她的额上，已脱去稚嫩。欧洲之行的历练，让她的一言一行、一颦一笑，远比表姐们多了韵味。她渐渐有了自己的气场，无论在学校，还是在一些社交场合，她的身边，都很快会聚集一群年轻人，他们微笑着听她说话。她的谈吐，好似莲花一朵一朵开，让人着迷。

她的心渐渐平静。隔了一段距离，看她和徐志摩的关系，她比谁都理智。他们两个，一个是山涧的溪水，一个是高山上的流云，灵魂可以相互抵达，却永远无法相守。她唯一能做的，就是放下。

她跟梁思成日益熟稔起来。两个年轻人相处，着实让林长民和梁启超开心，在他们眼里，这俩孩子就是金童玉女、天下绝配。

政治局势，依然动荡不休。

林长民还是一头热地扑向他的理想政治。一年多的旅欧经历，让他的思想愈发开明，愈要致力于改良社会、倡导宪政。他特别推崇西方的议会制，想在中国如法炮制。

忙碌之余，他不忘对徽因的栽培，重大的社交场合，都有他父女二人的身影。徐志摩等人倡导的新月社成立后，他便经常和徽因结伴而来，成为其中最活跃的两个。

一九二四年四月，他和梁启超以"讲学社"的名义，邀请印度诗人泰戈尔来华访问讲学，轰动北平。在庆祝泰戈尔六十三岁寿辰的宴会上，他和徽因、徐志摩两个年轻人一起，登台演出泰戈尔的短剧《齐特拉》，年近半百的他，在其中扮演春神代森塔，穿着宽袖长袍，头上戴着绿冠：

> 我是他的朋友——代森塔——季节的王。死亡和衰老把世界拖得形销骨立，但是我跟在他后面，不断地攻击他们。我是永在的青春。

几句台词，被他念得抑扬顿挫、深沉宛转。

徽因在短剧中扮演马泥浦国王的女儿齐德拉，她优美的扮相、流利的英语、黄莺般的声音，让观众如痴如醉，演出获得极大成功。四百多位北平名流在台下一同观看，掌声雷动。其时，整个礼堂灯火灼灼、人影幢幢。轻寒不抵温暖，硝烟远去。

那一刻，是太平盛世、绝美江山。

这年，林徽因中学毕业，在父亲林长民的鼓励下，考取了半官费去美国留学的资格。她将和梁思成一起，去往大洋彼岸，继续深造。

这时的她，已远非去欧洲时十六岁的那个少女。那个时候，也还天真，也还青涩，有种绮丽的天然。现而今，她发际飞扬，走路轻快，整个人像一株清晨的植物，露珠儿落在上面，闪烁着一股子的清新。青春正饱满。

泰戈尔访华时，她陪同在侧，后来又在泰戈尔的短剧《齐特拉》中，成功地扮演了美丽的公主齐德拉，名声大震，一代佳人横空出世。人都知，林家有女，貌美如花，才识过人。一时，仰慕者众。

六月，北海的荷，已擎起一朵一朵的花苞苞，芳香裹不住地溢出来，轻染的一两点。林徽因知道，用不了多久，将是满湖的红粉乱扑。

一如二十年前，杭州西湖的那场荷。

那时，她是雪白粉嫩的一团。她对世界是空白，世界对她，亦是空白。一晃二十年过去了，朝代更换，风云诡谲，云水遥遥，当初那个女婴，已出落得貌美如莲，诗书满腹。她正踮着脚尖，朝着她的理想奔去——她要去美国念建筑系，她要做建筑师。

那会儿，大洋彼岸的美国，在她眼里，恰似扬帆破浪的一艘船，满载着希望和梦想。前路到底是鲜花遍布，还是荆棘丛生，谁知道呢？但有一颗如莲的心在，无论相遇鲜花还是荆棘，它都会盛放如许。

林徽因后来写了一首题为《莲灯》的诗，她二十岁青春的骄傲，在里面闪烁。回首望去，一九二四年的她，白衣胜雪，生活优裕，无惧无畏，勇往直前：

> 如果我的心是一朵莲花
> 正中擎出一枝点亮的蜡，
> 荧荧虽则单是那一剪光，
> 我也要它骄傲地捧出辉煌。
> 不怕它只是我个人的莲灯，
> 照不见前后崎岖的人生——

浮沉它依附着人海的浪涛
明暗自成了它内心的秘奥。
单是那光一闪花一朵——
像一叶轻舸驶出了江河——
宛转它飘随命运的波涌
等候那阵阵风向远处推送。
算做一次过客在宇宙里,
认识这玲珑的生从容的死,
这飘忽的途程也就是个——
也就是个美丽美丽的梦。

告别的岸边,林徽因站在梁思成身边,满心欢喜地跟父亲挥着手。根本不知此一别,竟成永诀。

一块美玉,若是未被赏识的眼发现,它不过一块石头而已。

即便有了赏识的眼,若未经能工巧匠的巧手雕琢,它也还是一块石头。

不能不说,林徽因是幸之又幸的,她天生就是一块美玉。又逢上她知己般的父亲,他拥有赏识的眼,和一双能工巧匠的手,她最终,成了一块光华圆润的美玉。

林长民说,我有个天才女儿。这是他得徽因的最初之心。在他,与徽因父女一场,何尝不是一场幸运?

他把做父亲的尊严抛到一边,俯下身子,跟这个女儿做朋友。

他精雕细琢着这块"美玉",指导她读书,和她书信往来,送她进学堂,带她游欧,让她接触社交圈子,介绍一个又一个有名望有才学的人与她相识……她的风华,在他的手底下,如莲花,一瓣一瓣，徐徐舒展开来。

他又慧眼识珠，相中梁思成这个后生。早几年，他就私下和梁启超定下儿女亲事。徽因没有反感，如他所愿，跟梁思成越走越近，最终比翼双飞出洋去。这简直是他一生中做得最漂亮的事。

他是徽因的偶像，亦是个成功的父亲。徽因二十年的人生中，无一样不布满他的印迹，顺着他指引的路，一路走下来。

一年后，他在一次反奉混战中，不幸被流弹击中身亡，留下一堆娇儿和两房夫人。

林徽因的整个天空，轰然倒塌。从此，她少了庇佑她的大伞，所有的风霜雨雪，她都得独自扛着。

徐志摩在《伤双栝老人》中替徽因说出她的悲痛：

> 徽，不用说，一生崇拜的就只你，她一生理想的计划中，哪件事离得了聪明不让她自己的老父？但如今，说也可怜，一切都成了梦幻，隔着这万里途程，她那弱小的心灵如何载得起这奇重的哀惨！这终天的缺陷，叫她问谁补去？

她再没有爹爹可叫了。二十一年的父女缘分，戛然而止。她只祈望，来世，他们会在万千众生中再次相遇，还做一对相亲相爱的父女。

第三章

谁把流年暗换

如烟花，芳华刹那

茫茫人海，红男绿女，多如蝼蚁。有多少人在人群中擦肩而过，又有几人是为你停留？又或者，你眼光恋恋的那一个，早已成为他人的心中好。

最后能牵手的，未必就是一段真正的缘。

在对的地点，往往遇不到对的人。或是，在不对的地点，遇上了不对的人。

所以，人生长恨水长东。

清光绪二十二年。

嘉兴小城的何家小女何雪媛，被媒人提亲，对方是杭州城籍籍声名的林家大少爷林长民。

原是两个不相干的人。

她是富家女，是父母的掌上明珠，打小溺爱，女红不做，字不识，只在自家的院子里数数天上的白云玩，过着养尊处优的千金小姐生活。

他是宦家子，风流倜傥，家学渊博，年纪轻轻就学富五车，抱负远大。

两人的差距，从一开始，就是相隔十万八千里的。

当时，何家在嘉兴城开着小作坊，算是小有名气的富户。尽管如此，但与官宦之家、书香门第的林家，还是搭不上边的。

这门亲事，在何家，有点高攀了，自是喜出望外，非常乐意。而林家，大概照见过一面，相当中意何雪媛的容貌。江南女子多柔美，彼时的何雪媛，水嫩得跟青葱似的，一颦一笑，都是可人。

此前，林长民曾娶过亲，是门当户对的叶氏。然与叶氏却缘浅，婚后没多久，叶氏就病逝了，亦未曾留下一儿半女，徒留遗憾。

何雪媛是作为继室娶进门的。

洞房花烛夜，林长民一掀红盖头，当是惊艳，娇小新娘，人面桃花。心下定思量着，这么一个貌美如花的小女子，当好好珍惜。

这年，林长民二十岁，何雪媛十四岁。一个是青春逼人正当时，一个是豆蔻梢头二月初。

窗户上的大红喜字，尚未褪色。脱下的新嫁衣，余温尚未散去。何雪媛的婚姻，好像就老了。

彼此爱得死去活来的男女，一旦落入婚姻的巢窠，要保持簇新的温度尚且不可能，何况他们本是陌生的？

婚姻是一潭活水，还是一潭死水，靠的是经营，这在很大程度上取决于女人，尤其在那个年代。聪明的女人善于把握男人，懂得进退有度，能把家打理得窗明几净，事事处理妥帖，让在外打拼的男人有归属感。何雪媛却没有这等本事，她的平庸与无识，渐渐凸显出来。是白绸缎上溅上难看的油渍，真叫突兀得厉害。林家人渐渐不拿她当回事，她虽还顶着个大媳妇的名，却无甚地位。

新婚的热情渐散，林长民也仿佛清醒过来，隔了一段距离望他的新媳妇，竟难得有让他中意的地方，她幼稚无知，她思想保守，她毫无趣味，脾气还坏得很。他对她，日渐冷淡。

她却一无所知，迈着她的一双小脚，踩着碎步，从后院到前院，再从前院到后院，一派的无辜和茫然。她不知道哪里出了问题，生活怎么全然不是当初红盖头掀开时的样子了？天上一个大太阳挂着，闪耀刺眼。

婚姻里的女人，最难堪的，莫过于迟迟不生育。

小时，我见过村里有小媳妇，结婚两年未曾生育，日日遭婆婆谩骂，说是娶了只不会下蛋的鸡。村人们看她的眼神，也是怪怪的，仿佛她犯了弥天大错。弄得那个小媳妇出门进门，总低着头，一脸的羞愧色。

何雪媛结婚六七年，一直没怀孕。林家虽不是一般人家，公公婆婆都有知有识，思想开化，但中国人传宗接代的思想，是根深蒂固的。即便到了今天，这粒思想的种子，还在不断发芽不断生长。

林长民是家里长子，肩负着为林家传宗接代的重任，这个媳妇却不争气，一年一年的，硬是没有给林家诞下一子半女。公公婆婆是极度失望的，作为思想进步的他们，这种失望，却不能明说。就像在极隐蔽处痒了，当众却挠不得，他们只有等。对待这个媳妇的态度里，更是轻慢。

林家其他人，对何雪媛的态度，也好不到哪里去。他们拧成一股绳，乐一起乐，忧一起忧，兴趣相近，性情相当。单单撇下她来。她有什么呢？字不识，女红不会，家事理不了，脾气还坏，又加上未生育，桩桩件件，简直就是对不起林家。

这样的处境，是少愉悦的。外表看着，林家老宅仍是阳光熠熠气宇轩昂着，可里面住着的这个小女人，却一日一日，暗生阴霾。

日头的影子，移过雕花的木格窗，移过高大的枇杷树，移过粉白的院墙去。何雪媛把日头又望低了，心里的委屈，无人可诉。她只得说给路过的风听，说给路过的小鸟听，说给那一截粉白的院墙听。

她青春的美好，短暂到几乎无。本应面色红润、健康活泼，她却过早地苍白了去，脸上失去应有的笑容。幽怨深深，日复一日，终在她脸上刻下重的痕。

彼时，她的青春寂寂地、无助地，疯长成一片荒草。青了。枯了。流年暗转。

何雪媛这种独抱孤寂的青春，女儿林徽因是无法理解的。等到八年后她与徽因在红尘里相逢，母女一场，她的青春，早就过完了。

上好的白瓷上，有了裂痕

看宫廷戏，我总无端心生凉意。宫墙深深，多少女人被"幽禁"其中。张眼望去，处处金碧辉煌，可一个个灵魂，却赤贫如荒野。偏偏那里又处处暗流汹涌，一不小心，女人们就掉入其中，万劫不复。我想起张爱玲的那句感叹：生命是一袭华美的袍，里面爬满了虱子。对于后宫之中的女人，这个比喻，再确切不过。这个时候，只求上苍垂怜，能赐她一子半女。有了一子半女，日子也就有指望了，再不得宠，因她生下皇家血脉，这份功劳是抹杀不了的。如果那一子半女能得皇上宠爱，那做母亲的，在人前的地位，立马就高了三分，扬眉吐气得很。

母凭子贵，皇家如此。寻常百姓人家，多半也如此。

婚后八年的压抑和寂寞，何雪媛终于迎来她生命中的春天，她为林家诞下第一个孩子。这个粉白娇嫩的小人儿，让初为人母的何雪媛，甜在心头，喜上眉梢。晨曦初起，看厌了的格子窗，透进来的光亮，虽是微茫的，却是那么耀眼。外面花香簇拥，荷花与栀子花的香气相互缠绵。深的巷子里，卖五香蚕豆的老人，哑着嗓子叫卖，五香蚕豆哎——短促的一两声，听上去，竟是那么动听。因了这个小人的到来，何雪媛的世界可爱起来、美好起来。

然岁月原是经不起摩挲的，摩着摩着，也就失了新鲜了。不过一两年的光景，何雪媛又回复到过去的旧日子里，她还是那个小商人家的女儿，无知无识，不懂事理。她身上的不足，再一次凸显出来，让婆家人不喜。原本可以当作筹码的小徽因，也渐渐离了她的护佑，被公公婆婆"夺去"，由他们亲自抚养、亲自照拂，竟不关她这个亲娘什么事了。

何雪媛的天空，又暗了下去，失落与怨恨交织着，理也理不清了。

上了一定年纪的人，喜欢怀旧，从前的月亮，是比现时的亮的。从前的小河也清，天空也蓝。从前的人，也比现时的亲切。从前的欢乐多多，多得像满天星。

回不去的，是从前。

在从前，童年是最耀眼的花一枝。笑语叮当，简单的心，简单的欲求，纯粹的欢喜。即便家境苦寒，可有亲情守护，一样把童年，喂养得喜悦安然。

谁的心中没有一个可怀念可追忆的童年呢？

林徽因在成年后，却极少回忆她的童年。粉墙黛瓦的大宅院里，她有过天真快乐，祖父母疼着爱着，大姑宠着溺着，时光是粉嫩的一块桂花糕，每咬下一口，都是香甜。然这样的时光，却短而

林徽因一九一六年于北平

稀少。等她单独面对母亲时，粉嫩的时光，一下子失了水分，日子成一块难看的疤，烙在她的童年上。

徽因从有了记忆起，就与母亲生分着。

她的记忆里，母亲大多数时候，总是一个人待在后院，无所事事，脸上愁云密布。一大家子的欢声笑语里，单单少了一个她。小孩子不懂成人的复杂，谁跟她好，她就跟谁亲。谁对她灿烂有加，她就喜欢谁。孩子如同新生长的植物，是奔着阳光温暖去的。

徽因极少看到娘笑。一次，她溜到后院，看母亲梳妆。母亲的梳妆台上，有好几个挂着小铜锁的小抽屉，那些小铜锁她很喜欢，她常偷偷拨弄了玩。小抽屉里，装着母亲的胭脂水粉，母亲往脸上扑，一张脸，艳若桃花，也是好看的。但母亲的脸上，却一点笑容也没有，胭脂水粉也掩不了她深深的愁怨。徽因突然觉得害怕，她转身就跑，一直跑到前院，跑到她的光明里。那里，有祖母和大姑的笑脸，迎着她。

何雪媛是尴尬着的，亲生女儿也不跟她亲，竟"伙同"林家人疏远她，甚至幼稚地说，她不是她的娘，大姑姑才是。她也渐渐不喜这个女儿了。在有了小女儿麟趾后，她所有的母爱，都倾注到小女儿身上，跟徽因的关系，越发疏远了。

她们之间，隔着山隔着水。

世事往往出人意料，太阳好好地挂在天上，天空中却突然下起雨。又或是，明媚晴好的天，突然间猛烈刮起风来，飞沙走石。日子里，总是充满太多变数。

何雪媛对小女儿麟趾的"过分"爱护，恰恰害了小女儿，使小女儿体质娇弱，经不起一点点小折腾，在五岁上，因病不治而亡。

当时，林家人分居两地，林长民在北平做事，何雪媛带着麟趾住在北平。林徽因和祖父做伴，到了上海。噩耗传到上海时，林家老爷子悲伤过度，几乎卧床不起。林徽因虽只有八岁，但比同龄的孩子要成熟，她早已历经生离死别。祖母离世的情形，她还历历在目。时常会梦见那样的场景，雕花窗前，她吃着酥糕，伏在桌前看祖母写字。她和祖母的身上，跳动着阳光的影子，碎碎的，小鱼一样的。醒来，一弯冷月挂在窗前。

祖母走了，没有再回来。现在，妹妹走了，妹妹也不会再回来了。她的眼前，闪过妹妹可爱的样子，妹妹仰起圆鼓鼓的小脸蛋，追在她的身后，嘴里一迭声叫着姐姐姐姐，争抢她的酥糕吃。

风清月寒。林徽因偎在祖父身边，说不出的悲伤茫然。

五岁小女孩麟趾的死，对何雪媛的打击是巨大的。

之前，她曾育有一子，却夭折。失子的伤痛，直到有了小女儿麟趾后，才稍稍平复。

然这个寄托她无限情感的小女儿，却眼睁睁死在她怀里，何雪媛的性情大变，她变得歇斯底里，常无缘无故发火、大骂，或大哭。家里人都离她远远的，她落入孤僻古怪的巢窠，再没能走出来。

麟趾的死，把林长民对何雪媛仅存的一丝情分，割断了。

他是老早就厌倦了她的。一个浪漫多情的才子，碰上不解风情的刻板的女人，那日子，寸寸都是生涩。

林长民向往两情相悦，向往红袖添香，小女儿麟趾的夭折，让他在悲痛之余，彻底醒悟过来，他不能再把自己捆在这桩婚姻里，不能再把自己的幸福，系在这个女人身上了。

这时，一个叫程桂林的上海女人，进入他的视野，很快被他迎娶进门。

他与何雪媛的夫妻关系，名存实亡。

什么样的婚姻才是相配的？旗鼓相当比翼齐飞自然是极配的，像后来的林徽因和梁思成。相辅相成亦步亦随，有时更能使婚姻幸福美满。

上海女人程桂林，有个外号叫"黑里俏"，美是极美的。然比起肤色白皙的何雪媛来说，她并不显得过于出众。她也是个文化水平不高的，只粗通文墨。多情的林长民，每每写了书信给她，满腔的柔情蜜意，满纸的风趣肉麻。信里的字，也是五花八门，或是学王大令的，或是学王羲之的。程桂林却极少能看得懂，每次得信，她都须得找人念给她听。此事一时传为笑谈。

但就是这样一个女人，却让林长民视若珍宝，爱之切切。她有着何雪媛没有的好，温柔谦卑，善解人意，落落大方。她又极能干，无论浆洗，还是女红，都拿得起放得下。林长民在她的温柔乡里沦陷，自称"桂林一枝室主"。并将之刻成印章，随身携带，四处落印，昭告天下。对这个新夫人的宠溺之情，溢于言表。

对一个女人而言，人生最大的不幸，就是遇错了人，且一再被辜负。

生于宅子囿于宅子里的何雪媛，能够见到的男人，屈指可数。宅子也就那么大，虽说搬了几次家，相距上千里，也只不过从一所宅子，搬进另一所宅子。这决定了她对林长民的感情，绝对的简单和纯粹，忠贞不二。他是她唯一的男人，是她的天她的地，是她的一辈子。

然而，就在她旧伤未愈、新伤又添之际，林家却用八抬大轿，把新人程桂林抬进了大门，这是她无力阻挡的。她只能万分不甘地看着她的男人，成为别的女人的心头好。从此，林长民只闻新人笑，哪管旧人哭，她成了真正的弃妇。

这年，何雪媛不过三十一岁。三十一岁，还是一个女人的花样年华，日子应该更趋圆润，清风明月，都是良辰。何雪媛的生命里，却荒草遍地，萧条冷落。

何雪媛早早老下去。她恨林长民的无情。恨程桂林的"横刀夺爱"。恨女儿徽因的"背叛"——她可是她唯一的骨肉，却一口一个"二娘"地叫着程桂林，弃她于不顾，日日赖在前院，帮着照料程桂林的一堆孩子，叫她情何以堪？

她的脾气越发变得暴怒无常，女儿徽因是她唯一的出气筒。徽因也只能承受着，一日一日，在心上生了暗疮。

上好的白瓷上，有了裂痕，再难复原。母亲成了林徽因一生挥之不去的阴影和疼痛。

谁把流年暗换

一九二五年十一月二十四日，林长民在一场反奉战乱中，被流弹射中身亡。

半轮黄月，凄清地斜照着北海的白塔。

何雪媛和程桂林突然间都成了未亡人。

共同的悲戚，并没有让何雪媛跟程桂林达成和解，反而使她心中的怨恨变本加厉。她把一切的不幸，都记在程桂林的头上。她认为，都是这个女人的介入，她的人生才落到这般孤苦的田地。之前，因林长民在，她即使怨着恨着，也只是在她的后院，一个人暗暗地咒骂着。或是对着女儿徽因发泄。现在，林长民走了，她再无需把她的不满藏着掖着，她当面对程桂林恶言相向，对程桂林的孩子，也无半点怜惜。

她们再难维持表面上的一家人，很快分道扬镳。

北总布胡同三号，一所极大的院子。黛瓦飞檐。入秋的藤萝，趴在院墙上。向晚的艳阳打在上面，片片叶子都像镂金镶玉般的。这是林徽因和梁思成的新家。

林长民不幸身亡后，林家渐渐衰落，林徽因把母亲接来同住。

人常说，记忆敌不过时间，秋去秋回五六载，再深刻的痕迹，也该变淡。何雪媛跟女儿女婿住一起，日子是崭新的。她只要丢开以往，把从前的恩怨一笔勾销，在黄昏下含饴弄孙，做个慈眉善目的老妇人，便极容易在岁月里安稳，活得快乐且安详。

何雪媛却做不到。

她已把抱怨当成生活常态，活在阴郁潮湿里而不自知。她种植着她的怨恨，任由它疯长。每日待在家里，闲着无事，就时不时翻出那些陈年旧账来，向人诉说她的不幸。明媚姣好的日子，被她戳得千疮百孔，让林徽因苦不堪言。

从情感上讲，林徽因很爱她同父异母的几个兄妹。父亲走时，弟妹尚小，大的不过十一岁，小的才五岁，她丢不下他们，常接济一二。尤其是对三弟林恒，因他身上有父亲的影子，林徽因对他，更多了几分疼爱。这为何雪媛所不容，她们常常因此吵架。

一九三五年，林恒来到北平，准备报考清华大学机械系。后受抗日爱国风潮的影响，转而报了空军军官学校，成为中国空军航空学校第十期学员。在北平期间，他寄居在姐姐徽因家里，人唤"三爷"。徽因见着这个弟弟十分欢喜，待他亲厚，饮食起居亲自照应。这让何雪媛极度不痛快，她把这个后生看成她的眼中钉，不时找着碴儿生事，终导致林恒忍无可忍，和她爆发了一场"战争"。家里硝烟弥漫，早年的家庭不幸似乎重演，林徽因痛苦得恨不得去自杀。她写信告诉好友费慰梅：

> 最近三天我自己的妈妈把我赶进了人间地狱。我并没有夸大其词。头一天我就发现我的妈妈有些没气力。家里弥漫着不祥的气氛，我不得不跟我的同父异母弟弟讲述过去的事，试图维持现有的亲密接触。

满篇浸透的皆是无奈。可叹一代佳人，外表看着华丽光鲜，内里也是疮痍遍布、爬满了虱子。

一九四一年，林徽因最钟爱的弟弟林恒，在保卫成都的一次空战中阵亡。梁思成赶去成都收殓了他的遗体，掩埋到一处无名墓里。带回他的遗物——一柄短剑。这柄短剑，成了林徽因的珍藏，一直到她去世，都带在身边。

又三年。外面风雨琳琅，狂风呼啸。重庆李庄的一幢小屋子里，林徽因面对窗外狂风暴雨，想起为国捐躯的八个年轻的空军飞行员，想起林恒，难按悲痛之情，写下了《哭三弟恒》，她写道：

> 国难当头，山河破碎，无处话凄凉。

林徽因离世后，她收藏着的这柄短剑，被何雪媛收着了。彼时，何雪媛根本不知那是她最不待见的林恒的东西，她以为是女儿的遗物。"文革"中，她因私藏这柄刻有"蒋中正赠"字样的短剑，很是吃了些苦头。冤冤相报，带有宿命的色彩，逃不脱，也避不开。唯有放下，才是唯一的出路。

人都说，女儿是妈妈的贴身小棉袄，说的是做女儿的与妈妈最为贴心。

缘分让何雪媛与林徽因成了母女，却从来没有寻常的母女情分。何雪媛完全是旧式的，刻板守旧，见识浅短。林徽因却一派新式，才华出众，热情奔放。母女俩虽近在咫尺，却如远隔天涯，无法走近。林徽因曾评价自己的母亲，说她是个极其无能又爱管闲事的女人，而且她还是天下最没有耐性的人。

她们辛苦纠缠一生，貌似水火不容，可骨子里，又是爱的，她们只是无法把这种爱说出。徽因遗传了母亲的急性子，脾气有时也像火�子，一点即燃。两个急躁的女人共处，是刀锋对着刀锋，刀刀都是锐利的疼痛。

或许真的是当局者迷、旁观者清，常在梁家出入的好友金岳霖，一针见血地道出了这对母女的关系：

> 她（何雪媛）属于完全不同的一代人，却又生活在一个比较现代的家庭中，她在这个家庭中主意很多，也有些能量，可是完全没有正经事可做，她做的只是偶尔落到她手中的事。她自己因为非常非常寂寞，迫切需要与人交谈，她唯一能够与之交流的人就是徽因，但徽因由于全然不了解她的一般观念和感受，几乎不能和她交流。其结果是她和自己的女儿之间除了争吵以外别无接触。她们彼此相爱，但又相互不喜欢。

何雪媛拥有的，只是寂寞。

从她嫁入林家那天起，她就注定踏上了一条寂寞路。短暂的热闹过后，她被冷落，公婆不喜，丈夫不爱，后来竟连亲生女儿也瞧她不起。家里整天看似一大帮人，个个谈吐非凡，热闹得如同市井。然对她来说，放眼之处，皆是荒山野岭，她找不到一个可以说话的人。她就这样孤寂地活了一辈子，骨头里弹着的，都是空响。

一九五五年，女儿林徽因先于她离世，她随了女婿梁思成生活。后来，女婿梁思成也过世了，临终前，把她托付给后妻林洙。这个时候，八九十岁的她，脑子全乱了，只记得年轻时的事。那个时候，她灼灼其华，唇红齿白，锦绣天成。

日月轮番，斗转星移，流年付了谁？

第四章

在最美的时光，

与你相遇

在最美的时光，与你相遇

十六七岁时，席慕蓉的诗正风靡大陆。我坐在两层的教学楼里，伏在木纹零乱的课桌上抄写。我抄她的《莲的心事》：

我
是一朵盛开的夏莲
多希望
你能看见现在的我

风霜还不曾来侵蚀
秋雨还未滴落
青涩的季节又已离我远去
我已亭亭　不忧　亦不惧

现在　正是
最美丽的时刻
重门却已深锁

> 在芬芳的笑靥之后
> 谁人知我莲的心事
>
> 无缘的你啊
> 不是来得太早　就是
> 太迟

其时，窗外是一树一树的桐花，淡紫色的，云烟一样。风吹落一瓣，再一瓣。啪哒，啪哒，轻微的一两声，像鸟啄似的。我突然无端地忧伤起来，还委屈着，好像满世界都没有一个懂我的人，只把我独独扔在这里，孤单着。

向往的心里，希望逢着一个人。这个人是踩着云朵来。这个人是骑着白马来。或者，就在学校门口的路边，一转弯，遇见了。他在等，眉目清扬，说：我等了你好些年了。然后拉起我的手奔跑，跟我说些有趣的好玩的事。天是蓝的，风是轻的，心是飞起的蒲公英。

每个女孩，在成长的路上，都要独走这样一段寂寞时光，心会突然敏感起来纤细起来，不胜风力。却不虚空，不颓废，满张着理想的帆，想要乘风扬帆去。

一如林徽因的十六七岁。

那个时候，她和父亲一起，旅居在伦敦。远隔故土，也有风光无限，但她的世界，终究是冷清。没有年龄相当的人相伴左右，缜密的心思，烟雨不识。父亲虽是朋友式的一个父亲，愿俯下身来跟她亲昵，但年龄的沟壑，真实在那里，纵使打马飞奔，她也追赶不上。

她在雨天的午后，蜷缩在寓所里。窗外的烟雨，织成厚重的帘

林徽因在伦敦

幕，掀不起，穿不透。于是，孤单得想哭。

一个小女孩成长的心事，怕是连她自己也不懂。那是一份莫名的恐慌和疼痛，就像花开前的挣扎。

人们不曾留意过花是怎么开的。

风怕也不知。

雨在下。即使明媚的日子，林徽因心中的雨，也在嘀嗒嘀嗒。

他适时而来。

那个叫徐志摩的年轻人。

他挟裹着伦敦十一月的烟雨，一袭长衫。白而清瘦。眼睛在玳瑁样的镜片后，闪闪发亮。

他敲开了林家寓所的门。外面浓郁的雨雾被敲开了一角，一屋子的暗，因这个人的到来，变得活泼亮堂。

张爱玲曾说过，"于千万人之中遇见你所遇见的人，于千万年之中，时间的无涯的荒野里，没有早一步，也没有晚一步，刚巧赶上了。"

他们真的是这样，不早不晚，不偏不倚，他来，她在，犹如前世约定。

他出生在人杰地灵的海宁县硖石镇，家财万贯，是个不折不扣的富二代。

父亲徐申如，是硖石镇远近闻名的首富，除了经营祖上的酱园外，还广泛投资钱庄、商业和实业，在沪杭金融界占一席之地。

徐申如在二十五岁上得他，大喜。给他取名"章垿"，字槱森。后在他去美国念书前，又替他改名为"志摩"。据说之前有一个叫"志恢"的和尚，替他摩过头，并预言，此孩子将来必成大器。徐申如欣喜万分，对此深信不疑。

徐家家大业大，自然对这个长孙独子要悉心栽培，好让他继承并光大家业。三岁时，徐申如就为他聘请了私塾老师，给他启蒙。他天生灵秀，所教诗书，诵读不忘，打下了深厚的古文功底。

十岁，他进了硖石开智学堂，其间开设的课程，除了古文外，还有数学、地理学等。他对数学、地理学产生浓厚兴趣，成绩始终是全班第一。

十三岁，他考入杭州最负名望的府中学堂，不久改为浙江一中。在那里，他天才的禀赋开始展露出来，小小年纪，居然在校刊《友声》上撰文，煞有介事地讨论起小说与社会的关系，认为小说裨益于社会，"宜竭力提倡之"。他对天文的爱好更是不同一般，常在半夜三更爬起来，一个人观天象。天上众多星宿的名字和方位，他都如数家珍。亦在《友声》上撰文，介绍自然科学知识。

少年天成，几乎一步一辉煌。

这么一个少年郎，自是引人注目。浙江都督的秘书张嘉璈，前来学校视察时，对这个才华横溢的学生一见倾心，当下决定，要把自己的小妹张幼仪嫁于他。

张家也是名门望族，在江苏宝山县小有名气，祖父为清朝知县，父亲张润之是宝山县巨富。当张家前来徐家提亲，徐老爷简直喜出望外，在他看来，这门亲事，实在是门当户对。

一九一五年夏，徐志摩以优异的成绩，从浙江一中毕业，考入上海沪江大学。

当此时，他正青春飞扬，犹如一匹奔跑的快马，鬃毛在风中猎猎，他只管一路向前。

父亲却突然告诉他，已给他定下一门亲事，不日将成亲。

他一下子懵了。他人生的规划里，不是这样的，他希望逢着一个他喜欢的女子，跟她恋爱，跟她吟诗诵对，跟她说有趣的话。

现在，父亲却要把一个陌生的女孩，强塞给他。他心生反感，瞥一眼那个女孩的照片，在她的浓眉和厚嘴唇上顿一顿，从嘴里轻蔑地吐出几个字：乡下土包子！

这个叫张幼仪的女孩，未曾与他见面，就被他打进十八层地狱。尽管后来他万般无奈娶了她，"媒妁之命，受之于父母"，他也仅仅是为了完成一项义务。他的世界里，从来没有她。

婚后不满一年，徐志摩就离开上海，北上天津。他生性好动，喜欢追新逐奇，怕囿于一处，这是理由。而要避开新婚的妻子——那个乡下的土包子，才是他离开的真正理由。

他进入天津的北洋大学攻读法科。一年后，北洋大学法科并入北京大学，他顺理成章进入北大。北平深厚的人文气息，让他如鱼得水，他如饥似渴地一头扑过去，不仅钻研法学，且攻读日文、法文及政治学，并涉猎中外文学。

一九一八年，经张幼仪二哥张君劢的引荐，徐志摩认识了政学两界重量级的人物——梁启超，并拜梁启超为师。徐申如得知，欣然拿出一千银圆送梁启超，作为拜师礼。

其时，出洋热正掀起。徐志摩本就是个顶时髦的人，自然赶上这趟热潮，他抛下妻女，甩甩衣袖留洋去了。当时，国内军阀混战的场景让这个才子十分厌恶，他是怀着"善用其所学，以利导我国家"的爱国热忱去的。他先是进了美国克拉克大学，选读社会学、经济学、历史学等课程，很快，他获得学士学位，得一等荣誉。随后，他进哥伦比亚大学，进经济系，攻读政治学。他是学什么是什么，无一不精通。惹得有个极严厉且严格的经济教授，亦肯在他人面前恭维他。

养儿如此，天分异常，才华出众，又娶娇妻生娇子，人生的好，似乎都落到他身上了。徐父是极其欣慰的。他一心巴望着儿子学成归来，好接他的班，和张家联袂出手，向金融界、政界发展，辉煌指日待见。

幸福的晚景图，在徐申如面前展开：夕照铺天，孙儿绕膝，合家欣欣向荣。

如果人生都能按既定的轨道，有条不紊地走下去，那这个世界，将多出太多的庸常和安稳，也就少去一些奇遇和曲折。然好的风景，常在人迹罕至处。不平凡的人生，大抵都不按常理出牌。

徐志摩没有如父亲所愿，在美国好好念完书，把博士学位收入囊中，无比风光地回来，光宗耀祖。他实在让期待他的人大跌眼镜，因为读了两本剑桥大学的教授罗素的哲学书，便对罗素无比地仰望和崇拜，心心念念着这个人，干脆抛下学业，买船横渡大西洋，投奔罗素来了。

让他意想不到的是，他费尽辛苦地越洋寻来，他的偶像已被校方解聘，离开英国去中国讲学去了。他郁郁寡欢，无奈之下，他只得入伦敦大学政治学院，继续攻读经济学。

这个时候，他的理想生活里，诗人的光环，还隔得很远。他爱好文学，但并没有把这当作一项追求。让他感兴趣的事物实在多，比如他心系宇宙，被宇宙的博大和神秘迷住，去哪里，都带着本关于宇宙的科学的书。

直到遇见他生命中的女神——林徽因小姐，他的命运，拐了个弯。

伦敦的十一二月，除了湿冷，还是湿冷。

雨一天接一天地下，没完没了。阴霾笼罩，不见天日。

林徽因的心里，却渐渐生出欢喜来。觉得外面的雨，亦是好的。湿冷的天，亦是好的。那个叫徐志摩的人，三天两头登门来。他一来，父亲就快活地吩咐她泡茶、摆点心。然后，一老一少两个男人，相对而坐，眉飞色舞，一聊就是大半天。

她初见他，根本没想过与他会有什么交集。她出于礼节地迎接着，差点开口叫他"叔叔"。彼时，他二十三岁，已是一个两岁孩子的父亲。相对于豆蔻年华的她来说，他的确够大，足足比她多走了七年的路。

他初见她，则完全把她当作一个小丫头，当作春天枝头一簇活泼的花。只是愉悦着、怜惜着。他的目光和心，完全被她的父亲牵去。林长民清奇的相貌、更清奇的谈吐，牢牢吸引着他。他难掩激动和兴奋，跟林长民天南地北地瞎聊，聊得雨雾都开了花——天暗了，灯亮了。

如此聊着还不尽兴，他们有一段日子甚至互通"情书"，诉说"衷肠"，玩起"爱情"游戏。——她作为旁观者，只觉得他的好玩和天真。她像亲近一个兄长一样，亲近着他，感受他的亲切。

后来，不知怎样的后来，她引起他的注意。她的趣语闲话，她的活泼俏皮，她的睿智灵秀，她身上的诗意，还有她艳若桃花的面容，惹他流连。他的眼光无意一瞥，他的心，立即像一根水草，柔柔地游。他在心里顿足，起初实在小看了这个小姑娘，她整个的人，原是一座金矿啊。他一锹挖下去是惊喜，再一锹挖下去，还是惊喜。

他渐渐地，沦陷在对她的爱恋里。

伦敦的春天似乎还很遥遥，林徽因寓所窗台上的几株黄水仙，已绽开了硕大的花朵。淡淡的黄，描着影子，喷着细香。

外面是难得有一见的阳光的天。金粉的阳光，像一群扑着翅的小蛾子，成群地飞进来，落在黄水仙的花朵上。落在窗台上。落在地板上。时光琳琅。

林徽因对着阳光爬满的黄水仙，敛住气，简直不敢喘息。她踮起脚尖，细小的身形，嵌在一团阳光的影子里，光照当窗，花影摇曳。她像失落了什么，有点迷惘。又像"怪东风着意相寻"，有点儿没主意。浪漫，极端的浪漫。

"春怨秋悲皆自惹，花容月貌为谁妍？"她突然想起《红楼梦》里的句子来，情绪一阵细风般的吹动，卷过，停留在惜花上面。再注目细看那几朵黄水仙，花依旧嫣然不语。

"如此娉婷，谁人解看花意？"她更沉默，几乎热情地感到花的寂寞，开始怜花，把同情统统诗意地交给了花心。

多年后她写道：

> 这不是初恋，是未恋，正自觉"解看花意"的时代。①

果真是这样吗？

不。她其实只是不愿直面自己的心，矛盾重重，想撇开什么，又想紧紧抓牢，那种爱怨交织的情感，几乎贯穿了她的一生。

十年后，徐志摩飞机失事，她哀痛不已，跟另一个女人凌叔华因他的康桥日记起了争执。她想看到那段记载着她和他的往昔的日记，但最终没能够。她和他的那段往昔，被永远雪藏了，再无处缅

---

① 引自林徽因散文《蛛丝与梅花》。

怀。她极端气愤地写信给胡适，像个碎嘴的女人，颠三倒四地剖白这件事：

> 关于我想着那段日记，想也是女人小气处或好奇处多事处，不过这心里太Human（人情）了，我也不觉得惭愧。

> 实说，我也不会以诗人的美谀为荣，也不会以被人恋爱为辱。我永是"我"，被诗人恭维了也不会增美增能，有过一段不幸的曲折的旧历史也没有什么可羞惭。（我只是要读读那日记，给我是种满足，好奇心满足，回味这古怪的世事，纪念老朋而已。）

> 我觉得这桩事人事方面看来真不幸，精神方面看来这桩事或为造成志摩为诗人的原因，而也给我不少人格上知识上磨炼修养的帮助，志摩in a way（从某一方面）不悔他有这一段苦痛历史，我觉得我的一生至少没有太堕入凡俗的满足也不算一桩坏事，志摩警醒了我，他变成一种Stiamulant（激励）在我生命中，或恨，或怒，或Happy（快乐）或Sorry（悲伤），或难过，或苦痛，我也不悔的，我也不Proud（骄傲）我自己的倔强，我也不惭愧。

这几乎有些语无伦次了。内心的混乱，如萋萋荒草，无人解荒凉。那段"曲折的旧历史"，被她冠以"不幸"二字，心中的爱恋和疼痛该有多深切。说到底，她是旧式教育里走出来的新女子，骨子里的传统意识仍十分强烈，她知人言可畏。且那时，她光环罩身，身边聚集着众多社会名流，是风浪尖上的人，来不得半点疏忽，否则，就会被炒得沸沸扬扬，安稳的家庭，也许会分崩离析。

她自己亦承认，我的教育是旧的，我变不出什么新的人来。所以，她极力维护着她彼时拥有的一切：娘，丈夫，儿子，家族，还有她的光环，等等。她不惜一次次"伤害"他。她心里有他，又能如何？一切无能为力。她给胡适的信里又写道：

> 这几天思念他得很，但是他如果活着，恐怕我待他仍不能改的。事实上太不可能。也许那就是我不够爱他的缘故，也就是我爱我现在的家在一切之上的确证。志摩也承认过这话。

笔下千斤重。"人生若只如初见，何事秋风悲画扇。"

七分鹅黄，三分橘绿

现在，还是桃红柳绿的十六七岁。

林徽因的眼睛还是孩子气的，闪亮闪亮的，说不出的灵敏和秀媚。她的两条小辫子，在春天的阳光里跳跃，罩一圈橘色的光芒。她穿白衫黑裙，像一朵莲花，在风里摇曳。在徐志摩的眼里看过去，她真像一只绯红的刚成熟的桃。

之前，徐志摩因林长民，结识了英国作家狄更生。因狄更生的推荐，他得以以特别生的资格，入了康桥大学皇家学院（剑桥大学），可以随意选科听讲，也算圆了他一个小小的梦——黑方巾、黑披袍加身的风光。

在康桥的一年半时间里，他广泛阅读欧美名家作品，对唯美派诗人雪莱、拜伦的作品十分推崇。康桥浓郁的文化氛围，激发了他的创作欲，这期间，他翻译了大量欧美作品，如英国作家曼殊斐儿的、德国作家福沟的、意大利作家丹农雪乌的。并得以亲近美景、美人，成了一个理想主义者，快乐着，甜蜜着。这直接导致后来诗人徐志摩的诞生。

康桥，是他短暂的一生中，最美的时光。他说："我在康桥的日子，可真幸福，生怕这辈子再也得不到那样甜蜜的洗礼。"

几年后，他在《我所认识的康桥》中写道：

> 我这一辈子就只那一春，说也可怜，算是不曾虚度。就只那一春，我的生活是自然的，是真愉快的！（虽则碰巧也是我最感受人生痛苦的时期。）我那时有的是闲暇，有的是自由，有的是绝对单独的机会。说也奇怪，竟像是第一次，我辨认了星月的光明、草的青、花的香、流水的殷勤。

那是晚春的康桥。康河两岸，是四季常青葱翠的草坪，织锦一般的。桥的两端，依依垂柳，随风袅娜起舞。水是彻底的清澄，里面长着纤长的水草，匀匀的。

康河多曲折，上游是有名的拜伦潭。据说当年拜伦常在那里游玩。有一个老村子叫格兰骞斯德。村子里有一个果子园，行人可以躺在累累的桃李树荫下吃茶，花果会掉入人的茶杯里，小雀子会跳上桌来啄食。徐志摩常跑去上下游的交界处，只为听水声。水流湍急，似千军万马走过，又似人声喧哗。早出的星星，一颗两颗，在天上忽闪忽闪，明灭如烟头之火。村晚的钟声，在夜露里，轻灵灵的。河畔，有倦牛反刍之声，细细碎碎。大自然的优美、宁静、星光与波光的交融，不期然地淹没了他的性灵。

他多想把这一切与徽因分享，星空下，只他们两个，像总角
相遇。

还是那多雾的天。

一场雪欲下未下。

徐志摩想起明人康海的《冬》：

> 云冻欲雪未雪，
> 梅瘦将花未花。
> 流水小桥山寺，
> 竹篱茅舍人家。

他忍不住这幅图画的引诱，跑去乡下寻。英国乡下不长梅花，
倒是寻着了一丛薰衣草，细长的柔弱的，正在休眠中。他俯下身细
细看，跟当地人学会一首关于薰衣草的英国民谣：

> 薰衣草呀，遍地开放。
> 蓝花绿叶，清香满怀。
> 我为国王，你是王后。
> 抛下硬币，许个心愿。
> 爱你一生，此情不渝。

他的眼前出现徽因的笑脸，薰衣草一样的美丽。他想起跟徽因
聊文学、戏剧、绘画的事，他告诉徽因，文艺复兴时代的画家，他
最爱鲍蒂切利和达文骞了。徽因竟全部认同，且提出自己的见解。
这实在让他有些意外，茫茫人海中，他似乎一直在找寻，找寻自己

丢失的另一半。现在，竟让他找着了，他热烈的心，再添热烈。

他给徽因写信，附上了这首英国民谣，大胆地向徽因表白他的爱。

林徽因接到信，一下子乱了方寸。作为一个女孩子，被人追求，当是一种幸福，何况这个人，还是德才兼备、性情温存、相貌英俊的。大半年的相处，她对这个"叔叔"的好感与日俱增，但却没想过要与之恋爱。

"君生我未生，我生君已老。"人生的遗憾，往往是在不对的时间里，遇到对的人。又能若何？家庭的遭遇，至今未能化解。与一个有妇之夫恋爱，对她来说，好比江河倒流到天上，那是绝没有可能的事。

她小脸滚烫，心乱如麻，几经犹豫，把徐志摩的信交给父亲。父亲看后，哈哈一笑，打趣她，我们的徽徽长大了。但旋即表明态度，这事我们得缓缓再谈。作为父亲，他当然是自私的，他清楚徐志摩这个小友，就像清楚他自己，他们都是浪漫到极致的人，是能在精神的世界里，活得肆意芬芳，但落到俗世里，会很快萎了。

他代女儿给徐志摩回信，委婉地拒绝了徐志摩的炽烈：

志摩足下：长函敬悉，足下用情之烈，令人感悚，徽亦惶恐不知何以为答，并无丝毫mockery（嘲笑），想足下俣（误）解耳。星期日（十二月三日）午饭，盼君来谈，并约博生夫妇。友谊长葆，此意幸亮察。敬颂文安。

弟长民顿首，十二月一日。徽音附候。

徐志摩收信后，并未退缩，旋即回信，愈加热烈。林长民读信后，心感念之，但也只能长叹。若这事不是牵涉到他的掌上明珠，

林徽因留影

他真想做一回月下老，促成这桩姻缘。他再次致信徐志摩：

> 得昨日书，循诵再三，感佩不已。感公精诚，佩公莹
> 洁也。明日午餐，所约戚好，皆是可人，感迟嘉宾一沾文
> 采，务乞惠临。虽云小聚，从此友谊当益加厚，亦人生一
> 大福分，尚希珍重察之。敬复志摩足下，长民顿首，十二
> 月二日。

信中避而不谈徽因，只说他与他。这等做法，是林长民的细心
之处，他怕拂了志摩的自尊。也正是他的含蓄，给了徐志摩一线希
望，徐志摩认为，"精诚所至，金石为开"。只要他不放弃，终会抱
得佳人归。

康河从康桥大学城穿行而过。几所著名的学院在康河岸边排
开，有建于十五世纪的国王学院，有建于十六世纪的三一学院和
圣·约翰学院，它们是大学城里最气派的建筑群体。

七月初的康桥，仿若暮春。风是清凉的，阳光是和煦的，花是
凌凌的，水是潋滟的。

林徽因来康桥赏景，更为看它的建筑。她热爱建筑，立志要
成为一位建筑师。她的这一理想，让徐志摩新奇且激赏。他越发
对这个女孩子兴趣盎然。她像一泓活泼的水，激发了他身上隐藏
着的诗意，跟她在一起的每时每分每秒，他都有作诗的冲动。他
果真作诗了：

> 康桥！山中有黄金，天上有明星，
> 人生至宝是情爱交感，即使

山中金尽，天上星散，同情还
永远是宇宙间不尽的黄金，
不昧的明星
……
七月的黄昏，远树凝寂，
像墨泼的山形，衬出轻柔螟色，
密稠稠，七分鹅黄，三分橘绿。

这几句诗，后来被他写进了《康桥再会吧》里。

他们在康河边漫步，暮春的风，送来蔷薇的软香。她跟他说起杭州，童年的大院。说起上海，里弄里的风情。说起北平的前院和后院。说起在天津的流离。也说诗书趣闻。她的小脑袋里，装满缤纷。像细浪逐岸，把他的心，一下一下湿润，淹没。她和他的情趣多么投合，他精神的家园，被她照得锃亮。

他们站在王家学院桥边眺望，一棵大椈树，在他们头顶上，撑着满树的绿。右侧面，隔着一大方浅草坪，是校友居，灰白的石壁上，满缀晚开的蔷薇，粉艳艳的，在风中浅笑。左侧面是教堂，森林似的尖阁，直指天空。再左边是克莱亚，后面隐着康桥最潢贵最骄纵的三一学院，在它临河的图书楼上，坐镇着拜伦的雕像，神采惊人。

林徽因不住声地赞叹：好美！她的眉睫间，爬满碎碎的阳光。

徐志摩转眼怔怔看她，又不自觉地沉进去，心里的爱意，撞击得他骨头疼。他像偶然间撞见一段奇特的自然美景，刹那间被惊得无法言语。

她懂他的目光，只能装作不懂。她与他，横着年龄的沟，横着世俗的沟,横着传统的沟,怎么可能开花结果?她明知心里是欢喜的,这个人,温润如玉,满腹奇才,又极赤诚天真,符合了她所有浪漫的想象。但她还是尽力回避,不作应和。而是提议道:志摩,我们说点有趣的事吧。这是她对他"惯用"的伎俩了,一遇尴尬,她就用有趣的事,来转移视线,两个人便又变得轻松、亲密起来。

他跟她说起早春的清晨,天还没大亮,他突然想去画眉鸟,不知它有没有来。于是,迎着冷风,踩着薄霜,一个人往林子深处寻去。最后,真的看到了画眉鸟,正站在一棵青枝上试它的新声。

为去寻一朵乡间的花,他骑车好几十英里,到偏远的乡下去。哎,最后花没寻着,但看到了锦绣般的草原,还品尝了乡间人家的黑啤和苹果酒,吃了人家的酪浆与嫩薯。

为看一朵雪球花钻出冻土,他愣是伏在地上大半天,身子冻僵了,心却快乐得想飞。

最夸张的是看夕阳。他常在夕阳西下时,骑了车迎着天边扁大的日头直追。晚景的温存,让他整个的心,如一块方糖,掉进热咖啡里,香香地被溶化。

有一次,他赶到一个地方,那里有村庄、篱笆,还有一大田的麦浪。他手把着一户人家的篱笆,傻愣愣地望着天。天边的变幻轮番上演,色彩斑斓如油画,他简直不能呼吸了。

还有一次,他正冲着一条宽广的大道看天,突然过来一大群羊,刚放牧归来的。一个硕大的太阳,在羊群背后放射出万缕的金辉。天上却是乌青深邃的,只剩下那不可逼视的金光中的一条大路、一群生物。他的心头,顿感神异性的压迫,"啪"的一声,双膝跪下,对着冉冉渐翳的金光,忍不住泪流满面。

再有一次,他追到乡下,一大片望不到尽头的草原,上面满缀着艳红的罂粟花,在青草丛里,在黄昏的风里,亭亭,如万盏的金灯。阳光从一片褐色的云里，斜抹过来，幻化成一种异样的紫色，一片肃静。他又傻了眼，呆呆看着，只想乘着那阳光的羽毛，飞走，消散，消散在那天地之间。

林徽因被他的诗意和一颗自然的心感染，她的嘴角边的酒窝里，盛满笑，想起她听来的关于他雨天等虹的事。大雨的天，他不避雨，也来不及穿上雨衣，全身湿漉漉的，像个快活的孩子，跑到康桥上去一个人待着，说是要等着看雨后的虹。

林徽因问他这故事的真伪。徐志摩笑了，点点头，说：是真的。

林徽因问：那么下文呢？你立在桥上等了多久，并且看到虹了没有？

徐志摩答：记不清了，但是真的看到虹了呀。

一说到虹，他的神情又飞扬起来，笑如星子的眼睛，闪闪烁烁，他手舞足蹈地描述起虹的美来。林徽因实在诧异了，她打断他，问：怎么你便知道，准会有虹的？

他不无得意地笑答：完全诗意的信仰！

就像，我知道你准会来康桥。徐志摩又笑了，孩子似的狡黠，眼睛热诚地盯着她。

她避开了那眼光，指着一汪河水，顾左右而言他，问：那里面是不是有游鱼？

心里却是另一番翻滚腾挪，如潮涨。诗意的信仰！她多想也拥有。她多想让他牵着手，和他一起奔着落日去，一起在夜晚看星星，一起跑去水坝听水，一起在雨中等虹。他爱的，也是她爱的啊。只是，她没有他的十足的愚诚，没有他的十足的勇敢。她顾虑太多，牵绊重重，终把人生的这一页，淡淡描过。

一九二一年十月十四日，父亲带她乘"波罗加"号轮船回国，与徐志摩不辞而别。她的这段朦胧的恋情，尚未展开，便消散了，消散在茫茫复茫茫的天际间。

七分鹅黄，三分橘绿，这康桥晚春的景致，她后来用了一生去缅怀。

尘缘相误，无计花间住

不是所有的相遇，都能相悦欢喜、温柔善待。亦不是所有的牵手，都能笑看东风、相伴到老。

他是大观园里的贾宝玉，她是温柔贤淑的薛宝钗。虽是金玉良缘，可到底，她不是他前世的一滴泪。

这年，他十八岁。她十五岁。

两个新式的人，举行了一场轰轰烈烈的新式婚礼，却是在两个家庭包办的前提下。

婚礼的豪华，轰动一方。徐家摆下喜宴数百桌，前来贺喜的人，络绎不绝。张家的陪嫁绵延数十里，其中有许多家具都是特地去欧洲选购的，一火车皮也装不下。

当硖石的人们，还在津津乐道徐家婚礼的奢华，和新娶少奶奶嫁妆的丰厚，羡慕着这场强强联手的婚姻时，婚姻中的他和她，却早已撤下华丽丽的道具，成了熟悉的陌生人。

他不待见她，从知道要娶她的那一刻起。不管这个"她"是张幼仪，还是别的谁，哪怕就是林徽因，他也不会认同"她"。只道"她"是封建礼教下的一个包袱，接受新式教育的他，骨子里反感着这场包办婚姻。他以为，他自由的心，从此被套上枷锁。

父亲的意志，他却无法违拗。他只得违心娶了她，早早地把她打进"冷宫"，由不得她一句辩解。

在她，多么冤枉。本也是金枝玉叶，有着显赫的家世。祖父是前清知县。父亲是富甲一方的商人。二哥张君劢是颇有影响的政治家和哲学家。四哥张嘉璈是金融界和政界名流。

从小，她备受父母及兄长的宠。三岁时裹足，因不忍她疼痛，兄长做主，扔了她的裹脚布。她便很幸运地，拥有了一双天足。然日后，这双天足并没有给她带来婚姻幸福，她不无伤感地说：对于我丈夫来说，我两只脚可以说是缠过的，因为他认为我思想守旧，又没有读过什么书。

出嫁前，她过着无忧无虑的少女生活，就读于苏州第二女子师范学校。在那里，她接受着先进教育，成绩优异。只是尚未毕业，就被家人接回家，突塞一个夫婿给她。

无法揣测她当时的心理。惶恐？害羞？期盼？惴惴？十五岁的小姑娘，对着一张照片看啊看，直到把那个眉清目秀的人，印到心坎上。从此，他是她的郎。

他也看过她的照片，一句"乡下土包子"，从此给她定了型。无论她是何等端庄贤淑，何等聪明能干，她都入不了他的眼。任她再多努力，也敲不开，他用漠视竖起的那道门。

人都说，孩子是婚姻的纽带。有了孩子，再冷漠的婚姻，也会泛出水花来。

张幼仪盼着他们能有个孩子。

在婚后第三年，她如愿以偿，为徐家诞下一男婴。举家欢庆。

徐志摩是顶喜欢小孩的，那些日子，他脸上有了笑纹。对自己这个儿子，每每有些贪恋地看着，给他取小名"阿欢"。

阿欢周岁那天，徐家自是一番隆重庆贺。根据风俗，小孩子过周要"抓阄"，家人便在小阿欢面前摆了量尺、小算盘、铜钱和一支毛笔。小阿欢一把抓起父亲用过的毛笔。祖父一见，乐不可支，连连道：我们徐家孙子将来要用铁笔！遂给孙子取名叫"积锴"，希望他将来能走从政入仕之路。

这时的徐志摩，已远涉重洋，到美国留学去了。与家人也常有书信往来，念及阿欢种种，对其母却只字不提。

张幼仪那颗想靠近的心，又被拒在他漠视的门外，山重水复。她在徐志摩面前，越发的沉默寡言，生怕说错了话，惹他不开心。

一九二〇年夏，徐志摩为要投到偶像罗素门下读书，弃唾手可得的博士衔，一意孤行地跑到英国去了。

他的举动，让父亲徐申如十分震惊，坐立不安。原指望他学成归来，能借助张家的势力，走上仕途，有一番作为。现在，这个儿子却如脱缰的野马，追着罗素去了。徐申如始觉得，他已无法掌控这个儿子了，儿大不由爹。

在这种情形下，送媳妇出国伴读，成了上上策。有媳妇在儿子身边，儿子的行为举止有个牵绊，不至于胡来。而且媳妇也是能干的，说不定能拉回他这匹脱缰的野马。徐申如也想让儿子尽尽身为人夫的义务，好使他快点成熟起来。

张家人自然十分赞同徐家的想法，小夫妻长期分居，会感情疏离，这对张家女儿来说，不是好事。于是，由张幼仪的二哥张君劢写信给徐志摩。

徐志摩一直很尊敬张家这个二哥。接信后，他极度不情愿地同意张幼仪来英。

这年秋天，一直有着众多用人伺候着的张家小姐、徐家少奶奶张幼仪，只身带着行李，来到了除丈夫以外举目无亲的英国，从此，事无巨细，她要用柔弱的肩来扛。在她，竟是无惧的，久别胜新婚，她满怀着一腔的思念和期盼。

然迎接她的，却是徐志摩的厌烦和冷漠。这兜头兜脸的一瓢冷水，让她从头凉到脚。晚年的她回忆起当时这个场面，仍疼痛不已：

> 我斜倚着尾甲板，不耐烦地等着上岸，然后看到徐志摩站在东张西望的人群里。就在这时候，我的心凉了一大截。他穿着一件瘦长的黑色毛大衣，脖子上围了条白丝巾。虽然我从没看过他穿西装的样子。可是我晓得那是他。他的态度我一眼就看得出来，不会搞错的，因为他是那堆接船的人当中唯一露出不想到那儿表情的人。

早年间看过一部电影，片名和情节全忘了，唯记得里面一个女人，泪湿衫巾，边哭边说：他纵使是一块石头，这么多年，我也该焐热他了。

那时应该是同情她的。即便铁石心肠，在一叠温柔面前，也应融化成水。事实上，这只是人们的一厢情愿，心都不在那上面了，再多的温柔相对，又有什么用？

徐志摩接来张幼仪，在英国的乡下沙士镇租了两室一厅安顿下来。

两人的身体距离近了，心的距离，却仍遥遥。徐志摩虽一日三餐在家吃，却极少说话，对饭菜的好坏，从不作任何评价。让一旁的张幼仪，心伤了又伤。要知道，为使饭菜合口，她想尽办法，尝试过多遍，却得不到丈夫一句表扬，哪怕是批评也好啊。

她无法把自己的想法告诉徐志摩，她一开口，他必说她：你懂什么？你能说什么？他的鄙视，让她极度自卑，她多想也多读点书，学点英文，成为一个饱学的人。

夫妻五六年，在她记忆里留存的温暖片刻，仅有那么可怜的两次：

一次，他带她去康桥看赛舟。河里百舟争流，徐志摩和一些外国洋女人甩着帽子尖叫，她却无端地脸红了，只拘谨地看着。

一次，他带她去看范伦铁诺的电影。她回忆：

> 本来我们打算去看一部卓别林的电影，可是在半路上遇到徐志摩一个朋友，他说他觉得范伦铁诺的电影比较好看，徐志摩就说，哦，好吧！于是我们掉头往反方向走。徐志摩一向是这么快活又随和，他是个文人兼梦想家，而我却完全相反。我们本来要去看卓别林电影，结果去了别的地方，这件事，让我并不舒服。当范伦铁诺出现在银幕上的时候，徐志摩和他朋友都跟着观众一起鼓掌，而我只是把手搁在大腿上坐在漆黑之中。

这样的一同外出，并没有使他们距离拉近，反而更衬出他们性格的差异：他是一抹向阳的光，活活泼泼；她却是一杯安静的水，沉稳得近乎木讷。

家里的气氛始终沉闷。无数次的清晨，她倚着客厅那扇大大的落地窗，望着屋旁一条灰沙的小路。天边是雾茫茫的，风中传来教堂晓钟和缓的清音，当，当，当，把人的心都敲碎了。女人的直觉告诉她，她的丈夫，这么一早匆匆出去，一定在外面有了人，他将要娶个二太太回来了。

她不断安慰自己：我替他生了儿子，又服侍过他父母，我永远都是原配夫人。

她已经做好接纳二太太的准备。

事情发展的结果，远比张幼仪预料的可怕，徐志摩真的有了心上爱，他不单要娶那个心上爱，而且，还要夺她的位置。

古有休妻之说。但大张旗鼓提出离婚的，绝无仅有。

张幼仪一下子懵了，惊慌失措得无以复加。当时，她已有两个月身孕，徐志摩并不怜惜，反而一句，把孩子打掉。张幼仪害怕，说：我听说因为有人打胎死掉的。徐志摩冷漠地接口道：还有人因为火车事故死掉的呢，难道人家就不坐火车了吗？

之后便是长时间的冷战。对张幼仪来说，那些天，无疑是在烈火中煎熬。她找不到一个可以哭诉的人，心整天被吊在半空中，不知底下的深渊，到底有多深。

一星期后，徐志摩不辞而别，把张幼仪一个人扔在沙士镇。张幼仪成了一把"秋天的扇子"，被遗忘在密封的匣子里。

一九二二年二月，张幼仪在德国生下次子彼得。她与徐志摩的婚姻，也走到了终点。徐志摩不顾父母的强烈反对，写信给她，正式提出离婚：

> 故转夜为日，转地狱为天堂，直指顾间事矣……真生命必自奋斗自求得来，真幸福亦必自奋斗自求得来，真恋爱亦必自奋斗自求得来！彼此前途无限……彼此有改良社会之心，彼此有造福人类之心，其先自做榜样，勇决智断，彼此尊重人格，自由离婚，止绝痛苦，始兆幸福，皆在此矣。

他不爱她，他爱的是"西服"，是西式和现代。说到底，是性灵自由的解放。如他心中的女神林徽因。她却仍爱他，迈着他以为的"小脚"，守着她的传统。离婚在他是挣脱，在她是放手。

我有点邪恶地作这样的揣想：倘若张幼仪也能作河东狮吼，对徐志摩据理力争，如江冬秀之于胡适，泼辣勇猛，纳小都不允许，何况离婚。那么，结局会如何？徐志摩怕是很难做到全身而退、毫发无伤。又或者，经此一番折腾，我们大诗人的性灵里，冒出这样的念头：原来身边妻是这等烈性可爱的女人。他舍不得放手了，他开始爱了。

当一个人被逼到山穷水尽，也就无所顾虑了。现在，徐志摩终翻出底牌来，最坏的结局也不过如此，张幼仪提心吊胆的日子终于到了头，她反倒什么也不怕了。三月，在德国柏林的一所寓所里，经徐志摩的朋友吴金熊、金岳霖等人公证，张幼仪在离婚协议书上，签上了自己的名字。

三个月后，徐志摩写了首《笑解烦恼结——送幼仪》的诗，和他的离婚通告一起刊出，在整个社会上引起轩然大波，他勇猛迎上，纵使肝脑涂地，亦在所不惜。在他，终向封建包办响亮地说了声，不！激情何等洋溢，此后山高水远，他自会如一只自由的鸟儿，扑翅奋飞：

> 这烦恼结，是谁家扭得水尖儿难透？
> 这千缕万缕烦恼结，是谁家忍心机织？
>
> 这结里多少泪痕血迹，应化沉碧！
> 忠孝节义——
> 咳，忠孝节义谢你维系

四千年史骸不绝，
却不过把人道灵魂磨成粉屑，
黄海不潮，昆仑叹息，
四万万生灵，心死神灭，中原鬼泣！
咳，忠孝节义！

东方晓，到底明复出，
如今这盘糊涂账，
如何清结？

莫焦急，万事在人为，只消耐心，
共解烦恼结。
虽严密，是结，总有丝缕可觅，
莫怨手指儿酸，眼珠儿倦，
可不是抬头已见，快努力！

如何！毕竟解散，烦恼难结，烦恼苦结。
来，如今放开容颜喜笑，握手相劳；
此去清风白日，自由道风景好，
听晚后一片声欢，年道解散了结儿，
消除了烦恼！

　　他又说，解除辱没人格的婚姻，是逃灵魂的命。

　　他跟了他的性灵走，在他，是获得大解放。却没有顾及到把一个弱女子抛下，她背着被丈夫遗弃的名，还要独自抚养幼子，举步维艰，只能自个儿承担。

一九三一年十二月，林徽因在《悼志摩》中，对她眼中的徐志摩作了一番深情追忆：

> 志摩是个很古怪的人，浪漫固然，但他人格里最精华的却是他对人的同情、和蔼，和优容；没有一个人他对他不和蔼，没有一种人，他不能优容，没有一种的情感，他绝对地不能表同情。

林徽因其实错了，她说漏了一个人，这个人便是被她间接伤害过的张幼仪。徐志摩的同情、和蔼与优容，独独没对张幼仪。他对她始终冷漠，最后决绝到近乎残忍，这是他人性的欠缺。纵是才子，也有普通人的弱点，对近在咫尺的爱和好，视而不见。亦或许，在不知不觉中，他已把张幼仪当作家人中的一个，家人是用来伤害的，外人才是用来尊重和爱的。

林徽因是心知肚明的，不管她有多么无辜，徐志摩是因她的出现，才动了离婚的念头。当然，没有她，也有其他女子出现，就像后来出现的陆小曼。徐志摩还会提出离婚，但此一时彼一时，结局也许会大不相同。

林徽因背负着这份歉疚，无处安放。在她生命的灯盏就快熄灭的时候，她约见了张幼仪。张幼仪带着儿子和孙子去了病房，她躺在病床上，只拿眼睛定定地看着张幼仪。

那是两个女人一生中唯一的一次见面，她们相对着，没有说话，刀光剑影，都成虚空。事后张幼仪说：我不晓得她想看什么，也许是看我人长得丑又不会笑。

张幼仪哪里知道，林徽因内心的挣扎与苦楚，一生一世，在她灵魂的高处，一直站着一个徐志摩，无可替代，他们是心灵相好的

两个。她内疚得无以复加，假使不是她的出现，徐志摩和张幼仪也
就不至于早早离婚。日日相待，总能生出感情来，他们会把寻常夫
妻的日子过下来，他也就不必在北平上海之间来回奔波，也就不会
英年早逝。她见张幼仪，如见志摩。天国里若是能遇到志摩，她定
会告诉他：他的女人和孩子，都还好着。

　　当一个人被逼到走投无路时，只有两个选择，一是自我毁灭，
一是重新来过。

　　张幼仪初听到徐志摩尖叫着对她说，他要离婚。她的眼前一片
黑，夜晚冰凉的风，仿佛涌进了她的肺。她想到了死。设计的死法
有多种：一头撞死在阳台上，或是栽进池塘里淹死，或是关上所有
窗户，扭开瓦斯。她这么胡思乱想时，《教经》上的第一个孝道基
本守则突然冒了出来：

　　　　身体发肤，受之父母，不岂毁伤，孝之始也。

　　她打消了死的念头。

　　深渊到底有多深，也是望得见的了，最坏的结局，不过是离
婚。她反倒坦然起来，一个人带了孩子彼得，在德国生活，努力学
习德文，并进了裴斯塔洛齐学院，专攻幼儿教育，开始了一个全新
的自己。

　　隔了距离，徐志摩对她反而敬重起来，他们常有书信往来，谈
论小彼得的种种，譬如小彼得对音乐的热衷，几乎是从襁褓里起。

　　一九二五年，他们可爱的小彼得，却死于腹膜炎。一周后，徐
志摩赶到，那是他们离婚后第一次见面，相对无言，泪眼婆娑。后
来，张幼仪领他一一看彼得的遗物，彼得睡的床铺，喜欢的小提

琴，日常把弄的小车、小马、小鹅、小琴、小书等玩具，穿过的衣、褂、鞋、帽等。徐志摩发了痴般地看，心疼挛成一团。对被他抛弃的妻，又多了一层敬重和理解——没有他的日子，她把孩子照料得如此的好。

他后来在《我的彼得》中这般写道：

> 彼得，可爱的小彼得，我"算是"你的父亲，但想起我做父亲的往迹，我心头便涌起了不少的感想；我的话你是永远听不着了，但我想借这悼念你的机会，稍稍疏泄我的积愫，在这不自然的世界上，与我境遇相似或更不如的当不在少数，因此我想说的话或许还有人听，竟许有人同情。就是你妈，彼得，她也何尝有一天接近过快乐与幸福，但她在他同样不幸的境遇中证明她的智断、她的忍耐，尤其是她的勇敢与胆量；所以至少她，我敢相信，可以懂得我话里意味的深浅，也只有她，我敢说，最有资格指证或相诠释——在她有机会时——我的情感的真际。

其时，名媛陆小曼，占领了他的整个心田，他陷进又一场爱恋中，天翻地覆。饶是如此，他给陆小曼写信，还是忍不住赞叹他的前妻：

> C（张幼仪）是个有志气有胆量的女子……她现在真是"什么都不怕"。

要想真正赢得他人的尊重，只有自己的自立自强。道理虽很浅显，但现实世界里，在黯然消退后，又华丽再现的能有几人？

破茧方能成蝶。张幼仪做到了。她做德文老师；她经营云裳服装公司，担任总经理；她接办女子商业储蓄银行，成为副总裁。她从低眉顺眼的小媳妇，蜕变成有主见、有主张且相当主动的"三主"女强人，在男人涉足的金融界，她做得有声有色，大获成功。与张幼仪照过面的梁实秋，如此评价她：

> 她是极有风度的一位少妇，朴实而干练，给人极好的印象。

和徐志摩的离婚，使她脱胎换骨。晚年她回忆自己的一生，说出这样的感想：

> 在去德国之前，我什么都怕，在德国之后，我无所畏惧。

徐志摩对她的"残忍"，从另一个层面上来讲，或许是慈悲。他不爱她，却没有像林长民一样，另娶新人进门，让她穿着婚姻的外衣，守在被遗弃的"冷宫"里，日日看着他和新人欢笑恩爱。这好比凌迟，刀刀见血。

他无情地推她出门，外面天也高、地也阔，她别无牵绊，有她的人生路好走。她成了后来的女强人张幼仪，从狭小的天空，走到外面的广阔天地里，都是托他的福。

他飞机失事，她着儿子阿欢去山东给他收尸，有条不紊地为他操办了整个丧事。她提笔书写的挽联是：

> 万里快鹏飞，独憾翳云遂失路

一朝惊鹤化，我怜弱息去招魂

爱，或者恨，都不重要了。生，她不能守在身边。死了，却可以去招回他的魂。他终究，还是回到她身边。

她后来帮着徐家打理产业，为"公公"养老送终，接济潦倒的陆小曼，让人敬仰。五十三岁那年，她遇到了属于自己的另一半，忐忑地写信给儿子阿欢，征求儿子的意见。儿子如此回复：

母职已尽，母心宜慰，谁慰母氏？谁伴母氏？母如得人，儿请父事。

她于是真正拥有了自己的避风港。

晚年，面对晚辈的一再追问，她说出令人心疼的一段话：

你总是问我，我爱不爱徐志摩。你晓得，我没办法回答这个问题。我对这问题很迷惑，因为每个人总是告诉我，我为徐志摩做了这么多事，我一定是爱他的。可是，我没办法说什么叫爱，我这辈子从没跟什么人说过"我爱你"。如果照顾徐志摩和他家人叫做爱的话，那我大概爱他吧。在他一生当中遇到的几个女人里面，说不定我最爱他。

尘缘相误，流年偷换，谁是谁的劫？——这也不重要了。重要的是，她没有成怨妇，一辈子活在仇恨和抱怨里，暗无天日。她选择放下，用宽容和爱，重新铺写自己的碧海蓝天。她不但成全了徐志摩，也成全了她自己，幸幸福福活到八十八岁，无疾而终。

爱像水墨青花

很爱听陕北民歌，里面的爱情热辣辣，却又无法相守，是一个在那山上，一个在那沟，拉不上话，只能招一招手——百转千回，让人欲罢不能。

最好的爱情，原不是长相厮守，而是爱而不得，怅然相望，无法牵手。是把彼此嵌进灵魂里，用一辈子去想、去念、去追忆。

这样的爱情很遗憾、很凄美，却也因此变得恒久，永生永世占据心头，开出一簇不败的相思花。

一九二二年三月，徐志摩不顾父亲要跟他断绝父子关系，不顾社会舆论重重，破釜沉舟，以大无畏的勇气，掀起了中国近代第一桩文明离婚案，结束了他厌恶的包办婚姻，笑解了他的烦恼结。他心里揣着一团火，恨不得立马收拾行装回国，去见他的女神林徽因。

无数的夜晚，他独自徘徊在康桥，患得患失，失魂落魄。思念是一只花中啼血的杜鹃，只能让人憔悴损：

月下待杜鹃不来

看一回凝静的桥影
数一数螺钿的波纹
我倚暖了石栏的青苔
青苔凉透了我的心坎
月儿 你休学新娘羞
把锦被掩盖你光艳首

　　你昨宵也在此勾留

　　可听她允许今夜　来否

　　听远村寺塔的钟声

　　像梦里的轻涛吐复收

　　省心海念潮的涨歇

　　依稀漂泊踉跄的孤舟

　　水粼粼　夜冥冥　思悠悠

　　何处是我恋的多情友

　　风飕飕　柳飘飘　榆钱斗斗

　　令人长忆伤春的歌喉

　　这年八月，归心似箭的徐志摩，放弃了就快收入囊中的剑桥大学硕士学位，起程回国，于十月十五日抵达上海。

　　诸事牵绕，让他滞缓了去北平的脚步，但心中一团爱的火，一直在旺旺地燃着。在康桥，徽因似乎无意中说起，她还会来欧洲，她要到康桥来读书。小女孩的诺言，有时轻得似一阵风，哪里当得真？但徐志摩在一边听了，喜不自禁，铭记在心。他自信满满地以为，短暂的分别，终会换来再度相聚。他在《康桥再见吧》里，如此兴致勃勃写道：

　　设如我星明有福，素愿竟酬，

　　则来春花香时节，当复西航，

　　重来此地，再捡起诗针诗线，

　　绣我理想生命的鲜花，实现

　　年来梦境缠绕的销魂踪迹，

　　散香柔韵节，增媚河上风流。

106

十二月初，他结束在上海的讲学，一路北上，日夜兼程，赶到北平，在景山西街雪池胡同七号的林宅，终于见到分别了一年多的林徽因。她的眼神似乎更加清澈，她的梨涡似乎更加幽深，她的谈吐似乎更富诗意。短短的胡同口，多少热烈的话儿涌在心头，却不能说出，因为彼时徽因的身边，多了一个护花使者——梁思成。

之前有传闻说，徽因已与梁家大公子定亲。他还不信。现在，他仍是不信，他怎么肯信呢，他日思夜想的人儿，会成为别人的心头好。直到在林长民的书房里，读到一首福建老诗人陈石赠给林长民的诗，其中有这样四句：

长者有女年十八，游学欧洲高志行。
挚交新会梁氏子，已许为婚但未聘。

他的心，立即掉进冰窟窿里。他手脚冰凉，只呆呆盯着那两行字看，动弹不了。是突然而至的一记闷棍，打得他晕头转向。

他恼，他恨，他忧伤不已。这个时候，唯有诗歌能倾听他的苦闷：

我独坐在半山的石上，
看前峰的白云蒸腾，
一只不知名的小雀，
嘲讽着我迷惘的神魂。

白云一饼一饼地飞升，
化入了辽远的无垠；

林徽因与梁思成

但在我逼仄的心头，啊，

却凝敛着惨雾与愁云！

皎洁的晨光已经透露，

洗净了青屿似的前峰；

像墓墟间的磷光惨淡，

一星的微焰在我的胸中。

但这惨淡的弱火一星，

照射着残骸与余烬，

虽则是往迹的嘲讽，

却绵绵的长随时间进行！①

人都说，愤怒出诗人。其实，爱情更能出诗人，每个在恋爱中的人，都是诗人。何况徐志摩这个本身文学素养就极高的人呢？在康桥，他结识了唯美主义诗歌，让他有了从事文学的愿望。而与林徽因的相识，成了一个楔子，迅速点燃他的诗心。自此之后，他的诗才，喷涌而出。

林徽因再见到徐志摩，一颗安静的心，又起了波澜。消散的记忆，呼啸而来。那康桥晚春的景致，一一浮现在眼前，这个满身散发着热情、率真和才气的男子，怎不叫人欢喜。

这个时候的徐志摩，的确牵动了许多优秀女孩的目光。按今天的话来说，他是个年轻有为的"海龟"，多才多金，且因"移情别

---

① 诗引自徐志摩《一星弱火》。

恋"，上演了一场开天辟地的离婚案，把自己弄成了明星。

这个明星，也不在乎舆论，也不懂避嫌疑，只管一路高歌着他的自由主义。然在当时四分五裂的中国，他精神上的呼唤，注定会如沙子落进尘埃，只能被淹没。他在清华举办题为《艺术与人生》的演讲，反响平平。不过，他却有了意外收获，因为台下坐着林徽因，她来给他捧场，仰头专注地听他演讲，黑漆漆的眸子里，有无数的星子在闪烁。他在台上，一下子乱了阵脚，也不知怎么把演讲进行下去的。她的出现，像一团木棉花，映亮他的整个天空。他不在乎她已有婚约，不是结婚了还可以离么！他要追求他心中所爱，为此哪怕献出身家性命，也在所不辞。

风言风语开始席卷林徽因。满世界都知道，她是要嫁梁家大公子的。现在，却横刀杀出一个徐志摩，这个人之前还极无情地抛弃了发妻。不管是不是因为她，她都脱不了干系。

十八九岁的姑娘，是脸皮最薄的时候，且是那样家庭出身的一个人，如一朵高贵的百合花，冰清玉洁着。她不能承载这样的风雨，一时惶恐不已。她约徐志摩去西山，特自尊地跟徐志摩说了一些恼怒的话，两人不欢而散。

徐志摩的恩师梁启超这时发话了。他耳闻这个学生和徽因的种种，内心颇为烦躁不安。徐志摩是他的高徒，徽因是他看中的儿媳妇，他们两人他都喜欢。从做父亲的角度看，他自是不愿徐志摩抢走自己儿子的媳妇。从为师角度看，他也不愿徐志摩陷入泥淖，无力自拔。

梁启超给徐志摩修书一封，劝徐志摩退出。在信中，他几乎苦口婆心了：

其一，万不容以他人之痛苦，易自己之快乐。弟之此

举，其与弟将来之快乐能得与否，殆茫如捕风，然先已予
多数人以无量之苦痛。

其二，恋爱神圣为今之少年所乐道。……兹事亦可遇
而不可求。……况多情多感之人，其幻想起落鹘突，而得
满足得宁贴也极难，所想之神圣境界恐终不可得，徒以烦
恼终生而已耳。

呜呼志摩！天下岂有圆满之宇宙？……吾侪当以不求
圆满为生活态度，斯可以领略生活之妙味矣。……若沉迷
于不可必得之梦境，挫折数次，生意尽矣，忧悒佗傺以
死，死为无名，死犹可矣，最可畏者，不死不生而堕落而
不能自拔，呜呼志摩，无可惧耶！无可惧耶！

徐志摩接信，对恩师的好心好意报之淡淡一笑，他提笔回复：

我之甘冒世之不韪，竭全力以斗者，非特求免凶惨
之苦痛，实求良心之安顿，求人格之确立，求灵魂之救
度耳。

人谁不求庸德？人谁不安现成？人谁不畏艰险？然且
有突围而出者，夫岂得已而然哉？

我将于茫茫人海中访我唯一灵魂之伴侣。得之，我
幸；不得，我命。如此而已。

嗟夫吾师：我尝奋我灵魂之精髓，以凝成一理想之明
珠，涵之以热满之心血，朗照我深奥之灵府。而庸俗忌之
嫉之，辄欲麻木其灵魂，捣碎其理想，杀灭其希望，污毁
其纯洁！我之不流入堕落，流入庸懦，流入卑污，其几亦
微矣！

他清清楚楚表明，他不会放弃，他要追着自己的灵魂走。他的天真愚顽，他的率性热忱，让梁启超恼怒无常，又束手无策。

林徽因是矛盾的。理智告诉她，不能跟徐志摩走得太近。情感又告诉她，她是喜欢他的热情和浪漫的，她有点无法抗拒，她不忍看他忧伤。

她的犹疑不决，让徐志摩看到希望，一有机会他就粘在她身边，像个贪恋糖果的甜蜜的孩子。她跑去跟梁思成约会，在北海快雪堂松坡图书馆。因梁启超是该馆馆长，她和梁思成便能出入自由。星期天图书馆不开放，馆内异常寂静，绿树掩映，正是恋人相会的好时机。徐志摩却不识趣地跟着跑过去，找他们聊天。一次两次，梁思成忍了。去的次数多了，这个老好人也烦了，他和徽因再约会，便在门上张贴一纸条，上面大书：

Lovers want to be left alone.（情人不愿受干扰。）

徐志摩吃了闭门羹，一颗开花的心，萎了。他怏怏而归。

如果人生只剩下追情逐爱，这样的徐志摩，无论多么用情至真，在世人眼里，也不过是个纨绔子弟、花花公子。

徐志摩之所以是徐志摩，是因他有着不一般的性情和真，他对身边的一切人和事物，都抱有好奇和热爱，这使得他无时无刻不充满激情。他的敏感性、他的通融性、他的凝聚力、他丰富的知识储备，和多样化的兴趣爱好，如天文、绘画、戏剧、音乐等，还有他对文学事业的追求，铸造出他特有的个人魅力。尽管他冒天下之大不韪，抛妻弃子，但大家似乎没有削减一点点对他的喜欢。最典型的是张幼仪的二哥张君劢，在妹妹被弃后，理应站在妹妹的立场来谴责他，与之为恶才是。结果却出人意料，他不单与徐志摩相交有甚从前，且说了一句让人大跌眼镜的话：张家失徐志摩之痛，如丧考妣。

他便是有这样一项通天本领，让所有朋友都恨他不起来，并且真心实意地信服他。即便被他伤了，也只自个儿揉揉痛处，说一声：这是志摩，你有什么法子！林徽因在《悼志摩》里说：

> 谁也得承认像他这样的一个人世间便不轻易有几个的，无论在中国或是外国。

在去康桥前，他要走的路，是顺应家庭的要求，从商，或是从政。在去康桥后，他的人生观和社会观发生了翻天覆地的变化，形成了他单纯的信仰——左手生命，右手自由，他要追着真善美浩瀚的光华走。而能够表达他这份热情的，唯有文学。这个时候，诗歌便成了最好的载体。

他像捡拾贝壳的孩子，在诗歌的沙滩上，贪婪地捡起一枚又一枚，每一枚都色泽斑斓、引人注目。诗人徐志摩横空出世，他编辑出版了诗集《志摩的诗》，让他名声远扬。他被聘为北京大学教授，和胡适、陈西滢等人创办了《现代诗评》周刊，吸引了一批同道中人，如梁启超、林长民、林徽因、梁实秋、张君劢、林语堂等人。

一九二三年，由徐志摩、胡适发起，徐志摩的父亲徐申如和友人黄子美出钱，租下了北京西单石虎胡同七号一院子，成立了一个叫"新月社"的文学团体，并创办了《新月》杂志。印度诗人泰戈尔有本诗集，名叫《新月集》，徐志摩对其中"新月"两字情有独钟，他说，"新月"虽则不是一个强有力的象征，但它那纤弱的一弯分明暗示着、怀抱着未来的圆满。

　　石虎街七号成了北平名流们聚会联谊的场所，徐志摩、梁启超父子、林长民父女、丁文江、张君劢、金岳霖、陈源、林语堂、王赓和陆小曼、凌叔华等一批精英，常在此出入。这里新年有年会，元宵有灯会，还有古琴会、书画会、读书会……有舒服的沙发躺，有可口的饭菜吃，有相当的书报看……一时间高朋满座，笑语喧喧，名声大振。有天，徐志摩看着眼前景，实在忍不住内心的欢喜与感动，兴笔写下一首《石虎胡同七号》，赞美它：

> 我们的小园庭，有时荡漾着无限温柔：
> 善笑的藤娘，袒酥怀任团团的柿掌绸缪，
> 百尺的槐翁，在微风中俯身将棠姑抱搂，
> 黄狗在篱边，守候睡熟的珀儿，它的小友
> 小崔儿新制求婚的艳曲，在媚唱无休——
> 我们的小园庭，有时荡漾着无限温柔。

> 我们的小园庭，有时淡描着依稀的梦景：
> 雨过的苍茫与满庭荫绿，织成无声幽冥，
> 小蛙独坐在残兰的胸前，听隔院蚓鸣，
> 一片化不尽的雨云，倦展在老槐树顶，
> 掠檐前作圆形的舞旋，是蝙蝠，还是蜻蜓？
> 我们的小园庭，有时淡描着依稀的梦景。

> 我们的小园庭，有时轻喟着一声奈何：
> 奈何在暴雨时，雨槌下捣烂鲜红无数，

奈何在新秋时，未凋的青叶惆怅地辞树，
奈何在深夜里，月儿乘云艇归去，西墙已度，
远巷薮露的乐音，一阵阵被冷风吹过——
我们的小园庭，有时轻喟着一声奈何。

我们的小园庭，有时沉浸在快乐之中：
雨后的黄昏，满院只美荫，清香与凉风，
大量的寒翁，巨樽在手，寒足直指天空，
一斤，两斤，杯底喝尽，满怀酒欢，满面酒红，
连珠的笑响中，浮沉着神仙似的酒翁——
我们的小园庭，有时沉浸在快乐之中。

外面风雨如晦、乱世飘摇，这里却庭院安稳、青藤缠绕。尽管有时也有叹息，但多的却是美荫、清香与凉风，还有美酒，和神仙似的酒翁。一帮文人聚在这里，惺惺相惜，相互取暖，做着短暂的甜蜜的梦。

林徽因是这里的常客。她新剪短了发，刘海蓬蓬地覆在额前，脱了稚气，看上去既时尚，又甜美。她受徐志摩的影响，对文学抱有热爱，新月社举办的各种文学、游艺活动，她必参加，且成为其中的活跃分子。她谈吐机智，富有诗意，如莺如燕，婉转有致。她的才华渐渐显露，身旁常围一堆听众，他们津津有味地听着这个小姑娘谈天论地，这其中包括胡适、梁实秋、金岳霖等人。

曾听过这样的笑话，说有才的女子，大抵都长得十分难看。因为这样的女子，自知自己没貌，只好拼命用功，往才上靠，好使自己能在这个社会立足。可上帝对林徽因实在太眷顾了，给了她好的家世不提，还给了她聪颖、才气，和如花容貌。这样一个女孩，天

115

生尤物，走到哪里，都是靓丽的风景一道。徐志摩为她着迷，也在情理中。

一些年后，林徽因的密友费慰梅，在提及林徽因和徐志摩的关系时，为她辟谣：

> 在多年以后听她谈到徐志摩，我注意到她的记忆总是和文学大师们联系在一起——雪莱、基兹、拜伦、凯塞琳·曼斯菲尔德、弗吉尼亚·沃尔夫，以及其他人。在我看来，在他的挚爱中他可能承担了教师和指导者的角色，把她导入英国的诗歌和戏剧的世界，以及那些把他自己也同时迷住的新的美、新的理想、新的感受。就这样他可能为她对于他所热爱的书籍和喜欢的梦想的灵敏的反应而高兴。他可能编织出一些幻想来。

这种"灵敏的反应"又岂不是灵魂相互映照的欢喜？因为懂得，所以相知。懂得，是最大的慈悲。

我是天空里的一片云

人生的意外往往突如其来，你根本不知下一个路口，等待你的是什么。又或者，仅仅一个转角，命运已是大大的不同。

林徽因还拿不定主意，到底是不是要铁了心跟梁思成好。但她又是个听父亲话的乖乖女，双方家庭的促合，让她爱的天平，自然倾向梁思成。且梁思成也是才子一枚，与她，算得上旗鼓相当。虽说他个头矮了些，虽说他貌相还算不上俊朗，虽说他不够浪漫，他做事一板一腔，但他自有他的好，稳实、厚笃。母亲何雪媛的遭遇，让她一想到就不寒而栗，她不要重蹈母亲的覆辙，她愿得一心人，白头不相离。

徐志摩的闯入，让她既欢喜又害怕，像一头奔跑的鹿，遇到另一头奔跑的鹿。他们是那么相像的两个——都活泼健谈，都才思敏捷，都热情率真，都兴趣广泛，都很文艺，都有好人缘，且一个是俊男，一个是靓女，无论怎么看，都是那么般配。

但林徽因还是害怕，怕自己站不到他的高度，怕在他心里，是理想化了的自己，一旦落到实处，晨夕相对，失望便像米饭里的沙粒。

他的多情浪漫，多像怒放于悬崖边的一束红杜鹃，颜色浓烈，夺人心魄，但也危险。说到底，他那种爱恋，是完全不沾烟火气的，这与渴望安全的她，隔着一扇生活的屏。

多年后，一切风消云散，她世事通透，平静地说出这样的话：

> 徐志摩当时爱的并不是真正的我，而是用他的诗人的浪漫情绪想象出来的林徽因，可我其实并不是他心目中所想的那样一个人。

不过，在她一二十岁的时候，她尚没有这样的通透，她举棋不定。一场灾祸，却把她迅捷地推向了梁思成。

一九二三年的五月七日，这一天，是袁世凯签订丧权辱国的"二十一条"的国耻纪念日，北平爆发了大规模的学生示威游行。梁思成和弟弟梁思永合乘一辆摩托车，赶去跟游行示威的学生们会合，途中，被一辆汽车撞了。梁思成左腿股骨头复合性骨折，脊椎挫伤，一个月内动了三次手术，在医院躺了近三个月。

这起事件，让梁家举家惊慌，梁启超给女儿写信时说：

> 当我看到他脸上恢复了血色的时候，我感到安慰。我想，只要他能活下来，就是残废我也很满足了。

林家人也跟着惊慌成一团。林长民和程桂林常去医院探视，徽因除了去培华女中念书，其余时间，都待在医院里。受了伤的梁思成，虚弱的样子，让她女性的怜悯，一下子空前高涨。她无微不至地照顾着他，给他擦洗，陪他读书，和他聊天。他"享受"着这一切，车祸曾使他情绪一度低迷，但徽因的相伴，让他如沐春风，人也变得幽默风趣。两个年轻人的心，越靠越近。

林徽因想，这是爱了。

她不由得一阵后怕，她差点儿失去他。她不敢想象那样的后果，没有了他，她怎么办？梁家伯伯怎么办？父亲怎么办？这个人，是万万不可或缺的。感谢天，他在。他在，便是最大的好了。

她想起阿拉伯民间的一则谚语：神要让人快乐的诀窍很简单，今天让你的骆驼迷路、消失，明天让你找回骆驼。

现在，她把她的"骆驼"找回来了，从此，忠贞不渝，守候一生。

对我们的好青年梁思成来说，一场车祸，反倒成了他的媒人，也算因祸得福。他笃定地拥有了心爱的女孩，"打败"了劲敌徐志摩。他推迟了去美国进修的计划，直到来年夏天，徽因从培华女校毕业，考取了半官费去美国留学的资格，他和她，比翼双飞。

徐志摩眼见着他的女神，离他越来越远，他看她，只能像观水中月、镜中花，心里的郁闷和惆怅，到达极点。正当他徘徊销魂不得章法的时候，他的偶像——印度诗人泰戈尔来了。

那是一九二四年的四月下旬。北平早开的槐花，已描出一嘟噜一嘟噜的白。风中春天的气息，已渐渐显露。草色遥看近却无。人的心，开始变得痒痒的，春光关不住。一袭宽袍加身、白须飘拂的泰戈尔，在一帮名流的簇拥下，抵达北平，给北平的春天，增添了风景无数。

他是应梁启超、蔡元培之邀，来中国进行访问讲学的。之前，北平已做足功课，在报刊上长篇累牍介绍这个印度的诗圣、百科全书式的哲人。他的到来，引起中国文化界的轰动。四月十五日，他在杭州灵隐寺作演讲，随行的就有京剧艺术家梅兰芳。

徐志摩当仁不让成了泰戈尔全程的陪同兼翻译。另一个陪同兼翻译，是林徽因。泰戈尔在北平近一个月期间，足迹遍布北大、清华、燕京等大学，末代皇帝溥仪听到风声，也力邀他进宫见了一面。

徐志摩与林徽因相伴左右，一个是风流倜傥一才子，一个是貌美如花一才女，中间站着高个子白胡须的泰戈尔，这一组合，吸足人眼球。各大报刊争相报道这件盛事：

> 林小姐人艳如花，和老诗人挟臂而行；加上长袍白面、郊寒岛瘦的徐志摩，有如苍松梅一幅三友图。徐氏翻译泰戈尔的演说，用了中国语汇中最美的修辞，以硖石官话出之，便是一首首小诗，飞瀑流泉，琮琮可听。

泰戈尔的中国行，使得林徽因名声大振。"林徽因"这个名字，开始被世人在茶余饭后谈起，都惊艳于这个女孩的美貌、才华和时髦。

徐志摩日日和林徽因相见，两人配合十分默契，他难免又心旌

林徽因、徐志摩与泰戈尔

荡漾，生出希望来。特别是在筹备五月八日泰戈尔祝寿会的活动中，他们一同排练、一同演出，那感觉，像喷香的槐花，在心里开了一朵又一朵。

他托泰戈尔替他说情，想让徽因"回心转意"。泰戈尔十分中意林徽因这个女娃的，特别是她传神地演绎了他的诗剧《齐德拉》中的公主齐德拉，老人难按激动心情，走上台去，一把拥住她，赞美道：马尼浦王的女儿，你的美丽和智慧不是借来的。是爱神早已给你的馈赠。不只是让你拥有一天、一年，而是伴随着你终生，你因此而放射出光辉。

谁知这个女娃却谢绝了他的好意，她已心有所属，再不会改变。泰戈尔深表遗憾，在他眼里，陪伴他的这两个年轻人，多像花儿照着花儿。他临行前，赠林徽因一首诗，诗中表达了他的遗憾：

> 天空的蔚蓝
>
> 爱上了大地的碧绿
>
> 他们之间的微风叹了声"唉！"
>
> 这是无可奈何的惋惜，是清风空留了的叹息

天空和大地相恋，注定只能两两相望，永远也无法抵达。徐志摩的残梦彻底破灭了，林徽因成了他心口上的朱砂痣。

是夜，泰戈尔离开北平，将经太原，赴香港，最后由日本回国。徐志摩随行陪同。列车离开北平，站台上，徽因等一群送别人的影，渐渐浓缩成一个个小黑点，最后，融入夜色中，再也找不见。空气薄凉，半个橙黄的月亮，挂在车窗外，像女人忧伤的半边脸。徐志摩的心在淌着泪，林徽因和梁思成将要双双远去美国，此一别，天各一方，相遇遥遥，他再也追不上他的爱了。他伏在茶几

上走笔狂书：

> 我真不知道我要说的是什么话。我已经几次提起笔来
> 想写，但是每次总是写不成篇。这两日我的头脑总是昏沉
> 沉的，开着眼闭着眼却只见大前晚模糊的凄清的月色，照
> 着我们不愿意的车辆，迟迟地向着荒野里退缩。离别！怎
> 么能叫人相信？我想着了就要发疯。这么多的丝，谁能割
> 得断？我的眼前又黑了！

关山水远，从此，各自安命。

红树。碧水。繁花。蓝天。黛色的山。瓦灰的房。尖顶的教
堂。——这是美国东部的小城绮色佳。

林徽因和梁思成初抵达这里，被这里的自然风光迷住了。梁思
成写信告诉父亲：这里山明水秀，风景美极了！

但短暂的兴奋过后，他们面临的是繁重的学业、异乡的寂寞。
与故土隔着相隔茫茫，生活的底色，都是异国他乡的。喜朋友喜热
闹的林徽因，心底常浮起乡愁。又两个恋爱的人在一起，总要经历
一些磨合，磕磕绊绊在所难免。且这桩亲事，从头至尾都没得到梁
思成母亲李夫人的首肯和祝福，让骄傲如白天鹅的林徽因，很是憋
屈，不免冲着梁思成发火，两人的矛盾渐生。

在两人又一次闹了别扭后，林徽因躲到一边痛哭，心在反复
中纠缠，脆弱得不堪一击。这个时候，她无限怀念起徐志摩的好
来，想他在跟前，想对他哭诉。她铺开信纸，提笔给徐志摩写了
一封短函：

　　我求你，我的朋友，我不要求你做别的什么，只求你
给我个快信，单说你一切平安，多少也叫我心宽。

　　她写过也就写过了，像轻风吹过了窗。打开窗来，并无痕迹，
窗外还是繁花绿树，鸟叫得啁啾，她和梁思成又雨过天晴了。她欢
欢喜喜继续着她的学业，爱着身边的这个人，他沉稳、踏实，让她
心安。

　　接了信的徐志摩，像接到一团燃烧的火。意外的狂喜，迅捷击
倒他。他仿佛看到徽因幽怨的小脸，正冲他撒着娇，埋怨他怎么不
理她。他哪里受得了这份柔情，只觉得胸口一颗心要跳出来，恨不
得立即飞到她身边。他忙不迭铺纸回信，旋即又觉得寄信太慢了，
还是拍电报的好。遂火急火燎地赶到邮局，发了一封急电给林徽
因，告诉心爱的姑娘，我好着，就是一直很想很想你……

　　电报发完，他回到石虎胡同，大脑仍被兴奋盘踞着。他对着徽
因的来函反复看，突然做梦似的，又冲向邮局，他要给徽因拍电
报，告诉徽因，他很好。

　　邮局的人拿起他的电文一看，疑惑地问他：你刚才不是拍过这
样的电报了吗？

　　他一愣，傻傻地笑了，哦，是吗？这才记起，他方才的的确确
已来过邮局。

　　再次回到住处，他极其亢奋地信笔由缰：

　　啊，果然有今天，就不算如愿
　　她这"我求你"也够可怜！
　　"我求你"，她信上说，"我的朋友，给我一个快电，
单说你平安，

多少也叫我心宽。"叫她心宽！
扯来她忘不了的还是我——我
虽则她的傲气从不肯认服；
害得我多苦，这几年叫痛苦
带住了我，像磨面似的尽磨！
还不快发电去，傻子，说太显——
或许不便，但也不妨蘸一点
颜色，叫她明白我不曾改变
咳何止，这炉火更旺似从前！
我已经靠在发电处的窗前，
震震的手写来震震的情电，
递给收电的那位先生，问这
该多少钱，但他看了看电文，
又看我一眼，迟疑地说："先生
您没重打吧？方才半点钟前，
有一位年轻的先生也来发电，
那地址，那人名，全跟这一样，
还有那电文，我记得对，我想，
也是这……先生，你明白，反正意思相似，就这签名
不一样！"——

"呃！是吗？噢，可不是，我真是昏！
发了又重发；拿回吧！劳驾，先生。"①

　　林徽因收到电报时，她和梁思成刚从山中漫步回来。她手上捧

---

①　诗引自徐志摩《"拿回吧！劳驾，先生"》。

着梁思成采给她的一束野花，黄花朵红花朵朵朵生动。她迅速浏览了一下电报，心跳得慌乱，她为自己先前一时冲动之下，给徐志摩写短函而懊恼。本已风平浪静的日子，她不该任性地再投下一枚石子，激起浪花。总归是她，伤了他。

她决定用沉默作答。

徐志摩拍完电报之后，度日如年，受尽煎熬，他盼过一个日头，再一个日头，也没有收到徽因的点滴回应。周遭死一般的静，让徐志摩燃起的希望之火，又一点一点熄灭。他渐渐明白，徽因的爱，是不属于他的。他大醉一场后，斩断希望，不留余地，人反而变得轻松。

他的诗作《偶然》，唱出他此时的心曲：

> 我是天空里的一片云，
> 偶尔投影在你的波心——
> 你不必讶异，
> 更无须欢喜——
> 在转瞬间消灭了踪影。
>
> 你我相逢在黑夜的海上，
> 你有你的，我有我的，方向；
> 你记得也好，
> 最好你忘掉，
> 在这交会时互放的光亮！

国内的消息，总要七拐八拐，才能传到美国。

徐志摩恋上了有夫之妇——京城名媛陆小曼，这一次他的行为比闹离婚更离谱，竟是夺朋友妻。父亲徐申如跟他决裂。老师梁启超作为婚礼主持人，在他的婚礼上，一通怒斥。他统统不管的，天崩地陷，他只要他的爱。

林徽因听闻此消息，心里像打翻了五味瓶。她懂他的愚诚，懂他的率真，懂他的燃烧——他不把自己燃烧起来，是绝不罢休的。

失落却像秋风扫落叶，片片都是凋零——他终成了别人的港湾。这份感觉，却不能道与他人听。她想见到国内朋友的心，因此变得更为急迫。

当胡适来美国的消息，传到她耳里，她是一刻也不想耽搁了。在给胡适去信时，她这么感情外露地说：

> 我想你一定能够原谅我对于你到美的踊跃。我愿意见着你，我愿意听到我狂念的北京的声音和消息，你不以为太过吧？

她如愿以偿，和胡适在费城见了面。那天，她像个久在沙漠里充军的饥渴的人，埋头"狂饮狂吃"一通——她听胡适用北京话聊宗教、人事、教育、政治。当然，也不可避免聊到她惨死的父亲，聊到一直处在舆论风口的徐志摩。她只觉窗外的阳光，像浮游的荻花，梦似的飘着。

胡适走后，她一连好几天，情绪都难以平静。夜深，她给胡适写信：

> 你那天所谈的一切——宗教、人事，到政治——我全都忘不了的，尤其是"人事"；一切的事情我从前不明

白，现在已经清楚了许多，就还有要说在问的，也就让他们去，不说不问了，"让过去的算过去的"，这是志摩的一句现成话。

……请你告诉志摩我这三年来寂寞受够了，失望也遇多了，现在倒能在寂寞和失望中得着自慰和满足。告诉他我绝对的不怪他，只有盼他原谅我从前的种种的不了解。但是路远隔膜，误会是所不免的，他也该原谅我。我昨天把他的旧信一一翻阅了。旧的志摩我现在真真透彻地明白了，但是过去，现在不必重提了，我只求永远纪念着。

心似双丝网，中有千千结。但终究，夜会走，天会亮，各人有各人的路好走。而偶尔的深夜，她被曾经熟悉的旋律弹醒，静静听一会儿，想起康桥晚春的景致：晚开的蔷薇，攀爬着灰白的墙；尖顶的教堂，传来清脆的钟声；树荫下，身旁那张年轻的脸上，有斑驳的阳光在跳。那么多欢喜的话，和着康河的水，荡荡悠悠，荡荡悠悠。她觉得自己的一颗心，仿佛老了去：

这一定又是你的手指，
轻弹着，
在这深夜，稠密的悲思。

我不禁频边泛上了红，
静听着，
这深夜里弦子的生动。

一声听从我心底穿过，

忐凄凉
我懂得，但我怎能应和？

生命早描定她的式样，
太薄弱
是人们的美丽的想象。

除非在梦里有这么一天
你和我
同来攀动那根希望的弦。[①]

　　这样的愁悲，也只是一瞬间。这个叫林徽因的女子，实在没有太多的空闲去感景伤怀，她有她的责任要担，有她的蓝图要绘，有她的约会要赴。

　　在生命里，各自珍重，便是对这段相遇，最好的回报。

爱是唯一的荣光

　　曾很喜欢一首名叫《白狐》的歌，里面的歌词动人心弦：

我是一只等待千年的狐
千年等待千年孤独
滚滚红尘里

---

① 诗引自林徽因《深夜里听到乐声》。

谁又种下了爱的蛊

茫茫人海中

谁又喝下了爱的毒……

情关难过，连千年的白狐也动了凡心，何况我们凡人？总要经一场情事再一场情事，直到把自己伤得体无完肤，才算把情事看透。

不得不说，林徽因实在是个奇女子，她有颗七巧玲珑心。换了别的姑娘，遇到徐志摩那样狂热的攻势，定会把持不住，速速"缴械投降"。但林徽因却清醒地认识到，她和他的美好，只能建立在距离之外，如两座山峰，遥遥相望。她最终选择全身而退，博得了她的地久天长。

对于陆小曼来说，却远远没有这么明智，当她一朝和徐志摩相遇，便像一团火，遇上了另一团火，只管熊熊燃烧，直至燃成灰烬，寸寸生凉。

那时，陆小曼已是有夫之妇。夫婿名叫王赓，也不是个等闲之辈，他毕业于美国西点军校，和美国总统艾森豪威尔是同班同学，文武双全。学成归来后，他先是在北大任教，不久，做了哈尔滨警察厅的厅长。

按说，嫁给这样一个好夫婿，也是做女人的荣光，到哪里，都是前呼后拥，要风得风，要雨得雨。然陆小曼对这些早已习以为常，她不觉得幸福，只觉得无趣，只觉得与她骨子里的风情和浪漫相距甚远。

她是家里独女。父亲陆定是晚清举人，曾官至北洋政府财政部司长之职。母亲吴曼华多才多艺，古文功底深厚，擅长一手工笔画。陆小曼自小被父母当作掌上明珠，得到悉心栽培，十五六岁已通晓英、法两国语言，弹得一手好钢琴，还长于戏曲与绘画，名媛应有的礼仪风姿，她也拿捏得当。加上她天生丽质，傲视群芳，在学校时，就被众人称作"皇后"。

她应邀担任外交部的翻译，能歌善舞，善于交际，魅力四射，逐渐名闻北平社交界。喜欢她的男人趋之若鹜，连一本正经的胡适都曾为之着迷，屡屡赞她：她是一道不可不看的风景。

如果说林徽因是一朵白莲花，清雅纯洁，芳香隽永。那么，陆小曼就是一朵凤凰花，火热奔放，热辣浓郁。她和徐志摩则更为相像，都西化得很彻底，叛逆、反传统，只听从自己内心的呼唤，赴汤蹈火，不留余地。

十九岁，陆小曼嫁给母亲为她觅得的好夫婿王赓。他们的婚姻，好比烟花一场，也曾极尽璀璨，随后却是一地灰烬，寸寸生凉。好玩好情调的她，心渐渐破了洞。王赓是个理科男，且是个工作狂，不懂风情，常常无意中冷落了她。他爱他的小妻子，爱到不知怎么办才好，要金要银，要绫罗绸缎，都不在话下。却不知，对小女人而言，有时价值连城的珠宝，远不及一束玫瑰花来得浪漫，她要的，是她唱他随，日日缠绵。

她失落得顾影自怜，门掩黄昏，无计留春住。她在日记里写：

> 其实我不羡富贵，也不慕荣华，我只要一个安乐的家庭、如心的伴侣，谁知这一点要求都不能得到，只落得终日里孤单。

她天真了，不知过贫苦日子的不堪。她是富贵里生、繁华里养，离了富贵和繁华，她会像缺水的鱼、离了枝的花朵，无可傍依。彼时，她还衣食无虞，自是有大把闲情，去编织才子佳人梦。

陆小曼留影

　　徐志摩的出现，对失落中的陆小曼而言，就像久渴之人，突遇一眼活泉。而她对于徐志摩而言，则更像迷路之人，终找到一个出口。他在徽因那里已然熄灭的爱恋，噌的一下，跳起火苗来。王赓是他朋友，俗话说，朋友妻，不可欺。可陷进情网中的他，哪里顾得了这个？陆小曼犹如一朵曼陀罗，开在他的眼里心里，他只管一路快马扬鞭，追着他的"爱人"走。他陪陆小曼去剧院听戏，她的发髻擦着他的脸，他的心，在那一刻沦陷，他对自己发着誓，一定要与这个女子长相知、永不离。

　　那段日子，他的诗情因她，再度喷涌而出，他因此写下了《雪花的快乐》《春的投生》《翡冷翠的一夜》等等。在《雪花的快乐》里，他一改和徽因在《偶然》中的惆怅，不做天空中那朵孤独的云了，而要做一朵快乐的雪花，心甘情愿消融在小曼柔波似的怀抱里：

　　　　假如我是一朵雪花，
　　　　翩翩地在半空里潇洒，
　　　　我一定认清我的方向——
　　　　飞扬，飞扬，飞扬——
　　　　这地面上有我的方向。

　　　　不去那冷寞的幽谷，
　　　　不去那凄清的山麓，
　　　　也不上荒街去惆怅——
　　　　飞扬，飞扬，飞扬——
　　　　你看，我有我的方向！

在半空里娟娟地飞舞，

认明了那清幽的住处，

等着她来花园里探望——

飞扬，飞扬，飞扬——

啊，她身上有朱砂梅的清香！

那时我凭借我的身轻，

盈盈的，粘住了她的衣襟，

贴近她柔波似的心胸——

消溶，消溶，消溶——

溶入了她柔波似的心胸！

放今天，婚外情也备受指责，何况民国时期？这一场爱恋注定要跋山涉水，历经磨难种种。爱情中的两个人，反倒因外界的阻力越挫越勇，两颗心拧成一股绳，山无棱，天地合，乃敢与君绝。

徐家二老被儿子的举动气得要疯了，他们坚决不同意陆小曼做徐家儿媳，在他们心里，张幼仪才是。徐志摩几次南下，恳求父亲认可，未果。后托胡适出面说情，亦未果。二老坚持要张幼仪同意，他们才会同意。徐志摩不得已，向前妻求救，张幼仪当着二老的面，说了句：我不反对。徐申如无奈，又加上胡适、刘海粟等人从中斡旋，他勉强答应了这桩婚事，但提出三个条件：

一、结婚费用自理，家庭概不负担；

二、婚礼必须由胡适做介绍人，梁启超证婚，否则不予承认；

三、结婚后必须南归，安分守己过日子。

三个条件，徐志摩都一一答应。一九二六年十月三日，农历七月初七，也就是传说中的鹊桥相会之日，这一对"牛郎""织女"，在北海公园举行了隆重的婚礼，出席婚礼的都是当时北平重量级的人物。让人惊愕不已的是，在这么喜庆热闹的婚典上，梁启超根本不顾及两位新人的面子，在证婚词中，义正词严地怒斥两人：

> 徐志摩，你这个人性情浮躁，以至于学无所成，做学问不成，做人更是失败，你离婚再娶就是用情不专的证明！陆小曼，你和徐志摩都是过来人，我希望从今以后你能恪遵妇道，检讨自己的个性和行为，离婚再婚都是你们性格的过失所造成的，希望你们不要一错再错自误误人，不要以自私自利作为行事的准则，不要以荒唐和享乐作为人生追求的目的，不要再把婚姻当作是儿戏……总之，我希望这是你们两个人这一辈子最后一次结婚！

隔日，梁启超给在美国的思成和徽因写信，提及此事，还惋惜痛心不已：

> 徐志摩这个人其实很聪明，我爱他，不过这次看着他陷于灭顶，还想救他出来，我也有一番苦心，老朋友们对于他这番举动无不深恶痛绝，我想他若从此见摈于社会，固然自作自受，无可怨恨，但觉得这个人太可惜了，或者竟弄到自杀，我又看着他找得这样一个人做伴侣，怕他将来痛苦更无限，所以对于那个人当头一棒，盼望他能有觉悟（但恐很难），免得将来把徐志摩弄死，但恐不过是我

极痴的婆心便了。

谁能料到，他的担忧，日后竟成现实。这一场风花雪月，不过是飞蛾扑火。

婚后，徐志摩和陆小曼有过短暂的甜蜜时光，如花美眷，缱绻缠绵。

然过日子到底不是在衣襟上绣花，针针下去，都是鲜艳颜色，而是落到实处，一招一式，都是烟火凡尘。两个人在生活方式上差距太大，矛盾渐生。陆小曼喜玩，成天朋友一堆，打牌，听戏，吸食鸦片，四处游逛，这种奢靡的生活，自是不讨公婆喜。公婆一怒之下，断了经济供给，从此后，这对小夫妻要自己挣钱自己花，徐志摩陷入了为钱所役的困境中。

起初为了讨小妻子欢心，他勉强还陪着她。她登台演戏，他也凑个小角色，在脸上涂脂抹粉，穿滑稽戏服。她去舞厅跳舞，他随侍左右，当她的听差。但这种销骨蚀筋的日子，让徐志摩枯窘不已，诗人的一颗诗心，被这样的生活打磨得瘦小不堪。他想把陆小曼改造成一个全新的人，力劝她戒了鸦片，发挥自己的聪明才智，画画、写字，从事艺术创作。但陆小曼是个享受惯了的人，字也可以写，画也可以画，但无法把这些当成生活的主流，她照旧喜着她的奢靡，吞云吐雾，挥金如土。两人渐渐不合拍，三天两头吵。

爱情根本不是原有的模样，露出它苍白羸弱的一面，两个人都备感失望。陆小曼对人大吐苦水，说：照理讲，婚后生活应过得比过去甜蜜而幸福，实则不然，结婚成了爱情的坟墓。徐志摩是浪漫主义诗人，他所憧憬的爱，最好处于可望而不可即的境地，是一种虚无缥缈的爱。一旦与心爱的女友结了婚，幻想泯灭了，热情没有了，生活便变成了白开水，淡而无味。

徐志摩也是委屈万分，他写下这样纠结万分的文字：

> 我想在冬至节独自到一个偏僻的教堂去听几折圣诞的和歌，但我却穿上了臃肿的戏袍登上台去客串不自在的腐戏。我想在霜浓月淡的冬夜独自写几行从性灵暖处来的诗句，但我却跟着人们到涂蜡的舞厅去艳羡仕女们发金光的鞋袜。

裹在他们身上的，那件叫作爱情的华美袍子，已爬满了虱子。曾经的你侬我侬，化作了一抹难堪的虱子血。

一九三〇年秋，徐志摩应胡适之邀，辞去上海、南京的职务，只身北上北平，任北京大学教授，兼北京女子师范大学教授，课余写诗作文挣稿费，甚至一度做过房屋买卖的中间人，只为拿提成。曾经的徐家大少爷，现在得一个铜板一个铜板地算计着、积攒着。为了省房租，他住到胡适家里，一身衣袍，久不更换。饶是这样，还是不够支付陆小曼在上海的花销，十里洋场的风情，全是靠金钱堆砌的。陆小曼又是个喜排场的人，上海所有时髦的场所里，如夜总会、赌场等，必见到徐家少奶奶袅娜的身影。每次徐志摩回上海，夫妻俩都不可避免地为钱大吵一场。徐志摩的内心极度挣扎，诗人高傲的灵魂，不得不向现实缴械投降：

> 我再不想成仙，蓬莱不是我的分；
> 我只要这地面，情愿安分地做人……①

————————

① 诗引自徐志摩《爱情到底是什么一回事》。

那厢，林徽因和梁思成的婚姻，却美满有加，两人在事业上携手共进，在生活上彼此关照，并很快有了女儿梁再冰，日子过得跟神仙眷侣似的，让徐志摩羡慕得发狂。在暌别四年后，他与林徽因重逢，内心的喜悦无法抑制，他给陆小曼写信，对林徽因极尽赞美，全然忘了陆小曼也是个会吃醋的：

> 林大小姐则不然，风度无改，涡媚犹圆，谈锋尤健，
> 兴致亦豪。

陆小曼看完信后，果真的不高兴，两人又因此口角。加上之前发现徐志摩的《雪池日记》，那里面记载了一九二二年徐志摩从欧洲回来，苦追林徽因，不断进出景山西街雪池胡同的事，陆小曼老大不乐意，在心里挽了个死结。她当时就一把火烧掉《雪池日记》，且常拿此说事，与徐志摩怄气。

徐志摩一惊之下，赶紧转移了身边收藏的《康桥日记》等其他文件，其中包括他与林徽因在康桥时的所有来往信件。他出事后，这本《康桥日记》却神秘失踪，导致林徽因和女作家凌叔华交恶，从此老死不相往来。

一九三一年三月，患了肺病的林徽因，采纳了徐志摩的建议，在梁思成的安排下，去香山养病，过了一段风清月白的好时光。金岳霖、沈从文、张歆海夫妇、张奚若夫妇等文朋诗友，不时上山探望。徐志摩更是三天两头就往山上跑，蹭饭蹭菜，还蹭温暖。

"双清别墅"环境幽美，树木青翠，一方小池子里，有青荷若干。鸟叫声稠密，使得山中愈静。林徽因居住的小院，在绿树的掩

映下，更是幽静。傍晚时分，院子一截的矮墙上，攀爬着绿的藤萝。阳光透过树隙，洒下来，斑驳着，闪着琥珀似的光芒。徐志摩不出声地望着那截院墙，绿的藤萝，和藤萝上绣着的夕阳。时光小溪一样的，在他的左右流淌，耳畔是徽因的妙语，如玉珠相滚，还有小再冰的咿呀学语声。他有些恍惚，仿佛那是他的日月，飞花般的，纤尘不染。

林徽因笑问：想什么呢志摩？

徐志摩恍恍的，待到徽因再问，他啊一声笑，掩饰道：我正在默默体会，想要描写这墙上向晚的艳阳和刚刚入秋的藤萝。

从山上下来，他的想、他的念，似乎都留在那里了。月升星稀，他在胡适家的院子里，仰望徘徊，久难入眠，心中像是什么都想了，又什么都没想，他写下了《山中》：

庭院是一片静，
听市谣围抱；
织成一地松影——
看当头月好！

不知今夜山中，
是何等光景；
想也有月，有松，
有更深的静。

我想攀附月色，
化一阵清风，
吹醒群松春醉，

去山中浮动；

吹下一针新碧，
掉在你窗前；
轻柔如同叹息——
不惊你安眠！

纵使爱恋再深，他也只能轻轻地放，不惊不扰。他终明白，所有的一切，都回不去了。

林徽因一眼洞透他的情感，她什么话也没说，她用尺棰的笔名，写下了《那一晚》。别人看不太懂，徐志摩却看得神魂颠倒，那里面每一个字，对他都是最好的安慰：

那一晚我的船推出了河心，
澄蓝的天上托着密密的星。
那一晚你的手牵着我的手，
迷惘的星夜封锁起重愁。
那一晚你和我分定了方向，
两人各认取个生活的模样。
到如今我的船仍然在海面飘，
细弱的桅杆常在风涛里摇。
到如今太阳只在我背后徘徊，
层层的阴影留守在我的周围。
到如今我还记着那一晚的天，
星光，眼泪，白茫茫的江边！
到如今我想念你岸上的耕种：

红花儿黄花儿朵朵的生动。

那一天我希望要走到了顶层，
蜜一般酿出那记忆的滋润。
那一天我要跨上带羽翼的箭，
望着你花园里射一个满弦。
那一天你要听到鸟般的歌唱，
那便是我静候着你的赞赏。
那一天你要看到凌乱的花影，
那便是我私闯入当年的边境！

　　山中的宁静，和如诗似画的自然风光，催生了林徽因的创作激情，她开始了她的文学创作，写诗，写小说。短短的日子里，她写下了诗歌《谁爱这不息的变幻》《仍然》《激昂》《一首桃花》《山中一个夏夜》《笑》《深夜里听到乐声》《情愿》及短篇小说《窘》。徐志摩成了她的第一读者，每看到她有新作，他都会激动不已，吟哦再三，帮她拿去发表，发在刚创刊的《诗刊》上，发在《新月》上。

　　爱情退守成友情，照得见彼此透明的心，他们的关系反而更为亲密、更为醇厚，如佳酿。或许用金岳霖的话更能形容这种友谊：

　　老朋友在同一历史道路上辗转而来，一见就会心领意会情致怡然。

　　徐志摩极度迷恋这种心领意会情致怡然，他和陆小曼一有争执，他便寻求庇佑似的，跑来找林徽因，她和她的家，成了他心中的圣地。

那是七月的天，北京阴雨不断，林徽因和梁思成一早上了山。虽才分别，徐志摩已开始想念。他在山下，望着外面的愁雨，想着自身的不如意，一头扑倒在床上，只觉得身心皆疲惫之极。中午，他在胡适家的餐桌上草草用过饭，回到住处，不停地吸烟喝茶，思绪突然如窗外倾盆的雨，哗啦啦倾倒下来，他铺开稿纸奋笔疾书：

> 你去，我也走，我们在此分手；
> 你上那一条大路，你放心走，
> 你看那街灯一直亮到天边，
> 你只消跟从这光明的直线！
> 你先走，我站在此地望着你：
> 放轻些脚步，别教灰土扬起
> 我要认清你远去的身影，
> 直到距离使我认你不分明。
> 再不然，我就叫响你的名字，
> 不断地提醒你，有我在这里，
> 为消解荒街与深晚的荒凉，
> 目送你归去……
> 不，我自有主张，
> 你不必为我忧虑；你走大路，
> 我进这条小巷。你看那株树，
> 高抵着天，我走到那边转弯，
> 再过去是一片荒野的凌乱；
> 有深潭，有浅洼，半亮着止水，
> 在夜芒中像是纷披的眼泪；
> 有乱石，有钩刺胫踝的蔓草，

在守候过路人疏神时绊倒，

但你不必焦心，我有的是胆，

凶险的途程不能使我心寒。

等你走远，我就大步的向前，

这荒野有的是夜露的清鲜；

也不愁愁云深裹，但求风动，

云海里便波涌星斗的流汞；

更何况永远照彻我的心底，

有那颗不夜的明珠，

我爱——你！

这首叫《你去》的诗写完，他的情绪好多了。金岳霖上来玩，他把这首诗拿给金岳霖看，哲学家金岳霖反复鉴赏后，认真夸道：志摩，这是你写得最好的诗。他听了自然高兴，但还是不十分确信，他要得到心中女神的认可才算数。他随即给林徽因写了封信，附上这首《你去》：

我愁望着云汀的天和泥汀的地，直担心你们上山一路平安。到山上大家都安好否？我在记念。

我回家累得直挺在床上，像死人——也不知哪来的累。适之在午饭时说笑话，我照例照规矩把笑放在嘴边，但那笑仿佛离嘴有半尺来远，脸上的皮肉像是经过风腊，再也不能活动！

下午忽然诗兴发作，不断地抽着烟，茶倒空了两壶，在两小时内，居然诌得了一首诗。哲学家上来看见，端详了十多分钟，然后正色地说："It is one of your very best."

但哲学家关于美术作品只往往挑错的东西来夸，因而，我还不敢自信，现在抄了去请教女诗人，敬请指正！

雨下得凶，电话电灯会断。我讨得半根蜡，匍匐在桌上胡乱写。上次扭筋的脚有些生痛。一躺平眼睛发跳，全身的脉搏都似乎分明地觉得。再有两天如此，一定病倒——但希望天可以放晴。

思成恐怕也有些着凉，我保荐喝一大碗姜糖汤，妙药也！宝宝老太都还高兴否？我还牵记你家矮墙上的艳阳。此去归来时难说完。敬祝

山中人"神仙生活"，快乐康强！

脚疼人洋郎牵（洋）牛渡（洋）河夜

曾经多少的热烈，行至此处，已是山清水秀，别来无恙。

十一月的北平，有着让人雀跃的美。香山的红叶自不必说，满山满坡的黄栌树，如霞似锦，整座山雍容得不得了，凤冠霞帔般的。北平城内，也是处处绚丽，银杏树顶着一头金黄的叶，远望去，像顶着一树的黄花朵，映黄半边天。槐树的叶，褐黄中，带着小斑点，在空中纷飞，如小小的蝶，扑着翅膀。人家的窗台上，菊开着大朵的艳丽。

这天，清华大学举办了一个茶会，欢迎为太平洋会议而来的柏雷博士，此人是英国女诗人曼殊斐儿的姐夫。徐志摩很为这个茶会兴奋，曼殊斐儿是他最爱慕的女诗人，他在英国时，曾专门去拜访过她，并写下了《曼殊斐儿》一文纪念。现在，曼殊斐儿的亲人来了，他就当是曼殊斐儿来了，可以一解他的"相思"。虽然，曼殊斐儿已故去多年。

他第二天要乘邮政班机到南京，再经南京回上海的家。为节省路费，他"蹭"上了免费的飞机，在他和陆小曼之间往返。这次，这趟飞机因故已改期三次，徐志摩曾对林徽因说：如果再改下去，他便不走了。但，终于定下来，将于次日清晨六时起飞。本来他要早点休息，以便早起去搭乘飞机，但因曼殊斐儿的缘故，他还是参加了茶会。在茶会上，他对柏雷博士十分殷勤周到，只想多听到一点关于曼殊斐儿早年的事。

林徽因忍不住打趣他：志摩，你又着了魔了。

他睁大一对炯炯的眼，认真回道：这也是诗意的信仰。

茶会结束后，林徽因和梁思成还另有他事，他和他们在总布胡同口匆匆分了手。他回到住处，不知怎的，心神不宁，根本无法入睡。他不由自主往林徽因家走去，听差说主人出去了。徐志摩百无聊赖，独自手脚冰凉坐了会儿，喝掉一壶茶，左等右等还不见林徽因回家，他便在桌上留了些字：

定明早六时飞行，此去存亡未卜……

林徽因那天很晚才归家，见到桌上的留条，怔住，不祥之感如黑魆魆的山，从四面压过来，压得她喘不过气。她心里很是不痛快，忙忙地给徐志摩去电话，电话里责备他口无遮拦，怎么可以这么瞎说。徐志摩孩子似的笑了，安慰她说：你放心，很稳当的，我还要留着生命看更伟大的事迹呢，哪能便死？

他们在电话里聊了会儿。林徽因告诉徐志摩，十九号晚上，她要在协和礼堂给外国使节们讲中国的建筑。徐志摩快乐地说：十九号我肯定回来了，到时我一定去听你的演讲。

他们愉快地互道晚安。窗外的星子，如一朵朵小雏菊，开在半空中，蕊寒香冷。

只不知，这一别，从此生死两茫茫。

上海的深秋，湿冷异常，风卷着梧桐叶，在地上打着滚。徐志摩踩着落叶，怀揣着一团相思回到家中，与陆小曼团聚。夫妻俩好言好色没多久，却因话不投机又大吵起来。陆小曼当时正躺在烟榻上吸鸦片，一生气，随手就把烟枪往徐志摩脸上掷去。徐志摩慌忙避开，金丝眼镜从鼻梁上滑下，掉到地上，霎时四分五裂。

两个人都惊呆了，一时无话，空气凝固了似的，沉闷得让人透不过气来。徐志摩说了声：我走好了。真的拂袖而去。十八日晨，他坐车去了南京，住到朋友家里，打算次日搭乘张学良的专机回北京。张学良却因临时有事，滞留南京，飞机改期，徐志摩只好上了一架叫"济南号"的邮政班机。因为夜里没休息好，加上多天持续的奔波，天气也冷暖不定，徐志摩患上感冒，飞行途中，他只觉头痛欲裂。当飞机降落在徐州机场，稍作逗留时，他给陆小曼发了一封短信：

徐州有大雾，头痛不想走了，准备返沪。

但最终，他还是飞上天了，他答应过徽因，他要去听她的演讲的。

那个时候，陆小曼在上海的家中，心绪难定。好不容易见上一面的人，却不欢而走，她着实有些懊恼。中午时分，好好悬挂在客厅里的镜框，突然无缘无故掉落，里面镶着的徐志摩的照片，砸碎的玻璃片子，覆在上面。陆小曼顿觉心跳慌慌，坐立不安。好不容易盼到第二天，等来的竟是噩耗，她一下子昏厥过去。

他们曾经在冰与火里纠缠，爱得天昏地暗山崩地裂，他们相约过同生共死，这份情，到底没敌得过凡尘俗世的磨砺，成了断章。人有时就是犯贱，拥有的时候，并不知道草绿花红都是恩赐，总要等失去了方知珍惜。当陆小曼永远失去了徐志摩，她能记起的，都是他对她的好。

陆小曼的母亲痛心地说：小曼害了志摩，志摩害了小曼。

陆小曼从此素衣素服，再不出去交际，日日在徐志摩的照片前供奉，把自己囚禁在悔恨的"牢笼"里，终了一生。她在《哭摩》中写道：

事到如今我一点也不怨，怨谁好？恨谁好？你我五年的相聚只是幻影，不怪你忍心去，只怪我无福留，我是太薄命了，十年来受尽千般的精神痛苦，万样的心灵摧残，直将我这颗心打得破碎得不可收拾，今天才真变成死灰的了，也再不会发出怎样的光彩了。好在人生的刺激与柔情我也曾尝味，我也曾容忍过了。现在又受到了人生最可怕的死别。不死也不免是朵憔悴的花瓣再见不着阳光晒也不见甘露漫了。从此我再不能知道世间有我的笑声了。

……摩，你为我荒废了你的诗意，失却了你的文兴，受着一般人的笑骂，我也只是在旁默然自恨，再没有法子使你像从前的欢笑……

……大大，若是我正在接近着梦边，你也不要怕扰了我的梦魂像平常似的不敢惊动我，你知道我再不会骂你了，就是你扰我不睡，我也不敢再怨了，因为我只要再能得到你一次的扰，我就可以责问他们因何骗我说你不再回来，让他们看着我的摩还是丢不了我，乖乖地又回来陪伴着我了，这一回我可一定紧紧地搂抱你再不能叫你飞出我的怀抱了……

爱是蜜糖，也是毒药。一旦相遇它，你得慢慢地、慢慢地品，当品出苦涩时，要及早抽身而出，留条后路好相逢。只是身在爱情中的男女，都有赴汤蹈火的勇气，哪怕为此粉身碎骨。或许，人生要的就是这样的轰轰烈烈，才不枉活过一场。

十九日上午，林徽因和梁思成收到徐志摩从机场拍来的电报：

下午三点准到南苑，派车接……

午饭后，梁思成便雇了车去接。等到四点半，也没看见飞机的影。机场方面说飞机没到。电话去问航空公司，说济南有大雾。梁思成又在那儿等了会儿，未果，只好空车回。

这日晚，林徽因的演讲在协和礼堂如期举行，她向外国使节们介绍了中国的皇城建筑和宗教建筑，话语叮当，如山溪奔流，博得一阵阵热烈的掌声。演讲中，她不时向大门口望去，希望看到徐志摩，突然笑吟吟推门进来，带给她惊喜。终没有。

一夜辗转难眠。

林徽因好不容易熬到天亮，却在当天的《北平晨报》上，看到一则让他们震惊恐慌的消息：

京平北上机肇祸，昨在济南坠落！

机身全焚，乘客司机均烧死，天雨雾大误触开山。

【济南十九日专电】十九日午后二时中国航空公司机由京飞平，飞行至济南城南卅里党家庄，因天雨雾大，误触开山山顶，当即坠落山下，本报记者亲往调查，见机身全焚毁，仅余空架，乘客一人、司机二人，全被烧死，血肉焦黑，莫可辨认……

林徽因失魂落魄跑去胡适家，一路只祈祷着不要是志摩不要是志摩。消息却很快得到证实，真的就是徐志摩搭乘的飞机出事了。

晴天霹雳，震得所有朋友都傻了。大家在胡适家，默然围坐，暗暗拭泪。窗外的天空，墨一般的昏黑，落叶片片，像众人愁苦的心。

随后《新闻报》也作了详细报道，这让大家期盼奇迹能发生的痴想，顿化作泡影：

该机于上午十时十分飞抵徐州，十时二十分继续北行，是时天气甚佳。想不到该机飞抵济南五十里党家村附近，忽遇漫天大雾，进退俱属不能，致触山顶倾覆，机身着火，机油四溢，遂熊熊，不能遏止。飞机师王贯一、梁壁堂及乘客徐志摩，遂同时遇难。死者三人皆三十六，亦奇事也。

报道其实有误，这年，徐志摩并非三十六岁，而是虚岁三十五岁。他在人生行至最巅峰处，戛然而止，实践了他想飞的梦想：

是人没有不想飞的，老是在这地面上爬着够多厌烦，不说别的。飞出这圈子，飞出这圈子！到云端里去，到云端里去！哪个心里不成天千百遍地这么想？飞上天空去浮着，看地球这弹丸在大空里滚着，从陆地看到海，从海再看回陆地。凌空去看一个明白——这才是做人的趣味，做人的权威，做人的交代。这皮囊要是太重挪不动，就掷了它，可能的话，飞出这圈子，飞出这圈子！①

他是为爱和自由而来，用整个的生命和热血。无奈现实遍布荆棘和瓦砾，他左冲右突，遍体鳞伤。天真的诗人累了、倦了，在起飞的前一天，他还跟朋友说：我渴望飞翔。一语成谶。他似乎早已做好"飞走"的准备，那日大雾，也许是上天冥冥中对他的成全，他化作无数飞翔的羽毛，终找到他要的永恒。

还是林徽因最了解他，林徽因说：

志摩，你这最后的解脱未始不是幸福，不是聪明，我该当羡慕你才是。

他的离去，让她如抽丝剥茧般的，隔着生死的距离，回顾他们的过往，她多的，是痛心，梦里花落知多少。三年后他的祭日，她路过他的家乡，在昏沉的夜色里，独立火车门外，凝望着幽幽暗暗的站台，止不住热泪盈眶。多少往昔的残片，一片一片连起，在生和死之间，幻化成模糊的光影，那里面站着一个徐志摩，永远的风清月白。

> 信仰只一细炷香
> 那点子亮再经不起西风
> 沙沙的隔着梧桐树吹②

---

① 引自徐志摩散文《想飞》。
② 诗引自林徽因《秋天，这秋天》。

再多的文字，也不足以表达她的哀痛。她终生也没能走出对他的思念，他失事飞机上的一块残骸，被她挂在卧室的墙壁上，伴随她一生。她在《纪念志摩去世四周年》中写道：

> 习惯上我说，每桩事都像是造物的意旨，归根都是运命，但我明知道每桩事都有我们自己的影子在里面烙印着！我也知道每一个日子是多少机缘巧合凑拢来拼在的图案，但我也疑问其间的摆布谁是主宰。据我看来：死是悲剧的一章，生则更是一场悲剧的主干！我们这一群剧中的角色自身性格与性格的矛盾；理智与情感两不相容；理想与现实当面冲突；侧面或反面激成悲哀。日子一天一天向前转，昨日和昨日堆垒起来混成一片不可避脱的背景，做成我们周遭的墙壁或气氲，那么结实又那么缥缈，使我们每一人站在每一个时候里都是那么主要，又是那么渺小无能为力！

理智与情感两不相容，让他们生生错过了人生最华美的一章——花好月圆人姣好，这个剧中的主角其时尚不知，人生正因这样的遗憾，才成凄美，才成绝唱。世纪转过一轮，她和他的故事，已成传奇。

第五章

智慧的叶子掉在人间

君生我亦生

在我最青春的时候，我曾向往过一见钟情：人群中偶然相逢，四目相对的刹那，电光火石，一颗爱的心，立即低到尘埃，在尘埃里开出花来。这样的爱，很扣人心弦，荡气回肠。如传说中的钱塘名妓苏小小，在湖堤边偶遇宰相阮道之子阮郁，她一向的孤傲，立时弯了腰，羞答答邀约：

> 妾乘油壁车，郎跨青骢马，
>
> 何处结同心？西陵松柏下。

阮公子正求之不得，他一瞥油壁车上的佳人，早就发了痴。郎情妾意，一见倾心，于是上演了一场轰轰烈烈。

然这样的一见钟情，有多浓烈，结局就有多凄凉多冷清。阮郁后来迫于父亲的压力，远别苏小小而去。苏小小在等待中，失望叠加，郁结愁肠，染风寒而亡。

随着日月渐长，在俗世里跌打翻腾，我终于明白，真正耐得住岁月磨砺的爱，是安稳妥帖的，是细水长流。相见的最初，也只道寻常，像一片云相遇另一片云，至多是点头示意一下，也无风雨也无晴。然相处得愈久，那份爱与好，越是醇厚，慢慢渗透进血液里，和着生命一起奔流。

这天，北平的风，温软地吹着。阳光像撒落的碎金碎银，蹦着跳着，在树上，在房屋顶上，在街道上，在行人的身上。空中偶飘下一两片落叶，如醉酒的蝴蝶。北平的初秋，宁静如画。梁思成走在这样的"画"里面，从南长街的梁家，到景山后街雪池的林家去。十七岁的年轻人，有着与年龄不相称的睿智和沉稳，在清华大学校园里，他早已是个闻名的才俊。他不单学业优秀，还兴趣多样，足球、音乐、绘画，无一不投入热情。据讲，他常身穿缀着彩色丝绦浆得笔挺的制服，披挂一新，领着一帮同学操着西洋乐器，在校园里敲锣打鼓，其场面颇为壮观。也常看到他支起画架，静静坐在一棵树下，一笔一画，细心描摹着眼前的景致。更让人称道的是，小小年纪的他，居然有着和父亲梁启超一样敏锐的政治嗅觉，对时势世事，都有自己独到的见解，同学们称他为"一个有政治头脑的艺术家"。

这个"艺术家"此时的大脑里，想的不是学业，不是他喜欢的绘画、足球、音乐和政治，而是将要见到林叔的女儿林徽因的事。这次，他是奉父亲之命，来做礼节性的拜访。一路之上，他忍不住猜想了一遍又一遍，这位林小姐长得什么样呢？如何装扮？按当下的时尚，不外乎是穿着绸缎衫裤，梳一条油光光的大辫子。想到这里，这个从小接受西方教育的年轻人，浑身极不自在起来。他只想早早完成父亲交代的任务，好打道回府。

一方暖阳，泊在林家的宅院里。

秋藤攀爬在院墙上，叶还绿着，肆意欢腾。一缸的莲，在院边搁着，竟有两三朵迟开的花，浮在水上，白白的清新。林长民书房的窗，正对着院中两棵高大的梧树，上面枝叶婆娑。梁思成的造访，让林长民欢喜非常，他引这个小后生进了他的书房，得意地指着院中两棵梧树告诉梁思成，这是双梧。梁思成的眼，溜过房内一排一排的书架，上面插满书，这与他父亲的书房极其相似，都是四壁琳琅。原先的疏离感，渐渐消失。

书房门这时开了，一个女孩走进来。梁思成只觉得眼前陡的一亮，像早春时分，陡见树上一抹新绿。只见这个女孩穿齐膝下的黑色绸裙，外面罩一件浅色半袖的短衫，梳两条小辫子，带着稚气的脸上，五官精致，眼睛清亮而有神采，左颊的梨涡尤为动人。梁思成小小吃惊了一下，好清秀！他在心里赞叹。他对她的第一印象真是好极了。

林长民朝女孩伸出手去，爱怜地叫：徽徽。接下来就给梁思成介绍，这是我的小女徽因。其实，不用他介绍，梁思成早就猜到，她一定是林家大小姐。

十四岁的小姑娘，青梅一颗，见到"生人"，也还羞涩着。她偷偷打量眼前的梁家公子：个头不高，身材清瘦，鼻梁上架副眼镜，一脸的书卷气，话不多，神情略略有些拘谨。林徽因在心里调皮地笑，这个人好老实呀。

初次见面，他们也没聊什么，只是相互认识了一下。林徽因很快转身告辞，她要去厨房帮忙，家里的很多家务事，需要她打理。她转身的姿势相当优雅，轻快地将裙摆旋出一个小涡，翩然而去。梁思成的心，软软一动，为这个小姑娘身上所散发出的动人，他略略再坐了会儿，也起身告辞。这个时候，他根本没想过将来要和这个小姑娘恋爱，他青春蓬勃的光阴里，要做的事委实多，理想一个一个，都像鼓足风的帆，他尚不急着恋爱。当梁启

林徽因留影

超问他对林徽因的印象如何时，他也只回答：很可爱。仅此。这之后，他们竟有好几年未曾再见面，直到林徽因跟父亲从欧洲游历归来。

但这次相遇，却为他们以后的重逢和相知描了底色，秋的金粉，一望无际。

我想起曾读过的一首唐代铜官窑瓷器题诗，里面有这样几句：

> 君生我未生，我生君已老。
>
> 君恨我生迟，我恨君生早。
>
> 君生我未生，我生君已老。
>
> 恨不生同时，日日与君好。

我为诗中的人物慨叹不已，那时，她年纪尚轻，青春蓬勃，他却垂垂老矣。抑或是，她尚未婚聘，正待字闺中，他却已历经世事，妻儿环绕。这两个原本不搭界的人，偏偏相逢，他在她心里布下爱的种子，时光却无情地横在他们中间，划下一道堑渊，越不过了。

人世的相遇，怕的正是君生我未生，我生君已老，空留余恨付东风。

上天却特别优待林徽因，在恰当的地方、恰当的年纪，让她与梁思成相遇，君生我亦生。彼时，这个天真的小姑娘，还全然没有恋爱的概念，与梁思成的相识，只是像她路过的一段寻常风景，路过也就路过了，过后极少想起。她不知，这样一份契好，让他们在后来的日子里，即使山重水复，也没有错过。

一九二一年夏，梁思成再度登上林家的门，是陪父亲梁启超一起来探望旅欧归来的林长民父女的。

时光荏苒，花开花落又三年，梁思成已是二十岁的小伙子了，少了先前的拘谨，虽话还不太多，但极其幽默，谈吐机智。林徽因也长成十七岁的大姑娘，已脱掉稚气，更显亭亭玉立。欧洲小居，让她举止高雅、大方，见识过人。

两个人都惊讶着对方的变化，在彼此的眼里读到"欣赏"二字。他们聊得极为投机，从音乐，到绘画，梁思成甚至当场露了一手，给林徽因画了张速写，让林徽因惊喜莫名。

两个父亲在一旁心照不宣地笑了，在他们心里，早就结成了儿女亲家。不过，他们都是思想开明的父亲，主张恋爱自由，两个孩子最终能不能走到一起，完全听凭两个孩子的意思，他们绝不施以家长的权威。他们做的，只是给这两个孩子提供足够多的机会，让他们多多接触。

再度相逢，让这对年轻人，把对方的音容笑貌全记到了心里面，再难抹去。他们开始了约会，一起去逛太庙。

太庙在故宫的东侧，那里有一大片建筑群，原是明清两代皇家祭祀祖先的地方。太庙内古柏参天，庄严肃穆，人走进去，像走进了另一个世界，静，静静只听到两个人的脚步声，沙沙沙，沙沙沙。因是第一次正式约会，林徽因端着女孩子的矜持，不多言不多语，只颔首微笑，很是大家闺秀。

谁知就在她沉思不语时，身边的梁思成突然不见了，她着急地左右寻找，却听到有人在高处叫她。她抬头一看，梁思成正骑在一棵树上冲她乐。原来，他趁她不注意，爬到树上去了。她又好气又好笑。多少年后，她还津津乐道地跟人说起这事，当是最大趣事。他给她初恋的时光里，注入一弯活泼和朝气的泉，无时无刻不在滋润着她。他不像徐志摩，可以给她更多的诗意和浪漫，但他有他的方式，那种纯爷们的幽默、开朗、诙谐和可亲。这是爱的包容。

她欠缺的，正是这样的包容，心底爱的天平，渐渐向他倾斜。

他们聊到今后的志向。梁思成说，从清华毕业后，他将直接被公派去美国留学，至于学什么专业，他到时再做选择，肯定是与美术有关的。林徽因则说，她也想去留学，她要学建筑，她要做建筑师。这让梁思成十分震惊，一个文弱美貌的女孩子，要跟砌房子打交道，是顶顶奇怪的。他此前，尚未听说过建筑学这个颇为偏僻的名词。

林徽因笑着解释，我以前也不懂的，以为建筑无非就是砌砌房子。她跟他说起在英国小居时的女房东，告诉梁思成，建筑的内涵其实相当丰富，它包括建筑功能、建筑技术和建筑艺术形象，在国外颇受重视，被称为"凝固的音乐"。一座建筑，无论整体布局，还是细节谋划，都蕴含着自身的美。像我国一些古代建筑，都采用平衡、和谐、对称、明暗轴线等设计手法，使其达到美观。

她的一番话，让梁思成茅塞顿开，原来建筑是这样有意思的一门学问。他几乎在一瞬间做出决定，他也要学建筑，也要做建筑师。这让林徽因颇有些意外，她心跳如小鹿，爱你所爱，这是世上最美的承诺。

这时的梁思成，还是因爱情而冲动的年轻人，轻率地做出这个决定，对个人命运到底有怎样的影响，他是不管的。他此时，对于建筑所获得的感知，只是徽因所讲的只言片语，根本谈不上热爱。然到了后来，他却真真切切爱上了这门学科，且终身为之奋斗，献出自己最后一滴热血。他成了中国建筑史上当之无愧的建筑大师，系统地调查、整理、研究了中国古代建筑的历史和理论，是这一学科的开拓者和奠基者。

现在，两个父亲看到两个孩子日益亲近，自是喜不自禁。翌年春天，林长民提出先订婚，梁启超却不想早早圈定这两个孩子的姻缘，他还要让两个孩子再多接触一些时日，由他们自己拿主张。不过，他心底里早拿徽因当儿媳，抑制不住喜悦，给大女儿思顺写信，报之喜讯，说思成和徽因的婚事"已有成言"。

这是一段爱在破土萌芽的时光，鲜美、柔嫩、满目清新。十来年后，林徽因在要过新年的安好里，回忆起这段光阴，还有喜悦在眉梢荡漾：

> 新年等在窗外，一缕香，
> 枝上刚放出一半朵红。
> 心在转，你曾说过的
> 几句话，白鸽似的盘旋。
>
> 我不曾忘，也不能忘
> 那天的天澄清的透蓝，
> 太阳带点暖，斜照在
> 每棵树梢头，像凤凰。
>
> 是你在笑，仰脸望，
> 多少勇敢话那天，你我
> 全说了——像张风筝
> 向蓝穹，凭一线力量。[1]

---

[1] 诗引自林徽因《忆》。

执子之手，与子偕老

转眼夏。转眼秋。季节变换，一环套着一环，从无差错。

林徽因宁静的世界，却突然被一袭狂风吹乱，吹起涟漪朵朵——徐志摩回来了，他带着相思的热烈，赶到她身边。

她内心纠结而苦恼，理智和情感剧烈争斗，欲说还休。

在这个节骨眼上，梁思成出了一场车祸，让她游离的心，迅速归了位。她无比清晰地知道，自己到底想要什么。她开始以未婚妻的角色，出入医院，不避人言，细心照顾着梁思成。两个年轻人有说有笑、亲亲热热，让一直提着心的梁任公，彻底放下心——这个媳妇，再也跑不掉了。

由于当时的医疗水平还很落后，贻误了手术最佳时机，导致梁思成的左腿比右腿短了一厘米，加上脊椎挫伤，后来不得不装设背部支架支撑，给他的一生带来难以言说的痛。

这个时候，他乐观幸福得很，暗地庆幸自己出了这场车祸，日日可以望见心爱的姑娘。她就是灵丹妙药，他以为不久就将痊愈，他又将生龙活虎、健步如飞。

他的母亲李蕙仙，却横竖看徽因不顺眼。这位夫人出身名门，是清朝礼部尚书李端棻的堂妹，自幼熟读诗书，也是一代才女。她初闻宝贝儿子被陆军次长金永炎的汽车撞了，金官员竟扬长而去，震惊之余，跑去大闹总统府，要求时任总统的黎元洪处罚这个官员。结果，金永炎亲往医院探视，并承担了全部医药费，黎元洪亲自对此事道了歉。

俗世里，少有爱情是风调雨顺的，总要经历一番波折，直到双方彻底融合。

梁思成在医院一住就是三个月，林徽因只要一有空闲，就跑来医院陪他，两人竟有患难与共的感觉。然贤良传统的李蕙仙，对林徽因这种全然抛却女儿家的羞涩，公然在医院出出进进，与她的宝贝儿子卿卿我我的洋派行为，很是看不惯，她不接受这样的儿媳妇。

她在心里挽了一个结，再也没能解开。

次年四月，泰戈尔访华，林徽因帮忙接待，抛头露面，翩然一小仙子，光彩照人，一下子名扬北方。她和徐志摩一左一右，站在老诗人身旁的大幅照片，登上了各家报纸，引起轰动。坊间不免有些闲言碎语，传说着两人的关系，当这些话传到李蕙仙耳里，她对林徽因的不满达到极点。在她看来，林徽因的言行举止太不知检点，这样的儿媳妇，断断要不得。她联合大女儿思顺，不断给儿子施加压力，阻止他跟林徽因继续交往。

六月，林徽因和梁思成结伴去了美国，如一对鸟儿远飞，以为从此天蓝云白，再无羁绊。可考验却紧随其后，风也来，雨也来。李蕙仙被查出患乳腺癌晚期，弥留之际，对林徽因还耿耿于怀，托女儿思顺，给儿子写信，表明自己的态度，她是坚决不同意林徽因进梁家门的。思顺和母亲最贴心，她旗帜鲜明地拥护母亲。

"婆婆"和"大姑子"的一再阻挠，让高傲的林徽因，负气疏远了梁思成。家庭的阴影，一直伴随着她，一点点的不和谐，都会刺伤她。她不是个依附于他人的旧式女性，她有她的独立人格，用不着委屈自己，涎着一张脸，要去做什么梁家儿媳妇。

梁思成左右为难，他爱母亲，也爱徽因，舍弃哪个，都是他的心头痛。母亲于一九二四年九月十三日溘然去世，临走前，最放不下的是他。他悲痛欲绝，恨不得立即飞回家。大姐思顺的信至，在信中指责他的不孝，对林徽因颇有微词。

　　这样一场恋爱，伤筋伤骨，让林徽因备觉疲惫。徐志摩以往的种种好，浮现出来，那时她不明白，这时，成了她唯一的暖。她给徐志摩写信，和梁思成的矛盾，日益加深。

　　相爱的人，一旦发生矛盾，伤害的，定是两个。几个月的时间，林徽因消瘦了一圈，只把自己埋首在学业里，也不给家里人写信，弄得林长民疑窦重重，给女儿写信询问：

　　　　我自接汝一月十日来函后，至今未得只字，所有寄来
　　及我自己各信，转去各信，均不得复。徽其病耶？其置我
　　不理耶？我悬念不可名状。如何望即复。

梁思成也是备受煎熬，他沮丧地给大姐复信：

　　　　感觉着做错多少事，便受多少惩罚，非受完了不会转
　　过来。

　　梁思顺接到弟弟的信，读懂了弟弟的无奈，她爱这个弟弟，不忍弟弟这般痛苦，加之父亲梁启超的劝慰，她思虑再三，主动向林徽因伸出了橄榄枝。

　　林徽因和梁思成和好如初。

　　最开心的莫过于梁启超，他一直致力于促成这桩儿女姻缘，他在给孩子们的信中这样写道：

　　　　思顺对于徽音感情完全恢复，我听见真高兴极了，这
　　是思成一生幸福关键所在，我几个月前很怕思成因此生出

精神异动，毁掉了这孩子，现在我完全放心了……

我们一生中不知要经历多少天堂地狱，即如思成与徽音，去年便有几个月在刀上剑树上过活！这种地狱比城隍庙十王殿里画出来还可怕，因为一时造错了一点业，便受如此惨报，非受完了不会转头……

且作了一首词寄思成，表达一个父亲的殷殷之情：

也还安睡，也还健饭，忙处此心闲暇。朝来点检镜中颜，好像比去年胖些？天涯游子，一年噩梦，多少痛愁惊怕！开缄还汝温存小，爹爹里好寻妈妈。[1]

风雨过后方见彩虹。这样的小波澜，对于相爱中的林徽因和梁思成来说，并非坏事，使他们的感情得到考验，变得更加坚固。

幸福甜美的日子没过多久，林徽因却突遭一场惨痛，她最爱的爹爹走了！

她掉进了冰窟窿里。那些日子，她以泪洗面，既为父亲的枉死悲伤，又牵挂着娘和弟妹，她甚至一度产生了退学的念头。

这个时候，守护在她身边的是梁思成，他悉心照顾着悲痛中的她。梁启超远在国内，也是竭尽关心，对梁思成千叮万嘱，要他给徽因最大的支撑：

……徽音遭此惨痛，唯一的伴侣，唯一的安慰，就只

---

① 诗引自梁启超《鹊桥仙·自题小影寄思成》。

靠你。你要自己镇静着，才能安慰她……

……我也无法用别的话来解劝她，但你可以将我的话告诉她，我和林叔叔的关系，她是知道的，林叔的女儿，就是我的女儿，何况更加以你们两个的关系。我从今以后，把她和思庄一样看待，在无可慰藉之中，我愿意她领受我这十二分的同情，渡过她目前的苦境。她要鼓起勇气，发挥她的天才，完成她的学问，将来和你共同努力，替中国艺术界有点贡献，才不愧为林叔叔的好孩子。这些话你要用尽你的力量来开解她。

不知打哪儿看过这样一句话：大凡天才，都要经历常人所难以忍受的苦难。林徽因经此劫难，变得坚强起来，从前被娇惯着的林家大小姐，成了一个勇于担当的人。她更加努力用功，以期不让地下的父亲失望。她省吃俭用，尝试着过清苦的日子。在一九二七年给胡适的信中，她说过这样一段话：

现在一时国内要不能开始我的工作，我便留在国外继续用一年工夫再说。有便请你再告诉志摩，他怕美国把我宠坏了，事实上倒不尽然，我在北平那一年的 "spoilt"（娇惯坏了）生活用了三年的工夫才一点一点改过来，要说 "spoilt" 世界上没有比中国更容易 spoilt 人了，他自己也该留心点。

渥太华最好的季节，当数三四月。成片的郁金香，铺成色彩艳丽的织锦。白色的建筑物，掩映在绿树中。渥太华河由西向东流经全城，河两岸，散落着草坪，和尖顶的房屋。远处，山色空蒙，水雾氤氲。

这是一九二八年三月二十一日。按中国的老皇历，这天算是黄道吉日，宜嫁娶。这天也是宋代为土木建筑家李诚立碑刻石的日期。李诚为人博学多闻，主持营建过龙德宫、棣华宅、朱雀门、景龙门、九成殿、开封府廨，及太庙等大型建筑。奉旨编纂了《营造法式》一书，该书反映了当时中国土木建筑工程技术所达到的水平，上承隋唐，下启明清，对研究中国古代土木建筑工程和科学技术的发展，具有重要意义。林徽因和梁思成对这位古代的建筑师仰慕之极，他们选定在这天成婚，一表敬仰，二表纪念。后来他们的儿子取名从诚，也缘于此。

如果从他们初相识算起，这之间已历经十年，也算是历尽沧海了。当年的两个少年，都已长大成人，一个经历丧父之痛，一个经历丧母之悲，天涯一角，同病相怜，相知相惜，终于携手走进婚姻的殿堂。

结婚前夕，梁思成被巨大的幸福击晕了，仿若做梦。他小心翼翼地问林徽因：有一句话，我只问这一次，以后都不会再问，为什么是我？林徽因回答得俏皮而深情，林徽因说：答案很长，我得用一生去回答你，准备好听我了吗？

她果真用一生做了答案，他则一路倾听着，不离不弃，相看两不厌。

他曾不无得意地对朋友说，中国有句俗话：文章是自己的好，老婆是人家的好。可是对我来说，老婆是自己的好，文章是老婆的好。

婚礼是在渥太华举行。梁思成的姐夫周希哲在加拿大任总领事，梁启超便托女儿思顺操办弟弟的婚事。之前，家人已替他们在

一九二八年三月，林徽因与梁思成在加拿大渥太华结婚

国内举行了隆重的订婚仪式，按祖上的老规矩行了行文定礼，"晨起谒祖告聘，男女两家皆用全帖遍拜长辈，午间宴大宾，晚间家族欢宴……"聘礼梁家用的是玉佩两方，林家用的是玉印两块。

梁启超连续几封信给思成、徽因，告之他们订婚之事，又跟他们商量结婚事宜，面面俱到，用尽心思：

> 我主张你们在坎京行礼，你们意思如何？我想没有比这样更好的了。你们在美国两个小孩子自己实张罗不来，且总觉得太草率，有姐姐代你们请些客，还在中国官署内行谒祖礼（礼还是在教堂内好），才庄严像个体统。
>
> 婚礼只在庄严不要侈靡，衣服首饰之类，只要相当过得去便够，一切都等回家再行补办，宁可节省点钱作旅行费。

父亲的拳拳之爱，在字里行间涌动。其时，梁启超身体状况极差，先一年三月，他因便血入住北京协和医院，诊断结果是，一只肾患结核已坏死，要做手术切除。然在手术之中，由于医生的判断失误，竟切去他健康的那只肾，导致他的健康每况愈下。不过撑了两三年的光阴，就壮年早逝。

这样的医疗事故，当时是秘而不宣的。梁家人一直到一九七〇年才得知真相，那个时候，梁启超已在地下长眠四十一年。

两个年轻人，谨遵父亲的教诲，婚礼一切从简。林徽因没添置任何首饰，除了婚戒。

他们的婚礼，吸引了大批的摄影记者，他们多是冲着林徽因身上的结婚礼服而来。那套礼服，既不是西式的婚纱，也不是纯中式礼服，而是独一无二的林徽因式的服装。那是林徽因自己亲自设计的，里面掺和了舞台服装的元素，又糅进更多的东方元素，头上饰有头饰，正中的璎珞美丽而别致，两边垂着长长的披纱。随人的走动轻拂，飘飘欲仙。

当林徽因穿着这套别出心裁的结婚礼服，出现在众人面前时，大家只觉得眼前飞花漫过，仿若天使降临，纯洁轻盈。走在一旁的梁思成，一套笔挺的黑色西服，更衬出他的气宇轩昂，眉目间都是抑制不住的喜悦。这一对新人，紧紧抓牢了众人的目光，镁光灯不停地对准他们闪烁。第二天，加拿大的多家报纸，都刊登了他们结婚时的大幅照片。

宾客渐散，这对新人手牵手，对着家乡所在的方向，恭恭敬敬鞠了几个躬。礼毕，他们贪恋地看着对方，眼睛里有幸福的泪花闪现，他们一起吟出《诗经》中的诗句：

死生契阔，与子成说；执子之手，与子偕老。

从此，无论风雨疾苦，他们将一起担当。而在遥远的北平，彼时，香山上的桃花已开，在三月的薄唇边，吐着馨香，一树一树的嫣红，一瓣一瓣的光致，像是春天要说的话。

智慧的叶子掉在人间

宾夕法尼亚大学坐落在斯库基尔河的西岸，是美国著名的私立研究型大学，创建者本杰明·富兰克林，是美国家喻户晓的人物。该所大学环境优美，学术风气浓郁，里面设有多所研究院，建筑学研究院是其中最为出色的。

林徽因和梁思成兴冲冲奔它而来，然迎接他们的，却是兜头一盆冷水，该大学的建筑系只收男生，不收女生。眼前的美景落在林徽因眼里，顿觉寡淡无味。

无奈之下，林徽因改报了美术系，她选修了建筑系的主要课程。

当时，"包豪斯"的建筑理念正开始风靡世界，这种起源于德国的设计思潮，对世界现代设计的发展产生了深远的影响。林徽因和梁思成一入宾大，就在两位著名的教授指导下，学习了包豪斯宣言：

> 完整的建筑物是视觉艺术的最终目标。艺术家最崇高的职责是美化建筑。今天，他们各自孤立地生存着，只有通过自觉，并和所有工艺技师共同奋斗，才能得以自救。建筑家、画家和雕塑家必须重新认识，一幢建筑是各种美感共同组合的实体。只有这样，他的作品才可能灌注入建筑的精神，以免迷失流落为"沙龙艺术"……
>
> 建筑家、雕刻家和画家们，我们都应该转向应用艺术……
>
> 艺术不是一种专门职业。艺术家和工艺技师之间在根本没有任何区别。艺术家只是一个得意忘形的工艺技师。在灵感出现并超出个人意志的珍贵片刻，上苍的恩赐使他的作品变成艺术的花朵。然而，工艺技术的熟练对于每一个艺术家来说都是不可缺少的。真正创造想象力的根源即建立在这个基础上面……
>
> 让我们建立一个新的设计家组织。在这个组织里面，绝对没有那种足以使工艺技师与艺术家之间树立起自大障

壁的职业阶级观念。同时，让我们创造出一幢将建筑、雕刻和绘画结合成三位一体的新的未来殿堂，并用千百万艺术工作者的双手将之矗立在云霄高处，变成一种新信念的鲜明标志。

这番宣言让他们热血沸腾，原先的理想，现在开始明晰起来，他们立志将终身为建筑事业而奋斗。

宾大校园的树绿了黄，黄了又绿，林徽因和梁思成的求学生涯，一一筛下那些古朴的树的影子。他们没少在树下漫步，讨论着课上所学内容。

林徽因在绘画、制图方面虽底子薄弱，然她聪慧好学，悟性极高，加上她是极文艺范儿的一个人，对构图往往有自己的独到之处，所以成绩十分突出。又有梁思成在一旁辅助，她交出的作业，完美得让所教老师惊叹。

有时，灵感来了，她满脑子的奇思妙想，一个接着一个，争着挤着往外蹦。这时，她赶紧抓过纸笔，迅速画一张草图。当兴致过了，她往往把草图弃之一边，扫尾工作就由梁思成来做。这个有为青年，实在有一副好性子，他总是极尽耐心，用他那过硬的绘图功夫，把林徽因的草图，收拾得整洁又漂亮。林徽因后来跟朋友说，她自己是个兴奋型的，做事全凭突然降临的灵感和灵光闪现，不是能用功慢慢修炼的人。这里面有自谦的成分，但也说出了一部分事实，她的确是活跃的，思维的更新极快，一闪一娉婷。梁思成跟着她，丝毫不敢懈怠，怕稍一迟疑，就跟不上她的步伐了。

好的爱情，不是消磨彼此的棱角，沦为生活的庸常，而是相互促进，比翼齐飞。他们的组合，堪称黄金搭档。

理想是帆，现实是船，要使帆能够一路昂扬向前，到达成功的彼岸，必须有现实这艘船作载体。

林徽因在宾大的学习异常刻苦，她在努力打造她的"船"。在同学眼里，林徽因聪明、美丽、幽默而谦逊，大家都很喜欢她。一个叫比林斯的同学，还付诸于文，生动地描述在宾大学习的林徽因：

> 她坐在靠近窗户能够俯视校园中一条小径的椅子上，俯身向一张绘图桌，她那瘦削的身影匍匐在那巨大的建筑习题上，当它同其他三十到四十张习题一起挂在巨大的判分室的墙上时，将会获得很高的奖赏。这样说并非捕风捉影，因为她的作业总是得到最高的分数或是偶尔得第二……

林徽因的聪明才智，不时得到展现。宾大举办大学生圣诞卡的设计竞赛，她一举夺奖，用点彩技法所画的圣母像，既古朴又沧桑，给人极美的震撼，被学校档案馆收藏。两年后，林徽因取得了美术学士学位。作为建筑系的旁听生，因她的突出表现，不久，她被聘为建筑系设计指导老师和建筑事务助理。

与此同时，梁思成的表现也不俗。这个青年生来仿佛就是做学问的，耐得住寂寞，整天把自己埋首在书本里，甘之如饴。他选修了西方建筑史课程，一有空闲，就泡在图书馆里，翻阅各种图书资料，摘录下西方重要建筑的数据和评论，一一在纸上画出，废寝忘食。他的两个设计方案，先后获得了学院的金奖。林徽因好动，也喜玩，有时，被其他中国留学生，如陈植等人拉出去玩，想叫上思成一起去，往往是不能如愿的。因为这个书呆子，正伏在绘图板上，画得忘乎所以。

西方建筑史看多了，梁思成突然生出遗憾，为什么少有中国建筑史的资料？古老的中国，建筑何等多样悠久，在西方国家，却难得见到关于它的只言片语，他开始了对中国建筑史的研究。

手头资料奇缺，他的研究搁浅。正当他苦恼不得法之际，父亲梁启超下了场及时雨，给他寄来了新发现的古书《营造法式》的重印本。这本由李诚编纂的北宋京城宫殿建筑的营造手册，是一部关于古代建筑设计、施工的专用书。梁启超在给思成的信中如此感叹：

一千年前有此杰作，可为吾族文化之光宠也。

这本《营造法式》，让林徽因和梁思成如获至宝。虽然这部书中，很多宋代工匠们用的语汇，他们一时半会儿读不懂，但这本书的存在，足以证明，中国古代建筑是多么值得研究，也为他们打开了一扇研究中国建筑史的大门。

一九二七年夏，林徽因、梁思成双双从宾大毕业。梁思成拿到两个学位，一是建筑学士学位，一是硕士学位。林徽因以高分获得美术学士学位，用三年修完四年的学业。

他们遵照父亲梁启超的意思，暂不回国，在美继续进修。林徽因对戏剧很喜欢，她进入耶鲁大学戏剧学院，在著名的教授帕克的工作室学习舞台设计，她成为中国第一位在国外学习舞台设计的学生。她异乎寻常的艺术禀赋，让她在这个领域迅速脱颖而出，常有同学临到要交作业了，向她求救，请她帮忙应急。其中有一位常找她帮忙的学弟，后来成了百老汇的著名舞美设计师。

学习舞美设计，不过是林徽因生活的一星点缀，如同文学之于

一九二七年，林徽因从宾大毕业

她。她的主攻目标还是对中国建筑的研究，她为此倾尽毕生心血，不舍不弃。

她在舞美设计上的才华，一生只绽放过一次。那是一九三五年冬，曹禺在天津山演戏剧《财狂》，请林徽因帮忙设计布景。演出结束后，众人纷纷在《大公报》和《益世报》上发表言论，对《财狂》的舞台布景赞誉有加：

　　——《财狂》堪称为舞台空前的惊人的成功，布景方面，我们得很佩服林徽因女士的匠心：楼一角，亭一角，典丽的廊，葱青的树；后面的晴朗青色的天空，悠闲淡远，前面一几一凳的清雅，都在舞台上建筑了起来，无论角度，明朗暗色线，都和谐成了一首诗，有铿锵的韵调，有清浊的节奏，也是一幅画，有自然得体的章法，有浑然一体的意境。这里我们庆祝林女士的成功。

　　——布景和灯光，这不能不归功于林徽因女士的精心设计，建筑师的匠心。一座富于诗意的小楼，玲珑地伫立在那里，弯弯的扶梯……远远的小月亮门，掩映着多年没有整理的葡萄架，含羞逼真的树木，是多么清幽……台上的一草一木、一石一阶，件件都能熨帖观众每一个细胞呢。

梁思成为了更好地研究中国建筑，寻找西方出版著述中关于中国建筑的记载，他以"研究东方建筑"为由，向哈佛人文艺术研究所提出了入学申请，结果，他很顺利地进入了哈佛大学，攻读东方艺术博士学位。

让他失望的是，他用三个月的时间，阅遍哈佛所有有关中国建筑的资料，却得出一堆表象的认识。梁思成后来如此评价这些书籍：

这些作者都不懂中国建筑的"文法"。他们以外行人的视角描述中国建筑，语焉不详。

中国建筑结构上的奥秘、造型和布局上的美学原则，在世界学术界中，还是一个未解之谜。梁思成发现，要真正研究中国的建筑，停留在这些表象上，是毫无进益的，必须深入实地考察，掌握第一手资料。

他和徽因着手收拾行装，准备回国。林徽因把一个仿古铜镜，小心翼翼包裹好，把它藏在行李中。这是一九二八年元旦梁思成送她的礼物。为精心铸造这件礼物，梁思成把自己关在美术学院工作室里，花了一周的时间。铜镜一面镶嵌着玻璃镜面，另一面是花草环绕着的两个对称的飞天浮雕图案，旁边精心镌刻着俊逸的字：

徽因自鉴之用民国十七年元旦思成自镌并铸喻其晶莹不珏也。

铜镜作证，两片智慧的叶子掉落人间，彼此相爱，永结同心。

在一穹匀净的澄蓝里

天下慈父，莫过于梁启超。

这个清光绪的举人，曾亲自参与了中国从旧社会向现代社会的变革，是中国历史上绝对无法忽略的伟人之一。他倡导文体改良的"诗歌界革命"和"小说界革命"。在学术研究方面，也取得巨大成就。是一个百科全书式的人物。就是这样一个人，在对子女的教育上，可谓费尽心力，既严又慈。"严"是在对他们人格的塑造上，把他们一个个培养成才华渊博又彬彬有礼的谦谦君子；"慈"是对他们从思想到身体的关注和呵护，他甘愿低到尘埃，只当一个父亲，纵使粉身碎骨，也无怨无悔。

在他的一手促成下，林徽因和梁思成终成眷属。他又倾尽资力，助这两个孩子游欧度蜜月，他给孩子们谋划路线，事无巨细：

> 你们最主要目的是游南欧，从南欧折回俄京搭火车也太不经济，想省钱也许要多花钱。我替你们打算，到英国后折往瑞典、挪威一行，因北欧极有特色，市政亦极严整有新意（新造之市，建筑上最有意思却为南美诸国，可惜力量不能供此游，次则北欧特可观），必须一往。由是入德国，除几个古都市外，莱茵河畔著名堡垒最好能参观一二，回头折入瑞士，看些天然之美，再入意大利，多耽搁些日子，把文艺复兴时代的美，彻底研究了解。最后便回到法国，在马赛上船，中间最好能腾出点时间和金钱到土耳其一行，看看回教的建筑和美术，附带着看土耳其革命后的政治（替我）。关于这一点，最好能调查得一两部极简明的书（英文的）回来讲给我听听……

二月，新年将至，梁启超从医院回家过年，身体极度虚弱，但仍牵挂着在美的两个孩子，他给思成写信，也把一颗慈父的心，寄给了儿子：

> 思成，得姊姊电，知你们定三月行婚礼，国币五千或

美金三千可以给你，详信已告姊姊。在这种年头，措此较大之款，颇觉拮据，但这是你学问所关，我总要玉成你，才尽我的责任……

今寄去名片十数张，你到欧洲往访各使馆时，可带着。投我一片，问候他们，托其招呼，当较方便些。你在欧洲不能不借使馆作通信机关，否则你几个月内不会得着家里人只字了。你到欧后，须格外多寄些家信（明信片最好），令我知道你一路景况。

呜呼，父爱拳拳，可昭日月。林徽因和梁思成后来在建筑上取得那样辉煌的成就，与梁启超的鼎力支持，当是分不开的。与这样一个父亲能在人世相逢，并且共走一段人生路，真是莫大的造化。

重返欧洲，对林徽因来说，意义非凡。这里，曾留下她十六七岁的足迹。那时，她还做着父亲的掌上明珠，不知世事艰难，在父亲的庇护下，尽情地做着少女绮丽的梦。现而今，她已为人妻，曾经那些轻得不能再轻的爱与忧愁，早已随风飘走。她双脚踏在现实的土壤上，用智慧雕镂她建筑的梦想，和身边人天长地久。

伦敦、波茨坦、日内瓦、米兰、威尼斯、罗马、格拉纳达、巴黎，这些地方的建筑各具特色，近距离接触那些城堡、宫殿、教堂和铁塔，让林徽因和梁思成越发感慨，建筑艺术真是太博大精深了。他们争分夺秒地对准那些建筑拍照、绘图和记录，每一处细节都舍不得放弃。游欧结束，他们积下大量的照片和数据，两个人的影像倒没留下几张。喜欢拍照的林徽因，佯装生气地对梁思成说：思成，你也太可气了，怎么就没好好给我拍一张？

梁思成笑了，幽了妻子一默，你不用拍的，你装在我心里，每时每刻。

他们的蜜月之旅，实际上是一场学术游历，这对两个人今后工作的开始，裨益良多。

梁启超病重，这个时候，他特别思念在外的儿女，他一连几封信敦促思成和徽因回国，信中详细介绍了他为他们筹划工作的事：

> 你们回来的职业，正在向各方面筹划（虽然未知你们自己打何主意）。一是东北大学教授，一是清华学校教授，成否皆未可知……另外还有一件"非职业的职业"——上海有一位大藏画家庞莱臣，其家有唐（六朝）画十余轴，宋元画近千轴，明清名作不计其数。这位老先生六十多岁了，我想托人介绍你拜他门，当他几个月的义务书记，若办得到，倒是你学问前途一个大机会……你们既已成学，组织新家庭，立刻找职业，求自立，自是正办。但以现在时局之混乱，职业能否一定找着，也很是问题。我的意思，一面尽人事去找，找得着当然最好，找不着也不妨，暂时随缘安分，徐待机会。若专为生计独立之一目的，勉强去就那不合适或不乐意的职业，以致或贬损人格，或引起精神上苦痛，倒不值得。一般毕业青年中大多数立刻要靠自己劳作去养老亲，或抚育弟妹，不管什么职业得就便就，那是无法的事。你们算是天幸，不在这种境遇之下，纵令一时得不到职业，便在家里跟着我再当一两年学生（在别人或正是求之不得的），也没什么要紧。所差者，以徽音现在的境遇，该迎养她的娘才是正办，若你们未得职业上独立，这一点很感困难。但现在觅业之

难，恐非你们意想所及料，所以我一面随时替你们打算，一面愿意你们先有这种觉悟，纵令回国一时未能得相当职业，也不必失望沮丧……

从梁任公的这封信中，我们不难想象，当时的中国，混乱已到达什么地步。像梁启超这么有名望的人，都一再说觅业之难，那么，平民百姓家的子弟，又拿什么来安身立命？也只能不惜"贬损人格"，"不管什么职业得就便就"了。

林徽因和梁思成对国内状况，不能不担忧。特别是林徽因，她是急于要得到一份工作，好养娘亲和资助年幼的弟妹。梁启超的信，让她再无游历的情趣，她恨不得脚生双翼，立即飞回国内。

这时，他们又接到梁启超一封急信，告诉他们，他们的工作已落实，将到东北大学任教。梁启超在信中说：

那边的建筑事在将来有大发展的机会，比温柔乡的清华园强多了。但现在总比不上在北京舒服，我想有志气的孩子，总应该往吃苦路上走。

看完信，他们欣喜若狂。吃苦怕什么？只要有土壤，能让他们梦想的种子着地、生根、发芽、成长，那都是指日待见的事。

火车轰隆隆，一路向东，车窗外，掠过大片的森林和原野，林徽因和梁思成从欧洲起程回国，途经西伯利亚。车窗外的美景，与车内的状况大相径庭，车内充塞着雨水、混浊和不堪，但他们始终昂扬着一股朝气和激情，新的生活就在不远处招手，他们仰望到的，是一穹匀净的澄蓝，书写着他们的惊讶与欢欣。

一对美国夫妇查理斯和蒙德里卡，和他们同车，朝夕相处，他们给这对夫妇留下了难以磨灭的印象：

　　……在这些粗鲁的、发臭的旅客群中，这一对迷人的年轻夫妇显得特别醒目，就像粪堆上飞着一对花蝴蝶一样。除了那自然的沉默寡言以外，在我们看来他们好像反映着一种不可抗拒的光辉和热情……

　　……他们回到了一个忽然间变得不熟悉而混乱的中国；然而他们还是决心要找到自己的位置并把他们新的技能和创造力贡献给杂乱无章的环境。他们有充满田园诗般的憧憬的时刻，其余的则让位于怀疑。

　　……菲丽思（林徽因的英文名）是感情充沛、坚强有力、惹人注目、爱开玩笑的。她疯狂地喜欢梅兰芳，因为梅兰芳在她在场时从来不敢坐下；她为能把传统戏剧带进二十世纪的节奏的前景而欢喜。思成则是斯文、富于幽默感和愉快的，对于古代公共建筑、桥梁、城墙、商店和民居的任其损坏或被破坏深恶痛绝。他们两人在一起形成完美的组合……一种气质和技巧的平衡，即使在其早期阶段的产出也要比它的组成部分的总和大得多——一种罕有的产生奇迹的配合。

正如查理斯夫妇所说，林徽因和梁思成回到了一个忽然间变得不熟悉而混乱的中国。虽然那些青砖白墙的四合院还在。悦耳的北京话，就响在耳边。皇家宫殿依旧巍峨，那金色和蓝色的屋顶，在夏日阳光的照耀下，闪烁着夺人的光芒。从景山到天坛，从玉泉塔到元代土城，再到香山，从北海到孔庙，他们一一重新拜谒，解了阔别四年的相思。哪一处都是旧日模样，唤起他们很多回忆，可又分明不是了。整个国家四分五裂，官僚腐败盛行，让他们感到震惊和失望。

这个时候，要施展他们的满腹才华，给混乱中的国家实质性的影响，已近乎不可能。好在有亲情的支持。梁家大宅子里，因这对新人的归来，变得喜气洋洋。梁启超看着儿子和另一个"女儿"，齐整恩爱地立在跟前，他的病似乎好了大半。他饶有兴趣地翻看他们拍摄的照片，听他们讲欧洲各国的名胜和建筑，他的眼里心里，都是欢喜，孩子终于长大成人，做父亲的，除了欣慰，就是祝福了。

他给女儿思顺的信中，记述了这时的欢乐祥和：

> 新人到家以来，全家真是喜气洋溢。初到那天看见思成那种风尘憔悴之色，面庞黑瘦，头筋涨起，我很有几分不高兴。这几天将养转来，很是雄姿英发的样子，令我越看越爱。看来他们夫妇体子都不算弱，几年来的忧虑，现在算放心了。新娘子非常大方，又非常亲热，不解作从前旧家庭虚伪的神容，又没有新时髦的讨厌习气，和我们家的孩子像同一个模型铸出来。

梁启超对儿媳如此欣赏，足见林徽因的优秀。她身上既传统，又现代，两者择优而存，极好地相交相融，让她整个的人，就像一颗奇珍异宝，即使放在幽暗处，也能闪闪发光。

世道混乱，风霜雪雨，然亲情却照耀出一穹澄蓝。她和梁思成在亲人的温暖下，将去东北大学报到，心中的信念不倒，坚持！坚持！

风不定，人初静

东北大学的前身是国立沈阳高等师范学校和公立沈阳文科专科学校。一九二二年，省长王永江拨地拨款，筹建东北大学。一九二三年春，东北大学成立。秋，二十三岁的张学良出任该校校长。少帅年轻有为，风流倜傥。他走马上任后，对东北大学进行了大刀阔斧的改革，把原有的文、法、理、工四个学科，相应地改为文学院、法学院、理学院、工学院，工学院增设了建筑系这一新鲜的学科，当时在全国仅此一家。他又开出高薪，广纳人才，林徽因和梁思成成了这批人才中的杰出者。

首届建筑系招收了四十多名学生，一个班，教员只有两名：林徽因和梁思成。二十七岁的梁思成一身兼任数职，既是系主任，又是任课老师，他着力培养学生对建筑文化的热爱，讲授《建筑系概论》和《建筑设计原理》等基础性课程，成了这门学科的"领头羊"。他为建筑系写下了发人深省的办学宗旨：

> 溯自欧化东渐，国人竞尚洋风。凡日用所需，莫不以西洋为标准。自军舰枪炮，以致衣饰食品，弥不步人后尘。而我国营造之术亦惨于此时，堕入无知识工匠手中。西式建筑因实用上之方便，极为国人所欢悦，然工匠之流，不知美丑，任意垒砌，将国人美之标准完全混乱。于是近数十年间，我国遂产生一种所谓"外国式"，不惟在中国为外国式，恐在无论何国，也为外国式也。本系有鉴于此，故其基本目标，在挽救此不幸之现象，予求学青

年，以一种根本教育！

林徽因在开学前，回了一趟福州老家，拜会了族中长辈，接回她的娘。在福州，她受到父亲生前倾尽热情和资金创办的私立福建法政专科学校同仁们的热烈欢迎，并举办了宴会宴请她。她走过父亲曾走过的路，感慨万千。

在福州期间，乌石山第一中学和仓前山英华中学慕名请她去做讲座，她分别撰写了《建筑与文学》《园林建筑艺术》的演讲稿。她圆润的清音，和渊博的知识，让师生们迷醉。她犹如一缕清甜的风，吹过福州那片土地，短暂的逗留，却让这块土地因她而倍添光辉。

探亲结束，她赶到东北大学，与梁思成会合，担任了英文老师和美学、建筑设计课的老师。她二十四年的风雨人生路，行至此处，似乎安定下来，小家，两个恩爱的人，有还算称心如意的工作。外面地动山摇，他们的内心，却守着一片净土。

建筑学这门新兴学科，对于民国时期的国人来说，还是个盲区。教授这门课，没有现成的资料和教科书可以参考和遵循，林徽因和梁思成就着手自己编纂教材，他们没日没夜伏案工作，将美学、历史、绘画史等学科，融于比较抽象深奥的建筑学中，使之变得形象、具体、通俗易懂。

两位年轻先生的课，大受学生们欢迎。梁思成注重形象思维，他总是一边讲建筑构造，一边在黑板上画图，等他讲完，黑板上出现的，肯定是一幅完整的漂亮的建筑物剖面图，连上面小小的装饰，都画上了，惟妙惟肖。课毕，学生们往往总不忍擦去这样的板书，恨不得拓印下来，收藏了。

林徽因的课，更是让学生们痴狂。建筑系多男生，美丽的女教师，本身就如一块磁石，把学生们牢牢吸引住。何况这个女教师还极讲究衣饰搭配，什么衣服穿她身上，都有种别样的韵味，既时尚又得体。这个女教师还说一口流利的英语，知识渊博，字正腔圆。每每她上课，学生们都如在艺术殿堂徜徉，完全沉浸在美的享受中。她清音飞翠，悦耳动听，旁征博引，古今中外，建筑、历史、绘画、音乐、文学，无不信手拈来。学生们佩服得五体投地，总觉得上她的课，时间过得飞快，怎么一眨眼，就下课了？

万事开头难，然这个"难"，被这对年轻人攻克了。建筑系的工作，渐渐走上正轨。第二年的夏天，一同留美的宾夕法尼亚大学同学陈植、童寯和蔡方荫等人，也来到东北大学，和林徽因、梁思成并肩作战。老同学聚在一起，无论生活，还是工作，都相帮相衬，建筑系逐渐热闹起来，生气蓬勃，红红火火。

年轻，多好！精力充沛，思想活跃，激情澎湃，理想是生了双翼的。

这一群有才华的年轻人聚集在东大，除了教课外，还鼓捣出一家"营造事务所"，承接建筑设计的活。他们信心满满，要把多年所学，付诸于实践，学以致用。

他们的事务所开张没多久，就纷纷接到一些单子。其中有两单比较大，一是给吉林大学进行总体规划，设计教学楼和校舍。一是给北方交通大学锦州分校设计校舍。此外，林徽因和梁思成还合作设计了沈阳郊区的"肖何园"等建筑。

这一年，张学良出奖金向全社会征集东大的校徽图案。林徽因参加了设计，她铺开画纸，耳畔响起诗人刘半农写的东大校歌中的歌词"白山兮高高，黑水兮滔滔"，霎时，灵感的火花，飞泻出来，她在纸上迅速走笔，设计出"白山黑水"的校徽图案，一举夺奖。

沈阳多古建筑，尤其是清代皇室陵寝。林徽因和梁思成教学之余，忙着四处考察。细心测量和手绘每一处遗物，这是他们对中国古建筑实地考察的开端。

东北形势却十分动荡，无有太平。一九二八年六月四日晨，东北爆发了闻名的"皇姑屯事件"，军阀张作霖被日本人炸死。这年十二月，张作霖的长子张学良发表通电，宣布东三省及热河省服从南京国民政府，东北易帜。

日本人没有得到既得利益，极不甘心，对东北一直虎视眈眈。各路土匪也蜗居此处，昼伏夜出。林徽因每晚都要批改学生的绘图作业至深夜，有时，会近距离地与这些土匪"相遇"，他们多半是从北部牧区下来，马队风驰电掣地驶过街道。那时，她同梁思成速速灭了灯，两个人在黑暗中紧紧挨着，大气也不敢出。却有种新奇的刺激的感觉，像在舞台上演戏剧似的。窗外，如水的月光泼下来，胡子们骑着骏马，披着红色的斗篷，从窗外一闪而过，马蹄把月光溅得四处飞散，在我们年轻的女教授眼里看过去，竟十分的罗曼蒂克。

逝去与新生

春天种子萌芽，秋天草枯叶黄，季节的变换，从来没有丝毫含糊。这是季节的聪明，没有衰落，哪里有嫩绿的喜悦？参照我们人世，在生与死的路上，也总是你来我往。逝去，原是为了新生。

一九二八年十二月，大雪在屋外整整下了两天，梁思成和林徽因接到梁启超病重的电报。那些天，他们的心，其实一直悬着，担心着父亲的病体，会出什么意外。因为之前，他们曾收到一封父亲的来信，一向开朗乐观的父亲，这回竟在信中现出颓败之气，俊逸的小楷，也潦草许多：

——这回上协和医院一个大当。他只管医治，不顾及身体的全部，每天灌两杯泻油，足足灌了十天，把胃口弄倒了。也是我自己不好，因胃口不开，想吃些异味炒饭、腊味饭，乱吃了几顿，弄得肠胃一塌糊涂，以至发烧连日不止。人是瘦到不像样子，精神也很委顿……

读信后，他们的心情十分沉重，恨不得立即赶到父亲身边，去尽为人子女的孝道。但就要放寒假了，教学上走不开，他们也尽量往好的方面想，像山一样屹立着的父亲，哪里会说倒就倒下呢？

这样一个坚如磐石的父亲，在病魔面前，也只能束手就擒。

终于挨到放假，梁思成和林徽因日夜兼程，赶往北平去。车窗外，莽莽苍苍的雪原，无法承载他们巨大的痛。夜的黑里，书写的是谁的眼泪？林徽因在痛失一个父亲后，幸好有这个父亲来疼她，给了她莫大的慰藉和温暖。现在，这个爱她的人，也要离她远去，她真的有天塌地崩的感觉。

他们赶到医院，梁启超躺在床上，瘦弱得像一页纸片儿。当时，梁家的孩子思顺、思永、思庄、思忠都远在国外，其他的弟妹都还小，打打闹闹的，并不知将要面临的诀别的痛。林徽因一阵心酸。其时她已有身孕，身体极度不适，她还是坚持守在"父亲"床边，她要陪他走最后一程。梁启超已虚弱得不能言语，但他看到他无比钟爱的两个孩子，神情是愉悦的，脸上渐渐浮上笑。

不知是不是看到思成和徽因回来了，梁启超的身体状况曾出现好转，竟能开口说话了。这让思成和徽因看到希望，他们邀约了金岳霖、徐志摩等朋友，一起去饭庄庆祝。谁知这样的好转，像回光返照，只闪烁一瞬间，从此，成寂寂。一九二九年一月十七日，梁启超病情恶化，舌头僵硬，神志昏迷。一月十九日下午二时十五分，他与世长辞，终年五十七岁。临别，没留下只言片语，有的，只是对孩子们无限的依恋。

梁启超的辞世，使中国思想文化界失去了一盏指路明灯，他的以天下为己任的思想，成为学术文化界一面不倒的旗帜。他的子女，受他的影响至深，后来成为不同学科领域的拔尖人物。林徽因与他虽是短短几年缘分，却尽享他的福泽。若不是他的资助，她在父亡之后，又怎么能安然完成学业？又怎么能重访欧洲？到东大的工作，也是他权衡再三，卖着一张老脸，帮她和思成找的。

如果生命中真有贵人一说，那么，梁启超无疑是林徽因生命里的贵人。

梁家向亲友发出了简短的讣告：

家主梁总长任公于一月十九日未时病终协和医院，即日移入广惠寺，二十一日接三。

一时，来吊唁的人络绎不绝，三千余副祭联、挽幅布满了广惠寺的佛堂。徽因作为林家长媳，身穿麻衣，足穿草履，和梁家子女一起，跪伏在地，向每一位来宾叩首答谢。

接三之后，梁启超的灵柩送往西山卧佛寺西东沟村，与夫人李蕙仙合葬。思成和徽因为父亲设计了墓碑。墓碑是大理石的，高二十八米，宽十七米，碑形似桦，庄重古朴。正面镌刻着：

先考任公府君暨李太夫人墓

背面刻着九个子女的名字。

他们从宾大毕业后，设计的第一件作品，竟是献给父亲的。梁任公应含笑九泉了。

梁启超的逝去，让梁思成和林徽因情绪低落了好一阵子。新的生命，在这悲风泣露中，却在一天一天成长，她在母亲的肚子里，一日一日活泼起来，伸拳踢腿的，无时无刻不在宣告她的存在。

林徽因经受着怀孕的艰辛，却又是欢喜的，她像所有初为人母的女人一样，对腹中孩子怀着无限憧憬，她漂亮吗？她聪明吗？哦，三岁我就教她背古诗，六岁就让她去打酱油。

一九二九年八月的沈阳，绿已走到深深处，满窗的绿意荡漾，林徽因生下女儿梁再冰，之所以取名"再冰"，是为纪念孩子的祖父饮冰室老人。

这个漂亮小人的到来，把他们心中最柔软的弦拨动了，他们亲昵地叫她：宝宝。

然年轻的夫妇到底要上这一课——如何照顾襁褓中的婴儿。她稚嫩得仿佛水泡泡，轻轻一吹仿佛就破了。你得用上十二分的小心，揣测着她是不是饿了、困了、病了。还有她白天黑地颠倒着过，半夜三更不睡，偏偏哇哇哭，也不管你白天多么劳累。多了这个小人，家里井然有序的一切被彻底打乱，怎一个兵荒马乱了得。

林徽因初为人母的喜悦，被宝宝的啼哭打碎。她更多的是手足

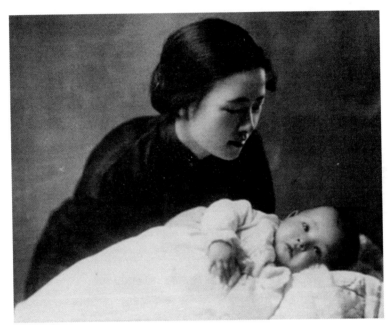

一九二九年秋冬之交林徽因与女儿梁再冰

无措，不知怎么应对这么一个小人儿。奶水不足，孩子日夜啼哭。孩子又容易受到惊吓，外界一点儿动静，也能让她躁动不安。月子里调理不好，小母亲落下病根，诱发她的肺病复发。

这些，还不足以让林徽因忧愁。流光似梦，大量的时间，被带孩子的琐碎消耗，她惶恐不安。她发脾气，觉得把自己弄丢了。这是大多数女人要走的路，有的女人适应了，有的女人沉沦了。而林徽因，她是决不向生活低头的，她要挣脱出来，单单做家庭主妇，那简直要了她的命，她要向着更高更远处去。

她后来的一首诗《八月的忧愁》，写出了她八月里的迷茫和苦闷：

黄水塘里游着白鸭，
高粱梗油青的刚高过头，
这跳动的心怎样安插，
田里一窄条路，八月里这忧愁？

天是昨夜雨洗过的，山冈
照着太阳又留一片影；
羊跟着放羊的转进村庄，
一大棵树荫下罩着井，又像是心！

从没有人说过八月什么话，
夏天过去了，也不到秋天。
但我望着田垄，土墙上的瓜，
仍不明白生活同梦怎样的连牵。

病人气多，这是我打小就知道的"道理"。

小时，邻家女人总是病歪歪的，灶上的药罐里，总是噗噗噗的，熬着一罐的药。她的矮小的男人，小心伺候着她，却还是常要挨她的骂。男人耷拉着耳朵听着，也不恼。有时，她发脾气了，会把一碗好好的药汤，摔在地上。男人总是等她发过脾气了，再去收拾，又重新煎一碗药汤来，哄孩子似的，哄她喝下去。

我的祖母站在屋角瞟一眼，嘴里念叨，病人气多。女人所有的错，竟都可以原谅的。

那时，我羡慕生病的女人，可以有特权。现在明白，病痛会瓦解一个人的坚强，会让人变得无所适从无比脆弱。

林徽因被肺病折磨着，加上宝宝在一边折腾，她躺倒了。沈阳的气候不好，一入秋，就变得寒冷起来。屋子里生着炉子，那冷，还是无孔不入。一个生龙活虎的人，却被束缚在床上，整天对着窗外一角灰灰的天，任谁也难以忍受。何况林徽因本来就是个急性子，她的所有压抑，只能冲着亲爱的人吐露。于是思成成了她情绪发泄的回收站。

梁思成理解妻子，他总是用笑脸迎上，不管徽因冲他如何发脾气。这个老好人还学会了生煤炉子，学会了煨汤、做简易的饭菜，学会了给宝宝穿衣换尿布。他用他的爱，一寸一寸，把徽因焐暖。

爱的最高境界，不是你侬我侬，而是在琐碎的日子里，无怨无悔地守着你，一日三餐，给你最平凡的眷顾。

一九三〇年秋天，徐志摩到沈阳来看林徽因。

病中的林徽因，精神气儿极差，让徐志摩吃惊。

他建议梁思成，最好把徽因送回北平。北平的医疗条件，比沈阳要好多了。

之前，有医生也认为，东北的气候，不宜于徽因肺病的疗养。但林徽因不愿和梁思成分开，也惦念着她的教学，所以一直没离开。

在徐志摩的协助下，梁思成把徽因母女，还有徽因的娘，都送回北平。熟悉安定的环境，诸多的朋友，还有适宜的气候，让林徽因心情开朗，病似乎好了大半。她怀抱宝宝，和朋友们高谈阔论，庭前的花，自开自落，天上的云，自卷自舒，所有的烦恼都暂且抛却了，她仿若新生。

第六章

倾我一生一世念

无限风光"建筑意"

东北的形势，越来越紧张，日本人早就按捺不住，对窥觑已久的东北三省要采取行动，箭在弦上。偌大的东北，竟再难安放知识分子的一张书桌。果然，其后不久，就爆发了震惊中外的"九·一八事件"，东北大学被日本人关闭。

张学良对东大的管理，贯彻的是他的军阀作风，让师生如履薄冰，梁思成对此很介怀。徽因母女又远在北平，他的思念被拉得长长的。更重要的是，由朱启钤发起并任社长的"中国营造学社"，再三对他和徽因发出邀请，邀请他们加盟。这个专门研究中国古代建筑的民间学术机构，很对他们的专业和胃口。而朱启钤老先生，就是发现了宋代建筑师李诚的《营造法式》的第一人，并把这部著作重新印刷发行，使他和徽因才得以与它相遇。

梁思成感念这个，他思虑再三，决定辞职。

一九三一年四月，梁思成辞去东大教授之职，回到北平，和徽因母女团聚。他们在北总布胡同三号安了家。这是一座有方砖铺地的四合院，里面有美丽的垂花门，院子里植有丁香、海棠和马缨花，靠院墙的缸里养有白莲。中式的平房中，摆放着老式家具。会客室的窗前，搁一盆林徽因喜欢的梅树。

梁思成加入到中国营造学社，担任了法式部主任，林徽因被聘为学社的校理，全身心地投入到对宋代《营造法式》等重要古代建筑文献的考证和研究之中，并形成了要写一部中国建筑史的设想，开始了他们的学术生涯。

这对漂泊的夫妻，终于在北平安顿下来，真真切切拥有了一个家。他们将在这里生活六七年，度过他们人生中最辉煌最绚烂的一段时光。

被迫关闭的东北大学建筑系，由童寯主持，南迁到上海。在东大第一届本科建筑系学生毕业前夕，梁思成收到童寯和他的学生们从上海写来的信。他即刻复了一封长信，向他的学生们表示热烈祝贺：

> 诸君！我在北平接到童先生和你们的信，知道你们就要毕业了。童先生叫我到上海来参与你们毕业典礼，不用说，我是十分愿意来的，但是实际上怕办不到。所以写几句话，强当我自己到了。聊以表示我对童先生和你们盛意的感谢，并为你们道喜！
>
> ……
>
> 我还记得你们头一张 Wash Plate（古典水墨渲染图），头一题图案，那是我们"筚路蓝缕，以启山林"的时代，多么有趣，多么辛苦。那时我的心情，正如看见一个小弟弟刚学会走路，在旁边扶持他、保护他、引导他、鼓励他，唯恐不周密。
>
> 后来林先生来了，我们一同看护小弟弟，过了他们的

襁褓时期，那是我们的第一年。以后陈先生、童先生和蔡先生相继都来了，小弟弟一天一天长大了，我们的建筑系才算发育到青年时期，你们已由二年级而三年级。而在这几年内，建筑系已无形中形成了我们独有的一种Tradition（传统），在东北大学成为最健全、最用功、最和谐的一系。

……

现在你们毕业了。毕业二字的意义，很是深长。美国大学不叫毕业，而叫"始业"（Commencement）。这句话你们也许已听了多遍，不必我再来解释，但是事实还是你们"始业"了，所以不得不郑重地提出一下。

你们的业是什么？你们的业就是建筑师的业。建筑师的业是什么？直接地说是建筑物之创造，为社会解决衣食住三者中住的问题；间接地说，是文化的记录者，是历史之反照镜。所以你们的问题是十分的繁难，你们的责任是十分的重大。

……

非得社会对于建筑和建筑师有了认识，建筑才会得到最高的发达。所以你们负有宣传的使命，对于社会有指导的义务，为你们的事业，先要为自己开路，为社会破除误解，然后才能有真正的建设，然后才能发挥你们创造的能力。你们创造力产生的结果是什么？当然是"建筑"。不只是建筑，我们换一句话说，可以说是"文化的记录"——是历史……

几百年后，你我或如转了几次轮回，你我的作品，也许还供后人对民国廿一年中国情形研究的资料，如同我们现在研究希腊、罗马，汉、魏、隋、唐遗物一样……

　　……现在你们毕业了，你们是东北大学第一班建筑学生，是"国产"建筑师的始祖，如一只新舰行下水典礼。你们的责任是何等重要，你们的前程是何等的远大！林先生与我两人，在此一同为你们道喜，遥祝你们努力，为中国建筑开一个新纪元！

字字肺腑，如兄如长，对学生的殷殷之情意，日月可鉴。

这年夏，林徽因去医院检查，结果不容乐观，年纪轻轻，居然患上肺结核。

那年月，患上这病，无疑被判了死刑。医生建议，病人最好在风景清幽处疗养，控制病情，或许可以多活几年。

林徽因并不相信医生的话，她的事业家庭都才刚刚起步呢，好人生才开了个头，哪里就会去向上帝报到？但她还是听从医生建议，在思成的安排下，带着小再冰和娘，住进了香山上的双清别墅里养病。

山中一日，世上千年。山中的宁静幽远，使人有出尘之感。时光似一粒方糖，泊在这里，不走不动，只管一味甜蜜着，山中人便如活在了世外桃源里。

林徽因在山中住了半月，气色好多了，身体也长胖不少。她开始捉笔写诗写散文写小说写戏剧。她的作品，迅速占据了读者的心，一鸣惊人。她很快受到北方文坛的注意，并成为一些文学活动中的活跃分子。徐志摩当面背后都称她为"女诗人"。胡适夸她：一代才女。

闲情便生逸致，林徽因也玩了一把小资。据说，她每每写作，必在夜里。星月朗朗，筛着树的影子，投射于她的窗前。她穿一袭

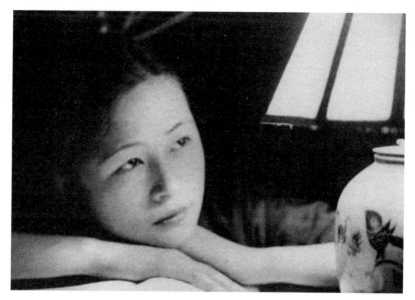

三〇年代的林徽因

白丝绸睡袍，燃起一炷香，摆一瓶插花，面对庭中一池荷叶，在清风徐徐中吟哦作诗。她的朗诵，像一首首隐去了曲谱的动听的歌，余音绕梁。梁思成在一边，充满迷醉地听。宝宝偶尔晚睡，也睁着一对黑葡萄似的眼，听得入神。林徽因跟梁思成开玩笑，说：我要是个男的，看一眼就会晕倒。梁思成逗她，我便没晕。

这段小夫妻的闺房话，有旁人炮制的嫌疑。但我宁肯相信这是真的。有才的女人，未必都是一副学究样，她也可以妖娆，也可以俏皮，也可以自恋，如林徽因。这样的林徽因是可亲的，很小女人。

北平四郊，多古建筑遗物，明清的居多。辽金元的遗址，运气好的话，也偶尔能碰到。

一九三二年夏，在梁思成的推动下，营造学社开始了野外考察。他们把第一个目标锁定在平郊的古建筑上，林徽因去过多次的卧佛寺，成了第一站。

以前来卧佛寺，林徽因和其他游客一样，只走马观花地看看佛像、看看庙宇。这次来，她和思成的注视点，完全落在这里的建造格局上。外行看热闹，内行看门道，这话一点不假。他们用内行的眼光看过去，熟悉的寺庙，焕发出不一样的神采。他们发现，这里竟是北平唯一一处唐代布局的寺院，跟敦煌画壁里的伽蓝布置相似，从前面的牌楼，一直到后殿，都建立在一条中轴线上，这个还不算奇特。罕异的是，由山门之左右，有游廊向东西，再折而向北，一气连接，直到最后面又折而东西，回到后殿左右。这一周的廊，东西十九间，南北四十间，成一个大长方形。林徽因惊叹于这些建筑的美学特点，她发明了一个新名词——建筑意，来描绘她看到这些古建筑的感受。她在考察报告《平郊建筑杂录》中，解释了

她的"建筑意":

> 这些美的存在，在建筑审美者的眼里，都能引起特异的感觉，在"诗意""画意"之外，还使人感到一种"建筑意"的愉快……

> 顽石会不会点头，我们不敢有所争辩，那问题怕要牵涉到物理学家，但经过大匠之手艺、年代之磋磨，有一些石头的确会蕴含生气的。天然的材料经人的聪明建造，再受时间的洗礼，成美术与历史地理之和，使它不能不引起赏鉴者一种特殊的性灵的融会、神志的感触，这话或者可以算是说得通。

> 无论哪一个巍峨的古城楼，或一角倾颓的殿基的灵魂里，无形中都在诉说，乃至于歌唱，时间上漫不可信的变迁；由温雅的儿女佳话，到流血成渠的杀戮。他们所给的"意"的确是"诗"与"画"的。但是建筑师要郑重郑重地声明，那里面还有超出这"诗"以外的"意"的存在。

考察了卧佛寺后，林徽因和梁思成又马不停蹄去了香山南边的法海寺。

法海寺极其袖珍，寺院建在山坡上，寺门却在一里外的山坡下。杂树与碎石遮蔽，又它的颜色，与背景极其相似，少有人会注意到，山坡上还有一座寺庙。

这座寺院建于明正统四年，也曾辉煌一时。然历经朝代变更、风雨侵蚀，它渐渐被历史的烟尘淹没。林徽因此番前来，意外发现寺院拱门的建筑特色。她在心里简直要惊呼了，仔细观察描摹，记下它每一份数据。她在《平郊建筑杂录》中，详细记录了她的这一发现：

　　特别留意到这寺门的人，却必定有。因为这寺门的形式是与寻常的极不相同：有圆拱门洞的城楼模样，上边却顶着一座喇嘛式的塔——一个缩小的北海白塔。这奇特的形式，不是中国建筑里所常见。

　　这圆拱门洞是石砌的。东面门额上题着"敕赐法海禅寺"，旁边陪着一行"顺治十七年夏月吉日"的小字。西面额上题着三种文字，其中看得懂的中文是"唵巴得摩乌室尼渴华麻列吽敛吒"，其他两种或是满蒙各占其一。走路到这门下，疲乏之余，读完这一行题字也就觉得轻松许多！

　　门洞里还有隐约的画壁，顶上一部分居然还勉强剩出一点颜色来。由门洞西望，不远便是一座石桥，微拱地架过一道山沟，接着一条山道直通到山坡上寺的本身。

　　门上那座塔的平面略似十字形而较复杂。立面分多层，中间束腰石色较白，刻着生猛的浮雕狮子。在束腰上枋以上，各层重叠像阶级，每级每面有三尊佛像。每尊佛像带着背光，成一浮雕薄片，周围有极精致的琉璃边框。像脸不带色釉，眉目口鼻均伶俐秀美，全脸大不及寸余。座上便是塔的圆肚，塔肚四面四个浅龛，中间坐着浮雕造像，刻工甚俊。龛边亦有细刻。更上是相轮（或称刹），刹座刻做莲瓣，外廓微做盆形，底下还有小方十字座。最顶尖上有仰月的教徽。仰月微去夏还完好，今秋已掉下。据乡人说是八月间大风雨吹掉的，这塔的破坏于是又进了一步。

能把一篇学术性的文章，写得如此神采飞扬，古今中外，怕只有林徽因了。多年后，她的儿子梁从诫如此评价她：

> 作为一个古建筑学家，母亲有她独特的作风。她把科学家的缜密、史学家的哲思、文艺家的激情融于一身……她并不是那种只会发思古之幽情，感叹于"多少楼台烟雨中"的古董爱好者；但又不是一个仅仅埋头于记录尺寸和方位的建筑技师。在她眼里，古建筑不仅是技术与美的结合，而且是历史和人情的凝聚。

林徽因不像梁思成那样能够"坐得住"，她在绘图和系统整理资料方面，基本功不如梁思成，她是好动的、活泼的，也正因为这样，她总是与灵感不期而遇。在融会材料方面，她常会从别人不注意的地方，独见精彩。梁思成的论文和调查报告，大多经林徽因润色加工，她往往有"神来之笔"，使他的论文和调查报告，变得文采斐然。她是他的妻子、朋友、同事、学术上的密切合作者，他们的结合，珠联璧合。

杏子口，是香山到八大处之间的一个山口，微偻的山坡上，有两座小石佛龛，远观去，像两座小小的石亭，它引起了林徽因极大的兴趣。

择日，她和梁思成来到杏子口。其时，她正腆着大肚子，又一个新的生命在孕育。梁思成担心怀孕的她不能走山路，她却满不在乎地在前面疾走。

在深入三四十尺的山沟中，只有一道蜿蜒险狭的出路。两旁对

林徽因考察山西古建筑时留影

峙着两堆山，出口处，是一片开朗平原田壤。远处的玉泉山，孤岛一般地浮现在轻雾缥缈的天幕下。林徽因一边小心攀爬，一边笑对梁思成说：这可是一夫当关，万夫莫敌呢。

两座石佛龛稳居在北坡的顶上，对面南坡上竟也呼应着一座北向的、相似的石龛，朝着这山口。由杏子口底下往上看，这三座石龛分峙两崖，虽然很小，却顶着一种超然的庄严，在蓝莹莹的天空下，给辛苦攀爬的他们，一种神异的快感和美感。

他们站在山顶上，站在佛龛前，振臂欢呼。山野寂寂。山下，走过一个挑着担的山民，俯看过去，他竟似小泥人一般。又走过一个耳边插朵鬓花的老婆子，夹着黄色包袱，弯着背，慢慢踱。林徽因突然明白这三座石龛本来的使命，她想，如果这石龛能够说话，它们或不能告诉得完它们所看过经过杏子口底下的图画——那时，一串骆驼正在一个跟着一个的，穿出杏子口转下一个斜坡。

无限的建筑意，在她的心头激荡。她这样描述她眼前的石龛：

北坡上这两座佛龛是并立在一个小台基上，它们的结构都是由几片青石片合成——每面墙是一整片，南面有门洞，屋顶每层檐一片。西边那座龛较大，平面约一米余见方，高约二米。重檐，上层檐四角微微翘起，值得注意。东面墙上有历代的刻字，跑着的马、人脸的正面等等。其中有几个年月人名，较古的有"承安五年四月二十三日到此"，和"至元九年六月十五日□□□贾智记"。承安是金章宗年号，五年是公元一二〇〇年。至元九年是元世祖的年号，元顺帝的至元到六年就改元了，所以是公元一二七二年。这小小的佛龛，至迟也是金代遗物，居然在杏子口受了七百多年以上的风雨，依然存在。当时巍然顶在杏子口北崖上的神气，现在被煞风景的马路贬到盘坐路旁的谦抑；但它们的老资格却并不因此减损，那种倚老卖老的倔强，差不多是傲慢冥顽了。西面墙上有古拙的画——佛像和马——那佛像的样子，骤看竟像美洲土人的 Totam-Pole（图腾柱）。

龛内有一尊无头趺坐的佛像，虽像身已裂，但是流利的衣褶纹，还有"南宋期"的遗风。

台基上东边的一座较小，只有单檐，墙上也没字画。龛内有小小无头像一躯，大概是清代补做的。这两座都有苍绿的颜色。

这三座小龛，虽不能说是真正的建筑遗物，也可以说是与建筑有关的小品。不止诗意画意都很充足，"建筑意"更是丰富，实在值得停车一览。至于走下山坡到原来的杏子口里往上真真瞻仰这三龛本来庄严峻立的形势，更是值得。

对平郊古建筑的考察，让林徽因在研究古建筑之路上，迅速成长。她渐渐入了行，看出其中的道道来，并且沉迷其中，乐此不疲。

一九三二年二月，梁思成的《清代营造则例》脱稿，这是他在一些老匠人的帮助下，结合对故宫建筑的测绘，在清代的建筑官书《工程做法》基础上，又深入研究整理了大量的民间营造做法抄本后，写出的一部专著，这是中国第一部以现代科学观点、方法和语言，总结中国古代建筑构造的著作，破解了古代工匠们的千年密码。

与此同时，林徽因也完成了论文《论中国建筑之几个特征》，她运用酣畅淋漓的笔法，对中国建筑艺术做出纲领性的总结。夫妻二人，良马两匹，并驾齐驱，驰骋在中国建筑那片古老而又神秘的天地里。

一九三三年四月，梁思成去了河北正定。这纯属一次偶然机会，某天，他看到在北平民众教育馆展出的介绍蓟县风光的照片，其中有一张蓟县独乐寺的照片，那独特的斗拱，让他的眼光再难移开，他决定去蓟县考察。

彼时，儿子从诫才八九个月大，离不了娘亲，林徽因分身无术，没能跟梁思成一同前往。

梁思成于这个月的十六日到达正定，原定在那儿待两周时间，但由于战乱，最后缩短为七天。他借住在隆兴寺，当晚便开始考察，直到"天已墨黑，殿里阴深（森），对面几不见人，只听到上面蝙蝠唧唧叫唤"，才不得不回转。以后的几天，考察都异常辛苦，生在其中的人，却不觉得。其后，梁思成整理出《正定古建筑调查纪略》一文，他写道：

今春四月正定之游，虽在兵荒马乱之中，时间匆匆，但收获却意外的圆满。

六月十一日，他又抵达宝坻县的广济寺，这座堪称"辽建之楷模"的古建筑，让梁思成欣喜若狂。他说，在发现蓟县独乐寺几个月后，又得见一个辽构，实是一个奢侈的幸福。他在宝坻一共考察了六天，掌握了大量的有关广济寺和宝坻历史沿革的文物、文献和口传资料，绘制了八幅结构图，拍摄了十三幅照片。回到北平后，他很快写成论文《宝坻县广济寺的三大士殿》，称赞宝坻广济寺的三大士殿"内部梁枋，结构精巧，似繁实简，极用木之能事，为后世所罕见"。

大凡有价值的古建筑，大多隐没在人迹罕至的荒郊野外，这给林徽因、梁思成这些考察者们带来了挑战，他们必得忍受常人所难忍受的艰辛和劳苦，餐风宿雨，长途跋涉。

一九三三年九月，林徽因再次走出她温馨的小屋，和梁思成、刘敦桢、莫宗江等人一起，奔波在去山西大同考察的路上。生活一直优裕着的林家大小姐、梁家少奶奶，吃得苦来让人刮目，她跟着思成他们，忍受着蚊虫叮咬、烈日炙烤，爬上爬下，在陈年的积尘中，在炎热的天气里，完成了对华严寺、善化寺和云冈石窟的测量、绘制和考察。

他们有了可喜的发现，如华严寺的大雄宝殿，是在已知道的古代木建筑中体形最为巨大的，薄伽教藏则是一〇三八年建成的佛经图书馆。又如善化寺的三圣殿，建成于一一二八到一一四三年。这些发现，对辽金建筑嬗变的研究，非常有价值。林徽因事后回顾起这一经历，她还不无兴奋地说：

> 回想在大同善化寺暮色里面向着塑像瞠目结舌的情形，使我愉快得不愿忘记那一刹那人生稀有的、由审美本能所触发的锐感。

云冈石窟的精妙，更是让林徽因惊叹，在绵亘峭立的岩壁上，凿造龛像，建立寺宇，工程之浩大，非常人能想象。佛龛内，一尊尊精美的佛像等石雕艺术品，让这几个远道而来的考察者流连忘返，他们对石窟本身的布置、构造及年代，与敦煌、印度的差别，以及石窟中的石刻上所表现的北魏建筑物及建筑部分，和壁上云冈飞仙的雕刻、石刻中所有的雕饰花纹的题材、式样等等，进行了细细的研究，做出了比较详尽的分类报告。他们还研究到窟前当时、历来及现在的附属木构部分。

他们的到来，在乡间引起轰动。且不说他们是从遥远的北平来的人，皇城根下的呢。单单他们的行为，也叫乡人们兴奋莫名，怎么对着那些破房子和菩萨塑像又描又画的？那有什么好玩的？竟然还有个漂亮的女人同行，漂亮得像天外来客。这个女人穿着旗袍，也能麻利地爬上爬下，看到草丛里的碑碣、砖堆中菩萨的一双手，她会惊异得大呼小叫——这真是顶有趣了。

于是，教书先生出来了，军队里兵卒拉着马过来了，几个女人手拉着手、娇羞地扭着身子站在一边，小孩子们更是争着挤着，看他们照相、拉皮尺量平面。有大胆的孩子，还会伸出小手，偷偷摸一摸林徽因的衣服。林徽因冲他们和气地笑，小孩子们急急缩回手，激动得小脸通红。

天是透明的蓝，白云流转。山山水水。小堡垒。村落。女人和孩子。挂着夕阳的一角庙。一座塔。在林徽因的眼里看过去，都是图画，美得使她心慌心痛。那些日子，在她，都是可以歌唱的古事。她和思成他们，看看这里金元重修的、那里明代重修的殿宇，讨论那式样做法的异处、塑像的神气，直到天完全黑下来，嘴里觉得渴了，肚子也唱起"空城计"，这才恍然记起，一天的日子，完完整整地结束了。晚上躺到床上，白天绮丽鲜明的印象，仍似挂眼前，引导着她做着种种适意的梦。

这次考察结束后，梁思成很快写出论文《云冈石窟中所表现的北魏建筑》，发表在一九三三年的第十二期的《中国营造学社汇刊》上，在文章的最后，他对云冈石窟做了研究性总结：

云冈石窟乃西域印度佛教艺术大规模侵入中国的实证。但观其结果，在建筑上并未动摇中国基本结构。在雕刻上只强烈地触动了中国雕刻艺术的新创造——其精神、气魄、格调，根本保持着中国固有的。而最后却在装饰花纹上，输给中国以大量的新题材、新变化、新刻法，散布流传直至今日，的确是个值得注意的现象。

林徽因说：我是没有出过门的，没有动身之前不容易动，走出来之后却就不知道如何流落才好。山西的乡野之中，处处埋藏着惊喜，她一挖一个，真不想离开。然北平的家中，诸多事务，等着她回去处理。她也想念她的一双娇儿。在完成了对云冈石窟的考察后，她不得不提前离开，返回北平。梁思成则去了应县，那里的佛宫寺有辽代木塔。

没有徽因的陪同，大家都觉得工作缺少了什么。尤其是梁思成，他习惯了有徽因在。一个会心的微笑，一个温柔的举动。静穆中，呼吸与呼吸缠绕，心与心融为一体。那一刻的感觉，就是让他们就做这样一对夫妻吧，天涯浪迹，你是风儿我是沙。

他频频给徽因写信：

你走后我们大感工作不灵，大家都用愉快的意思回忆和你各处同作的畅顺，悔惜你走得太早。我也因为想到我们和应县木塔特殊的关系，悔不把你硬留下同去瞻仰。家里放下许久实在不放心，事情是绝对没有办法，可恨。

又一封：

　　塔身之在，实在惊人。每面三开间，八面完全同样。
我的第一个感触，便是可惜你不在此同我享此眼福，不然
我真不知你要几体投地地倾倒！回想在大同善化寺暮色里
面向着佛像瞠目咋舌的情形，使我愉快得不愿忘记那一刹
那人生稀有的、由审美本能所触发的锐感。尤其是同几个
兴趣同样的人，在一个时候浸在那锐感里边。

再一封：

　　离家已将一月却似更久。想北平正是秋高气爽的时
候。非常想家！
　　……
　　这塔真是个独一无二的伟大作品。不见此塔，不知木
构的可能性到了什么程度。我佩服极了，佩服建筑这塔的
时代，和那时代里不知名的大建筑师、不知名的匠人。

　　野外测量，完全不是纸上来得这么轻松和诗意，因古建筑有些
年久失修，踩上去极易倒塌，一些高的建筑，需要他们飞檐走壁。
如应县的木塔，高达六十多米。要攀爬上去，有时要借助铁索，其
危险系数之高，犹如走钢丝。梁思成曾遭受过车祸，腿部留下后遗
症，一条腿短了一截，不仅腿有点跛，他的脊椎也渐渐弯曲，背部
软弱无力，须穿一件钢背心支撑脊椎。尽管如此不便，他还极乐观
地说：我的腿已有过厄运，所以可以不怕。
　　那日，他爬到塔上，正聚精会神地搞测量，突然间，狂风乱

一九三四年夏林徽因山西考察时留影

作，风雨雷电。他在信中，风趣地描绘给徽因听：

> 今天工作将完时，忽然来了一阵"不测的风云"。在天晴日美的下午五时前后狂风暴雨雷电交作。我们正在最上层梁架上，不由得不感到自身的危险。不单是在二百八十多尺高、将近千年的木架上，而且紧在塔顶铁质相轮之下，电母风伯不见得会讲特别交情。我们急着爬下，则见实测记录册子已被吹开，有一页已飞到栏杆上了。若再迟半秒钟，则十天的工作有全部损失的危险。我们追回那一页后，急步下楼——约五分钟——到了楼下，却已有一线骄阳，由蓝天云隙里射出，风雨雷电已全签了停战协定了。我抬头看塔仍然存在，庆祝它又避过了一次雷打的危险……

为着旁人难以理解的信念，他们就这么在岁月里同欢喜共悲切，彼此扶持，相互牵念，弹出一曲爱的绝唱。

一九三四年夏，林徽因和梁思成到了山西吕梁山区，足迹遍布文水、汾阳、孝义、介休、灵石、霍县、赵城等县，一路之上，吃得辛苦无数，山路跋涉，靠的全是双脚和坚强的毅力。恶劣的环境，跋涉的劳累，让林徽因的情绪变化很大，她诅咒糟糕的山路和天气，批评落后的混乱的社会，谴责为了几多小钱就把寺院壁画撕下来卖给洋人的僧人。然一旦发现了珍贵的古建筑，她的喜悦，又比谁都强烈。

她就是这么一个喜与怒皆形于色的人，不藏不掖，率真坦诚。她身边的人，也都渐渐习惯了她那诗人的气质，越发爱她敬她。

整个山西之行，她和思成参诣了古构不下三四十处，随处遇见元明遗物，让她震动且欢喜。她写道：

> 进门只见瓦砾土丘，满目荒凉，中间天王殿遗址，隆起如冢，气象堂皇……更进又一土丘，当为原来前殿——中间露天趺坐两铁佛，中挟一无像大莲座；斜阳一瞥，奇趣动人，行人倦旅，至此几顿生妙悟，进入新境……更有铁佛三尊，趺坐慈静如前，东首一尊且低头前伛，现悯恻垂注之情。此时远山晚晴，天空如宇，两址反不殿而殿，严肃都丽，不藉梁栋丹青，朝拜者亦更沉默虔诚，不由自主了……

她写道：

> 夜宿村东门岳庙正殿廊下；庙本甚小，仅余一院一殿，正殿结构奇特，屋顶繁复做法，是我们在山西所见的庙宇中最甚的。小殿向着东门，在田野中间镇座，好像乡间新娘，满头花钿，正要回门的神气。

她写道：

> 北门桥上的铁牛，算是霍州一景，其实牛很平常，桥上栏杆则在建筑师的眼中，不但可算一景，简直可称一出喜剧。
> 桥五孔，是北方所常见的石桥，本无足怪。少见的是桥栏杆的雕刻，尤以望柱为甚。栏板的花纹，各个不同，

或用莲花、如意、万字、钟、鼓等等纹样，刻工虽不精而布置尚可，可称粗枝大叶的石刻。至于望柱柱头上的雕饰，则动植物、博古、几何形无所不有，个个不同，没有重复，其中如猴子、人手、鼓、瓶……以及许多无名的怪形体，粗糙胪列，如同儿戏，无一不足，令人发笑。

文学造诣颇高的她，善于发现常人发现不了的美，把每一处的相遇，都与人的情感紧密相连，这反映到她的建筑理论中，则处处留下人文的、审美的、情趣的和价值判断的印记。

近一个月的山西之行，使林徽因得以走到窗外，她看到的，不单单是那些有价值的远古建筑，还有尘世里万千大众最普通的人生。她满怀激情写下了散文《窗子以外》，把同情给了社会最下层，明确提出知识分子与普通百姓之间，总是隔着一层"窗子"，她渴望越出那扇"窗子"，过一种真正的有生气的生活。然这，多半是徒然：

> 隔着一个窗子你还想明白多少事？昨天雇来吕姓倒水，今天又学洋鬼子东逛西逛，跑到下面养有鸡羊，上面挂有武魁匾额的人家，让他们用你不懂得的乡音招呼你吃菜、炕上坐，坐了半天出到门口，和那送客的女人周旋客气了一回，才恍然大悟，她就是替你倒脏水洗衣裳的吕姓王孙的妈，前晚上还送饼到你家来过！
>
> 这里你迷糊了，算了算了！你简直老老实实地坐在你窗子里得了，窗子以外的事，你看了多少也是枉然，大半你是不明白，也不会明白的。

一九三四年十月，林徽因和梁思成应浙江省建设厅厅长之邀，前往杭州考察，拟定重修六和塔。

一别多年，重回杭州，林徽因百感交集。她最嫩的记忆在这里，六月的荷，田田复田田。昔我往矣，杨柳依依。今我来思，雨雪霏霏。流光易逝，多少人成非物也成非。她踩着十月天光的影子，一一跟思成讲她的童年。六岁那年，她出水痘，被关在后院娘的屋子里。一个人寂寞呀，盼着窗前有人走过，盼着有人问她的话，徽徽，是出水珠了吗？她好骄傲地答，是的是的，出水珠呢。水珠在那时小小的她的心里，是多么美丽的一个词啊。

然而，总没有人来。

后来，她被一片阳光迷住。厅堂里，一张刚开过饭的八仙桌，午餐的余热还在，咸鱼、酱菜的味道，在空气中还未完全散去。这时，从厅堂口突然射进来一束阳光，泄泄融融地倒在桌下，上面滚动着金色的晶莹。四周悄寂，只有那阳光，无声地滚动着，在她的心上，烙下金色的印痕。

她有些惶恐了，四处寻找什么。院子里的粉墙疏影，与厅堂里桌下的那片金色，趣味绝然不同。她爬上窗子，无意识地翻开娘梳妆用的旧式镜箱，又上下摇动着上面一排小小的抽屉，和那刻成花篮一样的小铜坠子。窗外不时有雀跃过枝头，唧唧，唧唧，清脆宛转。这也转移不了她的心思，她仍被那片令人眩晕的阳光疑惑着。

梁思成完全沉浸在她的诉述里，许久才回过神来，哎呀一声笑了，说：徽因，你打小就是个诗人了。

他们考察了六和塔，这座建于北宋开宝三年的古建筑，全由木头组成，共九层，高五十余丈，堪称宋代木结构的经典之作。

营造学社的影响，日益扩大。他们主办的建筑学术期刊《中国营造学社汇刊》渐渐得到中外学术界的重视，欧美一些建筑专家，纷纷来到北平，和梁思成、林徽因畅谈建筑，一见如故。

一九三四年，营造学社收到一笔"巨款"——五千元，那是中央研究院提供的，要求营造学社测绘出北京故宫的全部建筑，并出一本这方面的专著，这项工程由梁思成负责。

一九三五年初，南京政府决定，由梁思成担任山东曲阜孔庙修缮和养护工程的首席顾问，梁思成到曲阜考察孔庙，很快拿出修葺计划。

这期间，林徽因的肺病再度复发。医生警告她，必须好好卧床休息，否则性命难保。她哪里躺得住？病稍有起色，她又活蹦乱跳起来。

这年夏天，梁思成和林徽因的足迹，遍布北京各处文物建筑，他们分别对那些建筑做了勘察和测绘。在考察天坛的时候，夫妻二人站在天坛屋顶上，留下了珍贵的合影。照片中，林徽因着旗袍，微卷着短发，浅笑着。梁思成着短袖白衫，手抓一顶草帽，亦是浅笑着。两人紧挨着，都是蓬勃风发的好模样。《诗经》里有"宜言饮酒，与子偕老。琴瑟在御，莫不静好"之句，尘世中所谓的恩爱幸福，莫过于这样的相依相随，岁月静好。

有人用建筑来比拟他们，他是坚实的基础和梁柱，是宏大的结构和支撑。她则是灵动的飞檐、精致的雕刻、镂空的门窗和美丽的阑额。

诚然如斯。

在"窗子"里待了没几天，林徽因的心，又飞到"窗外"，她惦念着那些古建筑，惦念着高远的蓝天，和在蓝天下的驰骋。

一九三六年五月，她再次走出"窗子"，和梁思成一起，赶赴

一九三五年林徽因、梁思成在北京天坛考察

洛阳，和正在河南考察古建筑的刘敦桢、陈明达、赵正之等人会合，一行人开往龙门石窟。

龙门石窟位于伊水河畔，始凿于北魏，经过北齐、北周、隋等朝代，已初具规模，到了唐代，这里成为皇室、贵族造像活动的中心。陡峭山崖之上，共开凿石窟两千一百多个，造像十万余尊，题记和其他碑刻三百三十余件，修建佛塔四十余座，其建筑、佛像和窟龛的雕饰，都具有极高的研究价值。

林徽因眼前的龙门，已然衰落，荒草萋萋，乱石夹道。昔日的辉煌，浓缩成一个一个寂然的石窟窿，远观去，像一张张喑哑的嘴，就那么张着，想说什么又说不出的样子。它们镶在山崖上，空洞的，又充满悲情的。她的心痉挛着，为这人类的杰作，埋没于荒野之中。

他们在龙门考察了四天，分门别类做了详细的测绘和记录。随后又"转战"开封，考察了繁塔、铁塔、龙亭。再马不停蹄奔赴山东，考察了长清、泰安、济宁等十一个县的古建筑。

这一路走来，林徽因体验了从未有过的辛苦，一路的颠簸自不必说，食宿的恶劣和肮脏，令她一想起就毛骨悚然。她在给梁思庄信中，说起这段经历：

> 每去一处都是汗流浃背的跋涉，走路工作的时候又总是早八点至晚六点最热的时间里……可真真累得不亦乐乎。吃得也不好，天太热也吃不下……整天被跳蚤咬得慌，坐在三等火车上又不好意思伸手在身上各处乱抓，结果浑身都是包！

尽管辛苦万千，但艺术和人文景物的美和色彩，还是让她陶醉其中。不断的行走，也让她的视野早已越过一门一窗，这反映在她的文学作品中，主题变得更为宽阔，内涵变得更加丰富。如她写的《旅途中》：

> 我卷起一个包袱走，
> 过一个山坡子松，
> 又走过一个小庙门
> 在早晨最早的一阵风中。
> 我心里没有埋怨、人或是神；
> 天底下的烦恼，连我的
> 拢总，
> 像已交给谁去……
>
> 前面天空。
> 山中水那样清，
> 山前桥那么白净——
> 我不知道造物者认不认得
> 自己图画；
> 乡下人的笠帽，草鞋，
> 乡下人的性情。

日本人曾断言，中国已不存在唐代的木构建筑，要看唐制木构建筑，只能到日本奈良去。

这让林徽因极不服气，她想，中国这么大的地方，肯定会有唐代的木构建筑存在。她和梁思成一头扑进图书馆，查阅了大量资料，最后，在法国汉学家伯希和写的《敦煌石窟图录》里，看见两张唐代壁画。这两张壁画描述了佛教圣地五台山的全景，并标明了每座寺的名字。梁思成又在北平图书馆见到一本《清凉山志》（清凉山即山西五台山），里面有佛光寺的记载。两人一阵兴奋，一合计，决定去五台山碰碰运气。

一九三七年六月，林徽因和梁思成、莫宗江、纪玉堂一起，深入到五台山考察，去寻找早已湮没于历史风尘中的佛光寺。山路崎岖，他们骑着骡子，小心前行。遇到悬崖峭壁，骡子吓得不敢走，他们只好下来，牵着骡子步行。这样走走停停，他们终走到一个叫豆村的小山村。豆村地处偏僻，只三两家住户，散落在山坳里——这，无妨的。他们惊异地看到，他们踏破铁鞋寻觅的佛光寺，就立在村外的高坡上。那一刻，林徽因等一行人的血液，似乎要奔流到体外，心在咚咚跳，感谢佛祖，你在！

他们攀上大殿的天花板，那里寄居着几千只蝙蝠，和吃蝙蝠血的臭虫，给他们的测量带来极大麻烦，他们戴着厚厚的口罩掩盖口鼻，但臭虫还是无孔不入。

测量的第三天，他们的眼睛，渐渐适应了大殿的昏暗，林徽因突然发现大殿一根主梁上有淡淡字迹，众人兴奋不已。他们想尽办法，搭了架子上去，用水浸布擦，终于读到上面的题字，给这座建筑的年代提供了确凿证据。这是座建于唐宣宗大中十一年的木结构建筑，这一发现，在中国建筑史上重重地画下了一笔。

夕阳西下，又一天紧张有序的考察工作要结束了。橘色的光芒，笼罩着佛光寺内外，给人一种奇异的宁静。林徽因的目光，久久注视着大殿一角，隐在昏暗里的女施主"女弟子宁公遇"的端庄美丽的塑像，她恨不得也能为自己塑一尊像，上书"女弟子林徽因"，永远陪伴这位虔诚的唐朝妇女，在肃穆中，再盘腿坐上它一千年！

一九三七年林徽因在山西榆次考察

七月中旬，当他们带着一大堆考察资料，从深山里走出时，迎接他们的，却是"七·七卢沟桥事变"的消息。他们的考察工作被迫中断。从此，开始了颠沛的流亡生涯。

人间有味是清欢

二十世纪三十年代的北平，有一道著名的风景线，叫"太太的客厅"。

那是缘于冰心写的《我们太太的客厅》，这篇发表于一九三三年的小说，在当年，极容易让人联想到梁家的客厅，和它的女主人林徽因。"太太的客厅"，由此被叫开。

若换了别的女人，被人无端暗讽，大概是要唇枪舌剑一番的。林徽因却笑纳了，刚好她从山西考察归来，带回不少山西老醋，又香又绵，她着人给冰心送了一坛，以示谢意。——这招，也够损的，却让我莞尔，女人都有些小心眼，才女亦不例外。冰心是。她亦是。

不在外考察的日子，梁家客厅便成了朋友们聚会的场所。每逢周末，北平文化界的精英们，便陆陆续续来到梁家，这些人中，既有哲学家金岳霖、政治学家钱端升、张奚若、经济学家陈岱孙等人，也有沈从文这样的《大公报》文艺副刊的编辑，还有像萧乾、卞之琳等在校的大学生。

这时，梁家租住在北总布胡同三号，房子宽敞明亮，单单房间就有四十多间。有大大的客厅，环境优雅，足够容纳四方来客。

林徽因是"太太的客厅"的女主人、当仁不让的主角，是整个聚会的核心。她的美貌是一个方面，更主要的是她的学识、智慧和洞察力，她滔滔不绝的口才、犀利不凡的见解，让她形成了独特的磁场，使听者无不为之倾倒。

她当时的名声之大，从萧乾的一篇回忆文章中可以窥见一二。那时，萧乾还是文学青年一枚，是燕京新闻系三年级学生。他的小说《蚕》，刚发表在《大公报》上，被林徽因看到，赏识有加，林徽因致信沈从文，托沈从文约他来家中一见：

> 萧先生文章甚有味。我喜欢，能见到当感到畅快。你说的是否礼拜五？如果是下午，五时在家里候教，如嫌晚星期六早上也一样可以的。

萧乾当时那个受宠若惊啊，不亚于我们现在的"粉丝"被明星接见。那几天他都喜得坐立不安，老早就把他那件蓝布大褂洗得干干净净，把一双旧皮鞋擦了又擦。待到要见到林小姐，他的心情既窘迫又激动，竟是十二分的羞怯了。他描绘了见到林徽因的情形：

> 在去之前，原听说这位小姐的肺病已经相当重了，而那时的肺病就像今天的癌症那么可怕。我以为她一定是穿了睡衣，半躺在床上接见我们呢！可那天她穿的却是一套骑马装，话讲得又多又快又兴奋。不但沈先生和我不大插嘴，就连在座的梁思成和金岳霖两位也只是坐在沙发上边吧嗒着烟斗，边点头赞赏。给我留下印象的是，她完全没提到一个"病"字。她比一个健康人精力还旺盛、还健谈。

这次见面，给萧乾的影响是极大的。萧乾这么比拟这次茶会：

就像在刚起步的马驹子后腿上，亲切地抽了那么一鞭。

林徽因手执鞭子，到底抽出多少青年人的梦想？卞之琳是这么回忆林徽因的：

> 当时我在她的座上客中是稀客，是最年轻者之一，自不免有些拘束，虽然她作为女主人，热情、直率、脱俗（有时锋利），总有叫人不感到隔阂的大方风度。此后我们相互间一直保持了诚挚的友谊……

她的女儿梁再冰幼年的记忆里，也留有"太太的客厅"温馨的一幕幕：

> 这时我家住在东城北总布胡同三号，这也是我记忆中的第一个家。这是一个租来的两进小四合院，两个院子之间有廊子，正中有一个"垂花门"，院中有高大的马缨花和散发着幽香的丁香树。父亲和母亲都非常喜欢这个房子。他们有很多好朋友，每到周末，许多伯伯和阿姨们来我家聚会，这些伯伯们大都是清华和北大的教授们，曾留学欧美，回国后，分别成为自己学科的带头人，各自在不同的学术领域中做着开拓性和奠基性的工作，例如：张奚若和钱端升伯伯在政治学方面，金岳霖伯伯在逻辑学方面，陈岱孙伯伯在经济学方面，周培源伯伯在物理学方面，等等。在他们的朋友中也有文艺界人士，如作家沈从文伯伯等。这些知识分子研究和创作的领域虽不相同，但

林徽因在"太太的客厅"

研究和创作的严肃态度和进取精神相似，爱国精神和民族自豪感也相似，因此彼此之间有很多共同语言。由于各自处于不同的文化领域，涉及的面和层次比较广、深，思想的融会交流有利于共同的视野开阔，真诚的友谊更带来了精神力量。我当时不懂大人们谈话的内容，但可以感受到他们聚会时的友谊和愉快。

这种文化的大聚餐，成了一帧永不褪色的照片，挂在中国现代文学史的墙上。

一九三二年八月，林徽因生下儿子梁从诫，进入她生命中真正的四月天。彼时，她三十岁上下，锦绣年华，物质丰厚，儿女齐全，老公优秀，朋友一堆儿，且个个都是冒尖的，她的家庭、事业，还有文学创作，都渐趋达到顶峰。

这期间，林徽因充分展露出她多方面的爱好和才艺。对古建筑的热爱自不必说，那是她的终身追求。对文学她是抱以万分热忱，修养极高，创作力旺盛，写诗、写小说、写散文、写剧本，全面开花，令人目不暇接，她很快成为北方文坛的重量级人物。

《你是人间的四月天》便是写于这一时期。这首写给她小儿子的诗，成为她的经典代表作：

　　我说你是人间的四月天；
　　笑响点亮了四面风；
　　轻灵在春的光艳中交舞着变。

　　你是四月早天里的云烟，

一树花开四月天

> 黄昏吹着风的软，
> 星子在无意中闪，
> 细雨点洒在花前。
>
> 那轻，那娉婷，你是，
> 鲜妍，
> 百花的冠冕你戴着，
> 你是天真，庄严，
> 你是夜夜的月圆。
>
> 雪化后那片鹅黄，你像；
> 新鲜初放芽的绿，你是；
> 柔嫩喜悦，
> 水光浮动着你梦期待中的白莲。
>
> 你是一树一树的花开，
> 是燕在梁间呢喃，
> ——你是爱，是暖，是希望，
> 你是人间的四月天！

　　不独如此，她的热心也是出了名的。她关心着比她更年轻的新人的创作，热衷于同他们交谈，鼓励他们创作。关于这一点，萧乾顶有发言权，他是受她影响颇深的文学青年之一：

　　那以后，我们还常在朱光潜先生家举行的"读诗会"上见面。我也跟着大家称她做"小姐"了，但她可不是那种只会抿嘴嫣然一笑的娇小姐，而是位学识渊博、思想敏捷，并且语言锋利的评论家。她十分关心创作。当时南北方也颇有些文艺刊物，她看得很多，而又仔细，并且对文章常有犀利和独到的见解。对于好恶，她从不模棱两可。同时，在批了什么一顿之后，往往又会指出某一点可取之处……

一九三五年七月，萧乾去天津《大公报》编刊物，每个月都来北平，在来今轩举行二三十人的茶会，一半为了组稿，一半为了听取《文艺副刊》支持者们的意见。林徽因几乎每次必到，且在席间必有一番宏论。

一九三六年，萧乾调去上海，兼任沪津两地《文艺副刊》的编辑，为活跃版面，他不断搞尝试，在《答辞》栏目上，同副刊的作者和读者交谈，又开辟各种"专栏"。他搞的那些尝试，林徽因都热烈支持，并积极参与。为此，她写了一些文艺评论性文章。如她在《究竟怎么一回事》中，跟大家探讨了写诗，里面的真知灼见，对于我们今天的写作者来说，也是不无裨益的：

> 无论什么诗都从不会脱离过比喻象征，或比喻象征式的言语。诗中意象多不是寻常纯客观的意象。诗中的云霞星宿、山川草木，常有人性的感情，同时内心人性的感触反又变成外界的体象，虽简明浅显隐奥繁复各有不同的，但是诗虽不能缺乏比喻象征，象征比喻却并不是诗。

也是在这一年，萧乾邀请林徽因编辑《大公报小说选》，林徽因慨然应允，很快选出篇目寄给萧乾，她一共选了三十篇小说，有的是当时全国闻名的作家，如老舍、李健吾、凌叔华等，有的在当时并不为人所知，像杨宝琴、程万孚等。她重作品，而不是重名气，这无疑给一些文学新人无限的鼓舞。她还特为这本选集写了篇题记，强调了作品诚实的重要：

> ……作品最主要处是诚实。诚实的重要还在题材的新鲜、结构的完整、文字的流利之上。即是作品需诚实于作者客观所明了、主观所体验的生活。小说的情景即使整个是虚构的，内容的情感却全得藉力于逼真的、体验过的情感，毫不能用空洞虚假来支持着伤感的"情节"！所谓诚实并不是作者必需实际的经过在作品中所提到的生活，而是凡在作品中所提到的生活，的确都是作者在理智上所极明了、在感情上极能体验得出的情景和人性……

除了热衷于文学创作，林徽因还做过装帧设计、服装设计。同梁思成一起设计了北京大学的女生宿舍。为王府井"仁立地毯公司"门市部设计过民族形式的店面。单独设计了北京大学地质馆。帮曹禺设计话剧布景，等等。每一样，她都做得欣欣然，且相当出色。

曾在张晓风的一篇文章里，读到这样一段文字，心灵为之震颤：

> 世界上好像没有女人为自己的一日三餐数算记录，一个女人如果熬到五十年金婚，她会烧五万四千多顿饭，那真是疯狂，女人硬是把小小的厨房用馨香的火祭供成了庙宇了。她自己是终身以之的祭司，比任何僧侣都虔诚，一日三举火，风雨寒暑不断，那里面一定有些什么执着，一

定有些什么令人落泪的温柔。

可是天知道，这不是女人情愿的。女人也想走出小小的厨房，像男人一样，去成就一番事业，为自己活一场。可有多少女人能够如愿？一旦结婚生娃，她就得负起养儿育女的职责，把自己的年华，一寸一寸熬短。曾经的理想，都不及一碗儿子要喝的热汤重要。即便这个女人也有自己的事要做，但她还是得让位于家庭，在家庭与工作之间，疲于奔波。

这样的矛盾，似乎永远寻不到解决的办法。除非这个女人能狠下心来，一任丈夫孩子"自生自灭"。

林徽因是狠不下这样的心的，所以，她苦恼着。彼时，梁家人丁兴旺，梁思成的兄妹一帮，她的兄妹一帮，他们都爱这个长嫂、长姊，每逢假日，梁家的四合院充满欢歌笑语，十七张床铺还不够睡。

家务活自然增多，家里虽有仆役，但各各的安排，都要徽因亲力亲为。眼看着时间流水似的流走，她急得如猫爪挠心，她在给密友费慰梅的信中抱怨道：

> 看来你对我的生活方式——到处为他人作嫁，操很多的心而又缺乏锻炼等等——很担心。是啊，有时是一事无成，我必须为一些不相干的小事操劳和浪费时间，直到——我的意思是说，除非命运对我发慈悲而有所改变。看来命运对于作为个人的菲丽丝不是很好，但是对于同一个人，就其作为一名家庭成员而言的各个方面来说，还相当不错。天气好极了，每间屋子都重新裱糊过、重新布置并装修过了，以期日子会过得更像样些。让我给你画

林徽因与儿子梁从诫

张图，告诉你是怎么回事。

　　慰梅，慰梅，就看看那些床吧！它们不叫人吃惊吗!!! 可笑的是，当它们多多少少按标出的公用地点摆放在一起之后，他们会一个接一个地要吃早点，还要求按不同的样式在她的或他的房间里喝茶!!! 下次你到北京来，请预订梁氏招待所！

读到这里，真让人眼花缭乱，可怜了一代才女，也得为这些俗事琐务而焦心，矛盾重重：

　　每当我做些家务活儿时，我总觉得太可惜了，觉得我是在冷落了一些素昧平生但更有意思、更为重要的人们。于是，我赶快干完手边的活儿，以便去同他们"谈心"。倘若家务活儿老干不完，并且一桩桩地不断添新的，我就会烦躁起来。所以我一向搞不好家务，因为我的心总是一半在旁处，并且一路上在咒诅我干着的活儿——然而我又很喜欢干这种家务，有时还干得格外出色。反之，每当我在认真写着点什么或从事这一类工作，同时意识到我在怠慢了家务，我就一点也不感到不安。老实说，我倒挺快活，觉得我很明智，觉得我是在做着一件更有意义的事。只有当孩子们生了病或减轻了体重时，我才难过起来。有时午夜扪心自问，又觉得对他们不公道。

即便如此，在女儿、儿子眼里，她仍是一位热心的主妇、温柔的妈妈。

日子总的来说，还是姣好的，一切都欣欣向荣着。林徽因的抱怨，也不过是偶尔拂起的一缕轻风，拂过也就拂过了。转眼间，青碧的好天，适合去骑马呀，适合去郊游呀，她和亲朋好友一道，骑毛驴游香山、西山，或心血来潮，到久已冷落的古寺中野餐。

在家亦是好的，方砖铺就的四合院，她牵着女儿、儿子的小手在里面散步。海棠花开得沸沸的。中式平房中，摆着从旧货店买来的老式家具，她坐在上面既妥帖又安稳。野外考察时捡到的残破石雕，摆在客厅里，她什么时候看过去，都能唤起愉快的记忆。

一九三五年，北平爆发了大规模的"一二·九"学生运动，林徽因的两个小姑子积极参加了学生运动，她们和同学进城游行时，大哥大嫂的家，就成了接待站和避难所。

后来，一位小姑子上了黑名单，被武装军警追捕，躲到哥嫂这儿来了。大家慌成一团，林徽因忽然灵机一动，把小姑子打扮成"少奶奶"的模样，连夜把她送上开往汉口的火车，约定好了，若平安到达即发来贺电。若发生意外了，则来唁电。林徽因和梁思成焦急地等了三天，等来一个"恭贺弄璋之喜"的电报，他们哑然失笑。

这段小插曲，让林徽因津津乐道了好些日子。

外面虽风起云涌，战争的浪潮滚滚而至，但对于北总布胡同三号的女主人来说，此刻，天好，云好，山好，水好，人好。她可以在窗前梅花的香里面，静静品一壶茶，写两三行诗：

> 冬有冬的来意，
> 寒冷像花——
> 花有花香，冬有回忆一把。
> 一条枯枝影，青烟色的瘦细，

在午后的窗前拖过一笔画；

寒里日光淡了，渐斜……

就那样地

像待客人说话

我在静沉中默啜着茶。[1]

时光清浅，人间有味是清欢。

路漫漫其修远兮

没经历过逃难的人，是很难想象逃难的辛酸和血泪的，尤其在兵荒马乱年代。世界是无边的黑洞，不知前脚落下，后脚会跟着跌进什么里面去。满眼荒凉，人的活，远不及一只蝼蚁来得自在。

一九三八年八月，在日军占领北平前，林徽因和梁思成，带着一双儿女和外婆，携着几只皮箱、两个铺盖卷，和一批北大、清华的教授们一起，在清晨六点的风里，离开北总布胡同三号那幢温馨的四合院，告别了安逸舒适的日子，奔向陌生的西南"大后方"，开始了他们的流亡生涯。

打从五台山下来，一路辗转，受尽惊吓，回到北平，林徽因就没能睡上一个安稳觉。诸多事务需要理清头绪，营造学社的古建筑资料要整理要保存。外面战事临近，心里却又满希望北平是太平的，希望能把他们的学问做下去。若没有太平的日子好享，她也做好了充分准备。那时，年仅八岁的女儿梁再冰，在北戴河度假，徽

---

① 诗引自林徽因《静坐》。

因给女儿写信，表现出作为一个中国人的骨气和勇气：

> 我们这里一时也很平定，你不用记挂。我们希望不打
> 仗事情就可以完；但是如果日本人要来占北平，我们都愿
> 意打仗，那时候你就跟着大姑姑那边，我们就守在北平，
> 等到打胜了仗再说。我觉得现在我们做中国人应该要顶勇
> 敢，什么都不怕，什么都顶有决心才好。

女子铿锵，令人感佩。事实上，连日的操劳，使她的肺病更严重了，日夜咳嗽。梁思成也好不到哪儿去，他的背痛得厉害，几乎直不了腰。他们离开北平前，去协和医院做了检查。医生严重警告林徽因，说她的肺部已出现空洞，若再不注意调养，随时都可能危及生命。梁思成则被诊断为脊椎软组织硬化症，无法，医生给他特制了一副铁架子，"穿"在衬衫里面，以支撑脊椎。

他们带着行李小孩奉着老人，由北平到天津，由济南到郑州，再转去长沙，几乎走遍了当时中国所有的铁路。这一路走下来，共上下舟车十六次，进出旅店十二次，一颗心，被车轮和满目的疮痍辗得碎碎的。

他们的"后方"，眼下似乎是平稳的，林徽因和梁思成租了一户人家楼上的几间屋子，把一家老小安顿下来。

屋子在火车站旁，每当火车驶过，门窗都被震得哗啦啦响。两个小孩子不知世事忧愁，在楼道间快乐地奔来奔去，青嫩的笑声，洒落一串串。徽因望着两个孩子苦笑，初到时的兴奋再没有了，她每天一睁开眼，就是手脚不停地忙碌，烹调、洗衣、铺床、照顾两个孩子。还要提紧神经应付不时来的空袭。一遇空袭，她得扶老携

幼，奔去由清华、北大、南开教授们组成的联合大学校园内避难。每日过得如走马灯似的，她的病体，越发虚弱了。

这都不是顶要紧的。自从医生宣布她得了肺病以来，她早已把生死看开，她还能活多久，全听凭老天爷的意思了。让她焦急万分的是，她和思成所热爱的考古事业，因为战乱，无法开展下去，他们不得不流亡在路上。

门前常走过许多过路的兵。兵们衣衫褴褛，面黄肌瘦，目光黯淡。看得林徽因的心，一阵一阵揪紧，悲戚得不知怎么办才好。她在给沈从文的信中，诉说了她的悲戚：

> 好在现在情形已又不同了，谢老天爷，但是看战报的热情是罪过的。如果我们再按紧一点事实想象：天这样冷……（就不说别的！！）战士们在怎样的一个情形下活着或死去！三个月以前，我们在那边已穿过棉！所以一天到晚，我真不知想什么好，后方的热情是罪过，不热情的话不更罪过？二哥，你想，我们该怎样地活着才有法子安顿这一副还未死透的良心？

长沙的雨，在屋檐下滴滴答答，无有尽头。滴得人的心发了霉，惶恐得没有办法。屋子里阴冷得很，林徽因又感冒发热了，躺在床上一会儿冷一会儿热的，这么苦挨苦撑着，心里的凄惶到了极点。好在有朋友在，金岳霖是一个，沈从文是一个，还有远在美国的费慰梅。金岳霖不时来探望，沈从文和费慰梅跟她书信往来频繁，这多少减缓了她的凄惶。

她和沈从文，几乎无话不谈。这个只比她年长两岁的男人，与她，因文学而结缘。那时，她家每周的茶会上，他是座上客。后来，他任《大公报》文艺副刊的主编，她是勤勉的作者，大部分作品都拿到《大公报》发表。沈从文对她，喜欢有，敬佩有，甚至是仰慕的，一遇问题，他就跑去找她，在她那里寻求安慰和帮助。包括他被一段婚外情折磨着，也写信给林徽因，诉说他的苦恼，要徽因给他拿主意。

林徽因对他，也是毫无保留，坦诚得像对兄长。她的苦闷，他亦给收着：

> 如果有天，天又有意旨，我真想他明白点告诉我一点事，好比说我这种人需要不需要活着，不需要的话，这种悬着的日子也不都是侈奢？好比说一个非常有精神喜欢挣扎着生存的人，为什么需要肺病，如果是需要，许多希望着健康的想念在她也就很奢侈，是不是最好没有？死在长沙的雨里，死得虽未免太冷点，往昆明跑，跑后的结果如果是一样，那又怎样？昨天我们夫妇算算到昆明去，现在要不就走，再去怕更要落雪落雨发生问题，就走的话，除却旅费，到了那边时身上一共剩下三百来元，万一学社经费不成功，带着那一点点钱一家子老老小小流落在那里颇不妥当……

这是林徽因第一次在外人跟前提及她的病，以及她的绝望。生活压迫得她已少有快乐，倾诉，成了唯一的"乐"。她知道这个人会耐心地倾听，并且赋予最大的同情。这便是友谊的好了。

日机的突袭，是在瞬间发生的事。那是十一月下旬，一直阴雨连绵的天，竟难得地露出笑脸，阳光大捧大捧的，如花朵，开在半空中，林徽因高兴地把棉被和衣物捧出来晒。连日来的阴雨，叫人着一种无可奈何的急。她感冒了，两个孩子又先后生了病，让她情绪低迷。现在，终于好了，太阳出来了。

这天，思成也没有外出，娘也好好的，一家人在一起，她很心安。她把屋子里唯一一张藤椅搬到走廊上，半躺着，她要好好享受一下这大好阳光，不再去想那些烦人的事，而想些别个的有趣的，想想和思成第一次的约会，或是他们一起骑着骡子进深山。她笑起来，人似乎轻松了一大半。

就在这时，空中突然响起巨大的轰鸣声，宝宝和小弟都听到了响声，他们在床上躺不住了，爬起来问她：妈妈，是不是舅舅的飞机？空中只要一有飞机响，宝宝和小弟准会这么问。她的三弟林恒是飞行员，孩子们都以这个舅舅能开飞机为傲。

林徽因手搭凉棚望天上，正打算跟孩子们开玩笑说：是舅舅的呢。因为之前没听到空袭警报，他们想当然地以为，这次肯定是中国的飞机。谁知望来了炸弹，就在离他们不远处轰炸开来，尖利利地呼啸着，震耳欲聋。梁思成大叫一声，不好，是日机！林徽因从藤椅上腾地跳起来，他们来不及思维了，赶紧一人抱起一个孩子，挟裹着外婆就往楼下跑。

这段九死一生的经历，事后，林徽因在给费慰梅的信中，详细记录了：

　　……当我们听见先扔下来离我们较远的两颗炸弹的可怕的炸裂和轰鸣声以后冲下楼梯时，我们的房子已垮了。出于奇特的本能，我们两人一人抓起一个孩子就奔向楼梯。但我们还没有到达地面，近处那颗炸弹就响了。我抱着小弟被炸飞了又摔到地上，却没有受伤。同时房子就开始裂开，那大部分是玻璃的门窗啦、镜框啦、房顶啦、天花板啦，全都倒下来雨点般地落到我们身上。我们从旁门冲出去，到了黑烟呛人的街上。

当我们向联大的防空洞跑去的时候，另一架轰炸机正在下降。我们停止奔跑，心想这次跑不掉了，倒不如大家要死死在一起，省得孤零零地活着受罪。这最后的一颗炸弹没有爆炸，而是落在我们在跑着的那条街的尽头……

人说，大难不死，必有后福。然对于这对知识分子来说，磨砺这才刚刚开始。他们的命运，将随着整个中国的命运而浮沉，九死一生。

长沙是待不下去的了。

十二月初，林徽因、梁思成领着孩子和娘，踏上了去昆明的路。

途中经过沈从文的家乡。沈从文当时人在武汉，写信再三相邀徽因，让他们一定得去他的老家看看，他大哥在沅陵，他们可在那里逗玩几天。

十二月八日，他们到达官庄，住在一家小旅馆里。有人告诉他们，这一带闹土匪。林徽因几乎一夜未曾合眼，看灯火如荧荧小豆，晃动着一种莫名的情绪。外面微风撼树，夜静得瘆人。

次日凌晨，他们就起床赶路，中午抵达沈从文所说的沅陵。天气晴好，树木苍翠。深深浅浅的山头。碧绿的水。棋子似的房子，似乎是山水的点缀。优美的风景，使林徽因感到亲切。她跟梁思成说，如果不是在这战期中心里时时负着一种悲伤哀愁的话，这旅行真是不知几世修来。

他们在沅陵见到了沈从文的大哥。沈大哥的小屋筑在小山上，非常的别致有趣，林徽因看着异常喜欢。他们一家受到了沈大哥热情接待，还见着了从前线负伤回来的沈从文的三弟。弟兄二人的性情与沈从文极像，宾主畅谈欢愉，战争的影子，似乎淡了、远了，眼前只有清风朗朗、山清水秀。而事实上，他们又将上路，前路何在，未知，那就揣一半的冰、揣一半的火，担忧着明天，又向往着明天。那时文弱的中国知识分子，有几人不是担着这共同的命运？可胸腔里的那一腔热血还在的，那是作为一个中国人的信念和勇气。

> 说到打仗你别过于悲观，我们还许要吃苦，可是我们不能不争到一种翻身的地步。我们这种人太无用了，也许会死、会消灭，可是总有别的法子，我们中国国家进步了，弄得好一点，争出一种新的局面，不再是低着头地被压迫着，我们根据事实时有时很难乐观，但是往大处看，抓紧信心，我相信我们大家根本还是乐观的……

这是她对沈从文说的话，也是对她自己说的话，对他们那代知识分子说的话。

十二月底的天，冷得阴恻恻的了。林徽因一家乘坐破旧的公共汽车，辗转在路上。那是无有尽头的盘山路，盘得人头晕。车突然熄火，前不着村，后不着店，大家只能下车，推着车走。山风吹得骨头凉，天上无月，星子像迷路人的眼，充满了无助。两个孩子冷得直哭，黑魆魆的山，没在无尽的黑里头。这一路，真不知如何挨下来的，当他们走到湘西和贵州交界处的一个小县城晃县时，林徽因病倒了，发着可怕的高烧。多年后，她的儿子梁从诚回忆起这一幕：

> ……泥泞的公路两侧，错落着几排板房铺面，星星点点地闪出昏暗的烛火。为了投宿，父母抱着我们姐弟，挽着外婆，沿街探问旅店。妈妈不停地咳嗽，走不了几步，就把我放在地上喘息。但是我们走完了几条街巷，也没能找到一个床位。原来前面公路塌方，这里已滞留了几班旅客，到处住满了人。妈妈打起了寒战，闯进一个茶馆，再也走不动了。她两颊绯红，额头烧得烫人。但是茶铺老板连打个地铺都不让。全家人围着母亲，不知怎么办才好。我太小了，倒在行李包上，昏然入睡。

> 父亲后来告诉我，就在那走投无路的时刻，竟发生了一个"奇迹"：他忽然注意到，从雨夜中传出了一阵阵优美的小提琴声，全都是西方古典名曲！谁？会在这边城僻地奏出这么动人的音乐？"如听仙乐耳暂明"的父亲想：这拉琴的一定是一位来自大城市、受过高等教育的人，或许能找他帮一点忙？他闯进了漆黑的雨地，"寻声暗问弹者谁"，贸然地敲开了传出琴声的客栈房门。

> 乐曲戛然而止，父亲惊讶地发现，自己面对的，竟是一群身着空军学员制服的年轻人，十来双疑问的眼睛正望着他。那年月，老百姓见了穿军装的就躲，可是眼下，秀才却遇上了兵！父亲难为情地作了自我介绍并说明来意。青年们却出乎意料地热心，立即腾出一个房间，并忙把母亲挽上那轧轧作响的小楼。原来，他们二十来人，是中国空军杭州笕桥航校第七期的学员，也正在往昆明撤退，

被阻在晃县已经几天了。其中好几人，包括拉提琴的一
位，都是父亲的同乡。这一夜，母亲因急性肺炎高烧四十
度，一进门就昏迷不醒了。

正是这些空军学员的出手相助，林徽因侥幸逃过鬼门关，她病
了两个星期，高烧才渐渐退了。这次大病，对她的健康造成了更大
的威胁，埋下了几年后她的肺病再度复发的祸根。

不过这次大病，让她得以和这些空军学员结下深厚的情谊，也
算是上天对她的补偿。

她一家到达昆明后，这些空军学员随后也来到昆明，他们又见
面了。他乡遇故知，是人生一大幸事，虽说他们不过萍水相逢。

这些空军学员，都是二十来岁的年轻人，远离家乡，生活异
常清苦和寂寞，林徽因和梁思成的"家"，便成了他们最爱去的
地方。健谈好客的林徽因，被他们当作长姐。每逢假日，他们必
三五成群，跑到长姐家聚会，无处倾诉的心里话，都向着这个可
亲的长姐倾诉。有时，林徽因一家同他们一起去郊游，泛舟五百
里滇池，拉琴、唱歌、游泳，这些年轻人偷偷欣赏俊俏的船家姑
娘，淘气地商量，要选出一个沈从文《边城》里的"翠翠"，让
林徽因忍俊不禁。

一年后，他们都从航校毕业。毕业典礼上，林徽因和梁思成当
了他们的名誉家长，被请了去致辞。

这以后，这些年轻人就成为正式的空军军官，编入作战部队，
架着老式的飞机，"飞翔"在蓝天下。他们与林徽因一家见面的机
会少了，偶尔来，会给小从诚带来日本轰炸机的模型，或是敌机机
关炮的废弹头。他们再不似过去那么活泼，脸上常有忧愤色，说起
我方空军的劣势，和那些牺牲的老飞行员。每每这时，林徽因的

心，都沉甸甸坠着，她早已把这些年轻的飞行员，当作和她三弟一样的亲人，她多么希望他们是平安的。

然噩耗却纷至沓来，他们一个一个，先后在空中殉难。因他们在后方没有亲属，他们的遗物——一些日记、信件和照片等，和阵亡通知书，全都寄到林徽因和梁思成这两个"名誉家长"这里来。林徽因每每捧着那些遗物，都泣不成声。

梁家后来养成了一个习惯，每年七月七日"卢沟桥事变"纪念日中午十二点，全家人都要在饭桌旁起立默哀三分钟，来悼念一切他们认识的和不认识的抗日烈士。

一蓑烟雨任平生

一月的昆明，远不似其他地方来得阴冷，它是温柔的、亲切的。天是那种透青的蓝。太阳暖暖的。风很轻，像长了无数的小绒毛。花红柳绿，山明水秀。

数千里的奔波逃难，林徽因和梁思成，终于抵达这么个天堂似的昆明。他们借住在翠湖巡津街九号一所名为"止园"的宅院里，他们的"邻居"是张奚若夫妇。周围环境清雅，出门不远，就是翠湖上的阮堤，"沿堤芳草碧涵烟，暮色湖心断复连。"这清丽的大好景色，让林徽因千疮百孔的身体和心，都暂以得到缓解。

梁思成一到昆明就病了，长途的跋涉，加上连日的劳累和奔波，他的脊椎病发作，疼得要命，无法坐立。感冒又引起扁桃体发炎，继而引发牙炎，只能躺在床上，疼痛不已。即便如此，他们还是快乐的、满足的。因为一家人有了遮风避雨的好住处，用不着车马劳顿、忍饥挨冻，日子似乎又眉清目秀起来。

不久，联合大学的师生们来了，金岳霖来了，杨振声、沈从文、萧乾来了，朱自清等一群朋友也来了。大家相见，在泪光中含笑点头，每个人都历经炮火或流浪的洗礼，变换又变换的日月，远离故土，"心婵媛而伤怀兮，眇不知其所蹠"，一切都似乎在迷离中旋转。

他们说起各各的遭遇，无不是切肤的痛与忧患。一个说起，那晚他行至某江心，在一来船的甲板上，热臭的人群中，他衣衫肮脏破旧，又饥又渴，狼狈不堪。头顶上盘旋着敌人杀人的工具——敏捷的近代型的飞机，美丽得像鱼又像鸟。而这种美丽，却是致命的！另一个说起，他在某车站的站台上露宿，天上有月，左右有人，他却感到他们那群人，零落如被风雨摧落的最后的落叶，瑟瑟地蜷伏着，敌机的轰炸，犹响在耳边。再一个说，他于一个夜晚，路过一个小城，看到一列小店门前凄惶的灯，黄黄的发出奇异的晕光，心一下子抽紧，如鲠在喉，竟是说不出话地呜咽。

懂的，都懂的。看看彼此脸上的风霜雪雨的痕迹，哪一个不是迷惘得无可奈何？却有一种纯真的力量，在支撑着骨头不倒。那种力量，叫信仰。

林徽因后来在一篇题为《彼此》的散文中，说到这种信仰：

……信念？像一道泉流透过意识，我开始明了理智同热血的冲动以外，还有个纯真的力量的出处。信心产生力量，又可储蓄力量。

信仰坐在我们中间多少时候了，你我可曾觉察到？信仰所给予我们的力量不也正是那坚韧性的倔强？我们都相信，我们只要都为它忠贞地活着或死去，我们的大国家自会永远地向前迈进，由一个时代到又一个时代。我们在这

生是如此艰难、死是这样容易的时候，彼此仍会微笑点头
的缘故也就在这里吧？现在生活既这样的彼此患难同味，
这信心自是，我们此时最主要的联系……

她哲人一般的，看到了他们所处的，正是一个大时代。没有
别的选择，只有相互勉励、坚强地活下去，终会趟过这条浊浪涛
涛的河：

　　……我们今天所叫作生活的，过后它便是历史。客观
的无疑我们彼此所熟识的艰苦正在展开一个大时代。所以
别忽略了我们现在彼此地点点头。且最好让我们共同酸甜
的笑纹，有力地、坚韧地，横过历史。

一帮文人重又聚到一起，相互取暖，相互慰藉，苦寒的日子，
有了温度。林徽因提着的一颗备受摧残的心，暂且放下，她喜欢听
到金岳霖和张奚若笑，觉得眼前这场战争，也不那么难以忍受了。
她渐渐恢复了往日生机，完全一副勤劳主妇的样子，提着油壶上街
打油买醋，被人认出，呀，这可是林长民的女公子、梁思成的儿媳
妇呀。她心里波涛暗起，然还是极其淡定地把油和醋买回家。昔日
的光环，都成云烟，照顾好一家老小，好好活下去，才是首要的。

她做着寻常主妇们做的一切，做饭、烧菜、浆洗、缝补，照料
生病的梁思成。

隔三岔五的，她还会备好下午茶，邀朋友们来喝，像过去在北
平一样。她喜欢家里高朋满座。或者，和朋友们相约，去街头那家
茶铺里小坐。那家茶铺里有好吃的豆腐果，还有正宗的云南米线。
茶铺主人是个朴实的老妇人，热情亲切，不管什么人走进她的茶

林徽因一家与友人在云南

铺，哪怕是要饭的乞丐，她都笑脸相迎。林徽因和金岳霖、沈从文等人很爱去那里，不为喝茶，就为这个厚道的老妇人，和那里热闹的市井。林徽因用她的笔，生动地描摹了她眼里的这家茶铺：

这是立体的勾画，
描在这里许多样脸
在顺城脚的茶铺里
隐隐起喧腾声一片。

各种的姿势，生活
刻画着不同的方面：
茶座上全坐满了，笑的，
皱眉的，有的抽着旱烟。

老的，慈祥的面纹，
年轻的，灵活的眼睛，
都暂要时间茶杯上
停住，不再去扰乱心情！

一天一整串辛苦，
此刻才赚回小把安静，
夜晚回家，还有远路，
白天，谁有工夫闲着看云影？

不都为着真的口渴
四面窗开着，喝茶，

翘起膝盖的是疲乏，

赤着臂膀好同乡邻闲话。

也为了放下扁担同肩背

向命运喘息，倚着墙，

每晚靠这一碗茶的生趣

幽默估量生的短长……

这是立体的勾画，

设色在小生活旁边，

荫凉南瓜棚下茶铺，

热闹照样的又过了一天！①

重峦叠嶂，阻滞了日军的脚步，这里似乎成了真正的大后方，生活缓弛地伸缩着。黄昏的影子，拖得长长的，向着无尽的夜色，消融了去。天地无穷，人生长勤。俗世的生活，还是兴兴的。

稍稍得了空，林徽因便到处去寻她的"建筑意"。离她住处不远的张大爹的矮楼，旁的人不屑一顾，或根本留意不到，在我们的女建筑师眼里，却充满了别样的风趣：

张大爹临街的矮楼，

半藏着，半挺着，立在街头，

瓦覆着它，窗开一条缝，

夕阳染红它，如写下古远的梦。

① 诗引自林徽因《昆明即景·茶铺》。

矮檐上长点草，也结过小瓜，

破石子路在楼前，无人种花，

是老坛子，瓦罐，大小的相伴；

尘垢列出许多风趣的零乱。

但张大爹走过，不吟咏它好；

大爹自己（上年纪了）不相信古老，

他拐着杖常到隔壁沽酒，

宁愿过桥，土堤上看新柳！①

这段时期，她的作品，较之以前，多了更多的烟火味。生计艰难，家里开销日益庞大，而进项却有限，种种现实，摆在我们这个家庭主妇面前，让她不得不时时怀了忧惧。而天性里的爱与美，却未曾消损掉一点点，她强烈地热爱着这生、这美，欢欢的。让旁的人，时时从她身上，能感到一种力量的鼓舞。

金岳霖在给费正清的信中，提到此时的徽因，赞不绝口：

……仍然是那么迷人、活泼、富于表情和光彩照人——我简直想不出更多的话来形容她。唯一的区别是她不再有机会滔滔不绝地讲话和笑，因为在国家目前的情况下实在没有多少可以讲述和欢笑的。

平静的河床下，常潜藏着暗流。林徽因、梁思成、金岳霖这批

---

① 诗引自林徽因《昆明即景·小楼》。

知识分子，被战乱推着揉着到昆明来避难，大家表面上过起四平八稳的日子，心里却怀着思念、希望和焦虑。特别是林徽因和梁思成，他们一直心系古建筑的研究，工作的突然中断，让他们像接不了地气，整个人像是踩在棉花上，那么的飘忽而不真实。

梁思成身体康复后，给中美庚款基金会写信，请求拨款给他，恢复营造学社的工作。在他和林徽因的努力下，营造学社的另一个成员刘敦桢也很快来到昆明。随后，莫宗江、陈明达、刘致平也加入进来，营造学社得以起死回生。当时，中央研究院历史语言研究所也迁来昆明，那里图书资料十分丰富，梁思成的弟弟梁思永刚好就在那里工作，这给梁思成他们查阅图书资料提供了极大方便，一度被中断的古建筑研究工作，重又热火朝天地展开。

这才真的叫人开心。林徽因提笔给费慰梅写信，一反往日的沉重，变得活泼起来、轻松起来。甚至，有些小幸福了：

> ……思成笑着，驼着背（现在他的背比以前更驼了），老金正要打开我们的小食橱找点东西吃，而孩子们，现在是五个——我们家两个，两个姓黄的，还有一个是思永（思成的弟弟）的。宝宝常常带着一副女孩子娴静的笑，长得越来越漂亮，而小弟是结实而又调皮，长着一对睁得大大的眼睛，他正好是我期望的男孩子。他真是一个艺术家，能精心地画了一些飞机、高射炮、战车和其他许许多多的军事发明。

乱世之中，想求得一席平静之地，安放一颗知识分子的心，何其的难。林徽因的欢喜没持续多久，日机对昆明的轰炸，越来越频繁，它们粗暴地把美好的蓝天，撕成破布条，昆明城再不能容身了。一九三九年秋，"史语所"为避战乱，迁到城外龙泉镇的龙头村。中国营造学社只能跟着"史语所"走，林徽因和梁思成不得已，也把家迁过去，借住在邻近麦地村的一所尼姑庵里。由于战乱，尼姑们都逃难去了，抑或是殁了，尼姑庵里空无一人。环境却是清幽的，庵外绿树环抱，庵内植有几棵桂花树。正是桂花飘香时节，庵内庵外，满布着桂花的香甜，浓酽酽的，仿佛一伸手就能捋上一手甜。

林徽因一下子喜欢上这地方，他们把娘娘殿稍稍收拾，挂上了营造学社的牌子，作为营造学社的办公室。让徽因发笑的是，他们工作的时候，常见有农妇擎着香过来，对着已不存在的"娘娘"，虔诚地烧香还愿。

之后不久，梁思成出了一趟远门，和营造学社的其他成员一起，用半年的时间，去往巴山蜀水间考察。林徽因被家庭所困，不能同行。她做出重大牺牲，留守在家，打理一家老小的饮食起居，计算着每一分钱的用途，一边负责整理古建筑方面的资料。

战乱无序，物价飞涨，家里的开支日涨，而身边所带的钱，越来越少。为了补贴家用，林徽因找到一份为云南大学学生补习英语的差事，每周要翻越四个山坡，去给那里的学生补课，一个月可得四十块钱的课时费。这对她的身体是场考验，但一想到有了这笔钱，一家老小可以生活得好一些，还可以买测量用的卷尺什么的，她咬咬牙，坚持下来。

她的忙乱和无奈，作为老朋友的金岳霖，全看在眼里。他的心疼和担忧，是放在心里的。他在给费正清的信中，写道：

> 她仍旧很忙，只是在这种闹哄哄的日子里更忙了。实际上她真是没有什么时间可以浪费，以致她有浪费掉她的

生命的危险。

半年后，梁思成考察归来。这次考察，他们跑了三十五个县，调查了古建筑、崖墓、摩崖、石刻、汉阙等七百三十多处，收获了大量的第一手资料，尤其是对汉阙的研究，为他和林徽因后来设计构想人民英雄纪念碑，提供了极好的思路。

尼姑庵终究不是居家之所，林徽因和梁思成就想着建一幢属于自己的房子住。当时，西南联大的许多教授也纷纷来到这里，在村子里择地盖房。两人经过考察，选定隔壁龙头村的一块地，那里临河而居，茂林修竹，景色如画。这对建筑师夫妇，生平第一次也是最后一次为自己设计住房。他们画了草图，平房，约八十平米。有卧室三间，坐西向东。两间附属房，坐东向西。中间隔一条通道，自然环成一个小小庭院。为采光需要，房间的窗户都开得大大的，窗棂采用斜线交叉的木条构成一个个菱形，古朴优雅。

不久，金岳霖也来到龙头村，紧靠着他们的房盖了间"耳房"住。昔日的北总布胡同，仿佛又回来了，这让林徽因睡着了都能笑醒了。然建这幢房，花去了两个穷知识分子的囊中所有，还欠下一笔债，林徽因不能不忧心。虽然这里暂时是宁静的，但谁也说不清这种状况，到底能维持多久，战争的阴影，无时无刻不在四周游荡。

一九四〇年春，梁家新居落成，林徽因搬了进去。这个新家，着实令她兴奋了一阵子。这样的好事，自然要与她的好友费慰梅分享，她在信中，事无巨细地向费慰梅报之了这一切：

我们正在一个新建的农舍中安下家来。它位于昆明市东北八公里处一个小村边上，风景优美而没有军事目标。邻接一条长堤，堤上长满如古画中的那种高大笔直的松树……

出乎意料地，这所房子花了比原先告诉我们的高三倍的钱。所以把我们原来就不多的积蓄都耗尽了，使思成处在一种可笑的窘境之中（我想这种表述方式大概是对的）。在建房的最后阶段事情变得有些滑稽，虽然也让人兴奋。所有在我们旁边也盖了类似房子的朋友，高兴地互相指出各自的特别啰唆之处。我们的房子是最晚建成的，以致最后不得不为争取每一块木板、每一块砖，乃至一根钉子而奋斗。为了能够迁入这个甚至不足以"蔽风雨"——这是中国的经典定义，你们想必听过思成的讲演的——屋顶之下，我们得亲自帮忙运料，做木工和泥瓦匠。

无论如何，我们现在已经完全住进了这所新房子，有些方面它也颇有些美观和舒适之处。我们甚至有时候还挺喜欢它呢。

然而，这幢费尽他们心血盖起来的房，他们只住了半年，便不得不别它而走。越来越迫近的日本兵的轰炸，和歼灭机的扫射，狂风暴雨似的，让宁静的村庄失了宁静。"史语所"决定搬迁到四川省南溪县李庄去。这时的营造学社，为解决资金短缺问题，在"史语所"所长傅斯年和中央博物院筹备处主任李济的斡旋下，已纳入到"史语所"的编制，以期每个人都能领到一份薪水，梁思成还被任命为中央研究院的研究员。摆在他和徽因面前的路只有一条，就是跟着"史语所"搬迁。

别离，别离，又是别离。林徽因最后一次在"家"附近的长堤上漫步，十一月的风，吹着冷。桉树的叶，落了一地。秋天撒着欢的小野花们，也都睡去了吧。站定一处，一条水渠横着，可以望见渠那边瓦窑村烧制陶器的小作坊，隐约在夕照里，像只金钵，发着光。她没少去过那里，看烧陶的老师傅，把一团泥巴，在手里捋啊捋的，变幻出许多奇妙的造型，最后却成了瓦盆，或是痰盂，让她既惋惜又兴奋。她常常一看就是几个小时，然后心满意足地，再沿着这桉树环抱着的长堤，慢慢走回家。

战争却阴森森的，逼近这个美丽祥和的地方，逼近人的皮肉、心灵和神经，此一别，再难相见。四顾苍茫，林徽因不知道她还要面临多少这样的离别，她的心里，灌满了冷，她想念她的北平了。她对费慰梅诉说：

> 我不是一个老往后看的人，即便这样我现在也总是想家，而我们现在要到四川去了！那会不会又是两三年的事呢？时间好像在拖延。

她哪里想到，她这一去，却是漫漫五年。在那个他们之前闻所未闻的陌生小村庄，度过了她生命中最为贫病交加的日子。

雪一片一片，像白色的小蛾子，又似晶莹的小花朵，一只一只，一朵一朵，在空中曼舞、盛开，不过一盏茶的工夫，林徽因眼前的世界，已一片银装素裹。

近处，泥泞的土路，低矮的茅屋，光秃秃的树木。远处，野藤攀爬的老墙头，一弯水田，几处荒坟。一切，都让雪给装点得无比素洁婉约。若是在北平的家里，这样的天，窗前的梅花，一定正吐着芬芳。绿蚁新醅酒，红泥小火炉，几个友人团团围坐，外面一场洁白的雪，该诞生出多少美丽的诗章。

眼下，对林徽因来说，诗意已荡然无存。她不得不别了朋友，涉山越水，跟着"史语所"来到与世隔绝的李庄，在这个叫上坝村的小村子落脚。住处的名字极富诗意，叫月亮田。呈现在林徽因眼前的，却一点不诗意，不过几间低矮的茅草房，墙是用竹篾扎的，上面抹一层泥巴，里面蛇虫出没。大白天的，屋顶上盘踞的老鼠，肆无忌惮地在赛跑。这成了她和家人的安身之所。

一场接一场的流亡，她的病体经得起几番风雨？心似掏空了一般，只留下这遍体鳞伤的躯壳，强撑着。这年，她不过三十六岁。曾经的风华绝代，似隔江而望的花朵。

现实是凌厉和尖削的，尊严和优雅，在它面前，不过瓷器一件，轻轻一碰，就碎了。

几番辗转逃难，林徽因和梁思成身边的积蓄，已悉数用光。全家人不得不节衣缩食，过起和当地村民别无二致的日子。吃水要到村外的水塘里去挑。宝宝和小弟俨然当地农村娃，穿着草鞋去上学，衣服上缀着一块又一块补丁。由于闹灾荒，他们的主食常常是番薯和野菜。煤油灯是家里唯一现代化的"奢侈品"，也只在来了客人时才会点。通常全家人在晚上学习——梁思成写书，林徽因看书，宝宝和小弟做作业，也只能点两盏菜籽油灯。那是学的当地人的，用盛饭的碗或破罐子，盛了菜籽油，棉花捻成一小条做油捻子。这样的"灯"，光线昏黄，要不停地挑灯芯。一晚上下来，每个人的鼻孔里，都会积一层厚厚的黑油垢。

战时经济秩序混乱不堪，这使梁家的生活越来越难。梁思成的薪水供全家吃饭都成问题，他不得不变卖典当随身物品——稍稍上点档次的衣服、林徽因的首饰、他和林徽因的手表、一直不离他左右的一支派克钢笔，那还是他和林徽因留美时买的。这些，最后都变成了口中食。每每换回一条草鱼，或是打点肉，帮全家人改善伙食，他都不无幽默且悲伤地说，把这块金表"红烧"了吧，把这支派克"清炖"了吧。这是他们作为文化人的最后所有。林徽因在一旁苦笑，生活困窘得让她除了苦笑，再拿不出别的。

困苦能磨炼人的生存本领，这对本不事稼穑的建筑师，也拿起钉耙锄头自己种菜吃。他们在门前辟了地，大片种植西红柿。那是梁思成去成都时偶得的种子，他如获至宝地带回来。西红柿很快挂了果，累累的，全家人高兴地拿它当水果又当蔬菜吃。当地人以前从没见过西红柿，都很好奇地来围观他们家的红果子。林徽因便送些西红柿给村民们尝，热心地教会村民们种植。村民们一下子喜欢上这位善良的女先生，常来帮衬他们，和他们一家结下了深厚的友谊。梁思成还有一手自制"甘蔗酱"的本事。他把当地的土制红糖，蒸熟消毒了，当果酱抹在馒头上，戏称"甘蔗酱"，在两个孩子的欢呼雀跃中，有滋有味地吃下去，把贫穷吃出香甜来。

四川的低洼潮湿，对林徽因的病体是个极大挑战。再加上家务劳累，生活维艰，营养根本得不到保证。偶有朋友从重庆或昆明带来一小罐奶粉，那是她最难得的高级营养品了。她的肺病又一度爆发，这次病魔来势汹汹，基本捣毁了她作为一个健康人的权利，她常常整宿整宿咳嗽。偏偏李庄地处偏僻，当地找不到一家医院，找不到一位正式医生，更谈不上任何药品。村人们生病，都是用些土方法来治，治得好是运气好，治不好是命中注定，完全地听天由命。她的病没得到及时治疗，为她的早逝，埋下了祸根。

她只能躺着，从春躺到冬，从冬又到春。家里那张唯一像样的

"床"——帆布行军床，成了她最亲密的"战友"，它慈母一样的，接纳着她破损的身体、灰暗的情绪和她的痛苦无奈。病魂萧索，朋友们又远在他方，弟弟林恒阵亡，诸多不幸，接踵而至。前程渺茫，山河破碎，她已被痛苦浸泡得近乎麻木，屋角再照不进一丝光亮。她只能眼睁睁看着流光，小兽似的，笃笃笃走进来，又笃笃笃走远。孤独是一把重锤，一下一下，敲击着她的神经和心。曾经那个穿着旗袍、在竹边或是梅边摇曳生姿的林徽因，已成了一个眼窝深陷、面色苍白、心如槁木的妇人。只不过短短几个月，她就失掉了一向焕发着美丽的面容。

这期间，她偶有诗作，却少有欢欣的。她如鸟儿被折了翅，飞不起，只能跌进尘埃中，做一粒卑微的微小的尘。她在《一天》中，这么写道：

> 今天十二个钟头，
>
> 是我十二个客人，
>
> 每一个来了，又走了，
>
> 最后夕阳拖着影子也走了！
>
> 我没有时间盘问我自己胸怀，
>
> 黄昏却蹑着脚，好奇地偷着进来！
>
> 我说：朋友，这次我可不对你诉说啊，
>
> 每次说了，伤我一点骄傲。
>
> 黄昏黯然，无言地走开，
>
> 孤单的，沉默的，我投入夜的怀抱！

骄傲就这样，如老家具上的红漆，一点一点剥落。

病到深深处，日子缓慢得像村口的一截矮墙。像竹篱围着的茅屋。像在坡上吃草的牛羊。像村中童子的歌声。永远的，以不变的姿势，安坐在时光里。曾经的波光涛影、珠圆玉润，已消融在一场又一场的风霜雪雨中，留给林徽因的，是一夕苍老，病魂常似秋千索。

幸好有书，这个体贴入微的伙伴，来打发这些漫长的生了锈般的日子。在与床为伍的岁月中，林徽因的床头堆满了书，她贪婪地读着，她读屠格涅夫，读米开朗琪罗，读莎士比亚，读《北京清代宫殿》和《宋代堤堰及墓室建筑》，还读《洪氏年谱》、萨缪尔·巴特勒的《品牌品牌品牌》。没人交流，她就捉住她的两个小儿，充当她的听众，她充满激情地跟他们讲书中情节。若遇英文版的，孩子们没法子读，她就读一章、讲一章。她的朗诵是一流的，声情并茂，如歌如画。她也常常读古诗词给孩子们听，读得最多的是杜甫和陆游的，像"剑外忽传收蓟北""家祭毋忘告乃翁""可怜小儿女，未解忆长安"等等，每每读到，她都极度悲愤、忧愁，让一双儿女深受感染。

阅读是一剂止痛药，让她暂忘了疼痛和悲苦，而建筑，则是她生命中唯一的光。数千公里的奔波逃难，数年的颠沛流离，他们的家私丢的丢了、典当的典当掉了，然战前他们调查的古建筑的原始资料——数千张的照片、实测草图、测量记录等等，一张也没有遗失。那是他们的命根子，一路之上，他们一直把这些资料抱在怀里。另一些无法携带的照相底版、珍贵文献，在离开北平前，她和思成几经权衡，最后存进了天津一家外国银行的地下保险库，以为那里是最安全的。一九三九年，天津发大水，地下室被淹，他们存在那里的资料几乎全部被毁。两年后，这个不幸消息传到李庄，她和梁思成痛哭失声。

夫妇二人擦干泪水，决心从头再来，他们和营造学社几个同事一起，全面系统地总结整理他们战前的调查结果。梁思成请来当地木匠，做了几张简易的白木头绘画桌，他开始撰写《中国建筑史》。还是远在留美时，他和徽因就早有这个打算，要写出一部中国人自己写的建筑史。同时，他们还决定用英文撰写并绘制一部《图像中国建筑史》，让西方人见识见识中国古老的建筑艺术和成就。

林徽因承担了全部书稿的校阅，并执笔撰写了书中的第七章——五代、宋、辽、金部分。这一章成了全书的主干，它包括：五代汴梁之建设；北宋之宫殿苑囿寺观都市；辽之都市及宫殿；金之都市宫殿佛寺；南宋之临安；五代、宋、辽、金之实物；宋、辽、金建筑特征之分析。林徽因以详实的资料，介绍了宋、辽、金时代，中国宫室建筑的特点和制式，以及宗教建筑艺术，中国塔的建筑风格，辽、金桥梁建设，乃至城市布局和民居考证。

四面通风的农舍里，菜油灯聚拢的光亮中，是两个学者忙碌的身影。他们时而低语讨论，时而各自伏案。他们用陈旧的打字机打出草图，打字机噼哩啪啦、噼哩啪啦，响在午后的清风中，响在静夜的薄凉里，它敲疼了李庄的山、李庄的水、李庄的竹篁篱笆、李庄的矮墙茅屋。它成了李庄上空回荡着的绝唱。

病魔也被这两个不要命的人吓怕了。这个时候，梁思成的颈椎灰质化病已相当严重，常常折磨得他抬不起头来，他就在画板上放一个小花瓶撑住下巴，继续工作，绘制出了大量英汉对照注释的精美插图。林徽因躺在病床上，只要稍稍好一点儿，她就再舍不得躺着，而是半坐起来，手不释卷，翻阅"二十四史"和各种资料典籍，为梁思成的书稿做种种补充、修改和润色。她通读汉史，对里面的帝王将相、皇后嫔妃如数家珍，汉代的政治经济、礼仪习俗、服饰宴乐与建筑壁画，她无一不涉及。她简直成了个汉史学家，为梁思成研究汉阙、岩墓提供了有力的帮助。

与他们的勤奋相比，条件却寒碜得连张像样的纸也找不到，他们只能在土纸上写字，一面写完了，另一面再节约着写，密密麻麻。痴情的文化人，像极啼血的杜鹃，为了信念，直到啼完生命中的最后一滴。

他们的朋友费正清辗转来到李庄看望他们，那个乐呵呵的美国人，被眼前的景象惊得目瞪口呆：

> ……傍晚五时半便点起了蜡烛，或是类似植物油灯一类的灯具，这样，八点半就上床了。没有电话。仅有一架留声机和几张贝多芬、莫扎特的音乐唱片；有热水瓶而无咖啡；有许多件毛衣但多半不合身；有床单但缺少洗涤用的肥皂；有钢笔、铅笔但没有供书写的纸张；有报纸但都是过时的。你在这里生活，其日常生活就像在墙壁上挖一个洞，拿到什么用什么。别的一无所想，结果便是过着一种听凭造化的生活。我逗留了一个星期，其中不少时间是由于严寒而躺在床上。

在困苦中的两个主人公却浑然不觉，抑或是早已麻木。隔年，梁思成给费正清写信，描述他们当下的日子，竟是欢欢喜喜的：

> 在菜油灯下做着孩子的布鞋，购买和烹调便宜的粮食，我们过着我们父辈在他们十几岁时的生活但又做着现代的工作。有时候读着外国杂志看着现代化设施的彩色缤纷的广告真像面对奇迹一样……我的薪水只够我家吃的，

但我们为能过这样的日子而很满意。我的迷人的病妻因为
我们仍能不动摇地干我们的工作而感到高兴。

一声"我的迷人的病妻",饱含他多少深情。因她生病,他学
会了烹调、护理和注射。爱到深处,她不是住在他眼里,而是住在
他心上,风声雨声,丝丝牵动。

一九四四年,梁思成完成了《中国建筑史》初稿的写作,把中
国三千五百年的历史分为六个建筑时代,并对每一个时代的建筑遗
存,进行了翔实清晰的介绍和论证。他又在徽因的协助下,用英语
完成了《图像中国建筑史》的创作。在《图像中国建筑史》的前言
中,梁思成深情地表达了他对徽因的感激和敬爱:

> ……我要感谢我的妻子、同事和旧日的同窗林徽因。
> 二十多年来,她在我们共同的事业中不懈地贡献着力量。
> 从在大学建筑系求学的时代起,我们就互相为对方"干苦
> 力活",此后,在大部分的实地调查中,她又与我做伴,
> 有过许多重要的发现,并对众多的建筑物进行过实测和草
> 绘。近年来,她虽罹重病,却仍葆其天赋的机敏与坚毅;
> 在战争时期的艰难日子里,营造学社的学术精神和士气得
> 以维持,主要应归功于她。没有她的合作与启迪,无论是
> 本书的撰写,还是我对中国建筑的任何一项研究工作,都
> 是不能成功的。

这年,世界范围内的战争已到达白热化,在太平洋区域,美国
加强了对日本的反攻。中国的抗日战争,也由战略防御转为战略进
攻。民国政府在重庆设立了战区文物保护委员会,任命梁思成为副

主任，负责编绘战区文物建筑资料，并在军用地图上一一标出，以防它们在炮火中被毁。梁思成带着年轻的营造学社成员罗哲文，冒着酷暑，日夜赶工，绘出一套重点保护文物地图，提供给了奉命轰炸日军基地的美国飞行员。其中，包括日本的古都京都和奈良。

后来，日本本土遭到以美国为首的盟军的轰炸，一百九十九座城市被毁，古都京都、奈良却安然无恙。

当时，很多人对梁思成竭力保护日本的古都，都觉得不可思议。他的亲弟弟、清华大学出身的年轻炮兵军官梁思忠，在一九三二年的上海淞沪战争中殉难；他的亲舅子、年轻的飞行员林恒，在一九四一年的成都保卫战中阵亡。林徽因痛失这个她最爱的弟弟，整个人陷入极度悲伤之中。国仇家恨，让梁思成对日本恨之入骨，这个一向儒雅的人，也发出震天一吼，多行不义必自毙，总有一天我会看到日本被炸沉的！

可是，面对他无比挚爱的古建筑，他早已抛却个人恩怨，他说，建筑是社会的缩影、民族的象征，但绝不是某一民族的，而是全人类的共同财产。

一个大写的"人"，从此被镌写在史册里，熠熠生辉。几十年后，梁思成被日本人民称作"古都的恩人"。

营造学社资金短缺，越来越难以维计，最后只剩下思成和徽因在硬撑。彼时，思成的弟弟思永也患上了肺病。一家人苦苦挣扎在病痛中，囊中却羞涩。梁家的困状，被中央研究院"史语所"的所长傅斯年看在眼里，他敬佩梁思成、梁思永两兄弟的家世和学问，敬重林徽因的才华，遂写信给当时的教育部长朱家骅，请求他出面，助梁家一臂之力。信中有这样的陈述：

思成之研究中国建筑，并世无匹，营造学社，即彼一人耳（在君语）。营造学社历年之成绩为日本人羡妒不置，此亦发扬中国文物之一大科目也。其夫人，今之女学士，才学至少在谢冰心辈之上。

林徽因展开这封信，万般滋味涌上心头。自从她和思成选择了古建筑，他们就注定踏上了一条孤寂的路，路两边除了荒凉，还是荒凉，少有关注的目光，对此，他们早已习惯并接受了。今日突然劈面遭逢这等体恤，如雪中送炭，这份情谊，珍稀珍贵。思成去了重庆，她代思成给傅斯年回信，她在信中写道：

接到要件一束，大吃一惊，开函拜读，则感与惭并，半天作奇异感！空言不能陈万一，雅不欲循俗进谢，但得书不报，意又未安。踌躇了许久仍是临书木讷，话不知从何说起！

……现在你又以成永兄弟危苦之情上闻介公，丛细之事累及泳霓先生，为拟长文说明工作之优异，侈誉过实，必使动听，深知老兄苦心，但读后惭汗满背矣！

尤其是关于我的地方，一言之誉可使我疚心疾首、夙夜愁痛。日念平白吃了三十多年饭，始终是一张支票难得兑现。好容易盼到孩子稍大，可以全力工作几年，偏偏碰上大战，转入井臼柴米的阵地，五年大好光阴又失之交臂。近来更胶着于疾病处残之阶段，体衰智困，学问工作恐已无分，将来终负今日教勉之意，太难为情了。

秋天的李庄，是一年中最好的时光。天气是少有的温和，薄雾轻笼着缀满红叶的树。山路蜿蜒如小蛇。野菊花开满山坡旁，黄一朵白一朵的。老农牵着耕牛，慢悠悠踱过村口去。野藤爬满人家的竹篱笆，不动声色地缠绕出一派美的天真。孩童清亮的歌声，从一片落叶林中传来。山坡上，三三两两的，散落着吃草的牛和羊，黑的白的棋子儿似的。炊烟升起来了，一丝丝，一缕缕，在村庄上空袅袅。晚霞满天。

林徽因的病情，却在不断恶化，她整宿整宿地咳嗽。常年困于病榻上，长安不见使人愁，她的情绪，说不出的消沉。记忆的触角，时不时会触到英伦的浪漫和高贵、香山的优雅和闲适、"太太的客厅"里的风华绝代，像一袭风吹过落花，都是前尘往世事了。

她写下了诗《忧郁》：

忧郁自然不是你的朋友；
但也不是你的敌人，你对他不能冤屈！
他是你强硬的债主，你呢？是
把自己灵魂压给他的赌徒。

你曾那样拿理想赌博，不幸
你输了；放下精神最后保留的田产，
最有价值的衣裳，然后一切你都
赔上，连自己的情绪和信仰，那不是自然？

你的债权人他是，那么，别尽问他脸貌
到底怎样！呀天，你如果一定要看清
今晚这里有盏小灯，灯下你无妨同他

林徽因夫妇与费慰梅夫妇在茶会上

面对面，你是这样的绝望，他是这样的无情！

曾经那么丰满的人生，彼时，已形销骨立。午夜梦醒，亲爱的家园回不去了，唯有斑斑血痕，洒落枕边，她甚至抱着必死的心。抗战胜利后，儿子梁从诫有一次好奇地问她：当时日本人真的打进四川了，你们打算怎么办？她若有所思地回：中国念书人总还有一条后路嘛，我们家门口不就是扬子江吗？

当一个人被逼到退无可退，我还可以用生命，来捍卫我的尊严和高贵。

一九四五年八月十四日，日本宣布无条件投降。十五日，国民政府在重庆发布了这一消息。重庆沸腾。四川沸腾了。整个中国沸腾了。饱受炮火蹂躏的中国，在伤口上，开出了带泪的花。

林徽因终于得以重见天日，离开了"禁锢"她整整四年的病榻。她在梁思成的陪伴下，到达重庆。劫后余生，她把每一个日子，都当作稀有的。她要穿漂亮的衣服，把自己打扮得漂漂亮亮的；她要与久失音讯的朋友聚会，日夜不停地说话；她要看街道房屋，看这个世界的缤纷。这年，她四十一岁。四十一岁，对于一个女人来说，还在好年华，鲜活饱满，风姿绰约。然岁月却早早催老了她，她瘦弱得如同纸人。

她在梁思成和朋友们的安排下，去医院做了全面检查。检查的结果很不乐观：她的双侧肺部和一侧肾都已被结核菌感染，生命最多还能维持五年。

这一检查结果，梁思成和朋友们都瞒着她。她也假装不知，什么也没问，什么也没说。岁月已赐给她无数的苦难，她早已历练得波澜不惊。当死神的脚步日益逼近，她能做的，就是把余下的生命，活出色彩来。

不久，她在金岳霖等老朋友的安排下，乘飞机抵达昆明养病，住在圆通山后的一座花园里，与金岳霖、张奚若、钱端升等老朋友重逢。清静优雅的环境，和身边老朋友们的一张张笑脸，使她像接通了地气的一株植物，终于活过来了。她整日情绪高涨，爱美的天性重又生机勃勃，眼中所见，无一处不美。五月的下雨天，她守在窗口，望着花园中被雨打湿的树木花草，闻着带着青苔气息的泥土的味道，心里的欢喜一蓬一蓬地生长。她在给费慰梅的信中写道：

> 昆明永远那样美，不论是晴天还是下雨。我窗外的景色在雷雨前后显得特别动人。在雨中，房间里有一种难以言状的浪漫氛围——天空和大地突然一起暗了下来，一个人在一个外面有着寂静的大花园的冷清的屋子里，这是一个人一生也忘不了的。

再没有悲欢离合了吧，且让她安心地做着一个清静的梦。所有的颠沛流离，都化作云烟散去，历史在这里，也请打个盹吧，让我们的徽因，静静地沐在朋友的温情中，沐在大自然的美好里。让她回到那个婴儿年代，无忧、无惧，亦无虑。

昆明的高原气候，对林徽因的肺病很不利，但她的身体状况，还是有了好转的迹象。最高兴的要数梁思成，他忍不住把这个好消息告诉他们的好朋友费慰梅，他开心地说，心理的好效应是很大的。林徽因本人的快乐更不必说了，她在给费慰梅的信中，详细描述了她现在的欣慰和欣喜：

这次重逢所带给我的由衷的喜悦，甚至超过了我一个人在李庄时最大的奢望。我们用了十一天，才把在昆明和李庄这种特殊境遇下大家生活中的各种琐碎的情况弄清楚，以便现在在我这里相聚的朋友的谈话能进行下去。但是那种使我们相互沟通的深切的爱和理解却比所有的人所预期的都要更快地重建起来……即使谈话漫无边际，几个人之间也情投意合，充溢着相互信任的暖流，在这个多事之秋的突然相聚，又使大家满怀感激和兴奋……

……我们遍体鳞伤，经过惨痛的煎熬，使我们身上出现了或好或坏或别的什么新品质。我们不仅体验了生活，也受到了艰辛生活的考验。我们的身体受到严重损伤，但我们的信念如故。现在我们深信，生活中的苦与乐其实是一回事。

这个时候，她的诗作也透着一股子的希望。即便是对着梅花凋谢的枝条，她也能吟出欢快来：

> 梅花你这些残了后的枝条，
> 是你无法诉说的哀愁！
> 今晚这一阵雨点落过以后，
> 我关上窗子又要同你分手。
>
> 但我幻想夜色安慰你伤心，
> 下弦月照白了你，最是同情，
> 我睡了，我的诗记下你的温柔，

你不妨安心放芽去做成绿荫。①

她便是这样的一枝梅，尽管被凄风凄雨摧残得形销骨立，可是有什么要紧呢？她努力放芽去做成绿荫。风霜雪雨过后，会有艳阳天的。

精神的愉悦，有时能创造生命的奇迹。这之后，她活了十年，远远超过医生所宣判的五年时间。她用她不倒的信念，成就了她的传奇。

等待春暖花开

他乡再好，还是他乡。

因形势所迫，林徽因不得不暂住昆明，山色倾城，繁花缭绕，也留不住她的念、她的想。她的心，早已飞回北平，那个装着她一生最快乐时光的地方。

一九四六年夏，北平清华园迎回了暌别北平九年之久的林徽因，结束了她贫病交加的流亡生涯。她做梦似的，踏上这块魂牵梦萦的土地，贪婪地看着、闻着、吸着、抚着、摸着，记忆像断了线的珍珠，在时光的缝隙里蹦跳开去，再也串不起了。流年倾泻，她青嫩的肤色和黑发呢？她活泼矫健的身影和飞扬的笑声呢？她葱茏的话语和葱茏的日子呢？古老的城墙下，护城河的水仍在日夜不倦地流。蓝天上，依旧有白鸽的影子，一掠而过。北海的荷，还是开得一如从前，朵朵红粉乱溅，如她二十岁时的模样。然她回不去

---

① 诗引自林徽因《对残枝》。

了，镜里朱颜改，故土不堪回首月明中。

日子却翻开新的一页，每触摸一下，簇新的气息，就从指尖直抵心底，让人忍不住要为它欢歌。

她和思成住了清华园新林院八号，这是清华的教授楼。这里草木蓊郁，院落宽敞清静。老朋友们也都住在附近。

梁思成被聘任为清华大学建筑系主任。他在建筑方面多年的努力，让他成了远近闻名的建筑家，他不仅得到了教育部的高度重视，而且其影响波及大洋彼岸。美国的耶鲁大学对他发出邀请，请他去做访问教授。普林顿大学也邀他去参加"远东文化与社会"国际研讨会。外交部则推荐他出任联合国大厦设计顾问团的中国代表。不久，他赴美考察。

林徽因因身体缘故，"赋闲"在家。

梁思成一走，开办新系的诸多工作，便都落到她头上，她不亦乐乎地为之操劳着。

西窗摇红，树木扶疏，她和她向往的生活在一起，情深义重。一个日子恨不得掰成两个来使，还是嫌时光流转太快。病床被她当作了工作台，白天，她半倚在病床上，会见同事、朋友和学生，和他们谈工作、谈建筑、谈文学、谈理想……她神采奕奕，滔滔不绝。光阴九年，徘徊无依，多少话搁在那儿长了草，剩余的生命，她要争分夺秒。

她的"生机勃勃"，很容易让人忽略，她原是一个重症病人。老家姑娘林洙想来清华求学，第一次走进清华园新林院八号，怯生生地登门拜访。那时，她刚做了肾切除手术，肺结核病已到晚期，医生说她去日无多。当她出现在林洙面前时，林洙虽说早有心理准备，但还是吃了一惊，她再没见过比林先生更瘦的人了。

她却轻描淡写，甚至带着诙谐地看待自己的病，她对林洙说：

对不起，早上总是要咳这么一大阵子，等到喘息稍定才能见人，否则是见不得人的。她微笑着仔细询问了林洙的考学情况、食宿情况。当得知林洙住的地方很不方便时，她便亲自为她安排住宿。随后，她和这个小姑娘聊起北平来。话匣子一经打开，就收不住了，她兴致勃勃地对林洙介绍起北平的建筑布局，林林总总，如数家珍，一说就是两三个小时。

小姑娘告别出来时，兴奋得恍若做梦。几十年后，林洙在回忆录中，提及她和林徽因的这段交往，仍忍不住要踮着脚仰望：

> 我承认一个人瘦到她那样很难说是美人，但是即使到现在我仍旧认为，她是我一生中所见到的最美、最有风度的女子。她的一举一动、一言一语都充满了美感，充满了生命，充满了热情，她是语言艺术的大师，我不能想象她那瘦小的身躯怎么能迸发出这么强的光和热。她的眼睛里又怎么能同时蕴藏着智慧、诙谐、调皮、关心、机智、热情的光泽。真的，怎能包含这么多的内容。当你和她接触时，实体的林徽因便消失了，而感受到的则是她带给你的美，和强大的生命力，她是这么吸引我，我几乎像恋人似的对她着迷。

一屋的兴高采烈，那些建筑的音符文学的音符理想的音符在飞。然待来客一走，林徽因再支撑不住，软软地倒下。所有强撑的光华，瞬间黯淡。夜是那么的长和难捱，她不停地咳喘，疼痛似蚂蚁啃骨头，让她发出呻吟。一声声，落在夜的黑里头，在夜色里消融。一俟白天，一夜的辗转疼痛，再不见痕迹，她又变得异常活跃与兴奋，精神饱满地迎接来访的青年学生和教师。

什么才是真的人生？她说，是一首曲子，她是歌唱的；她说，是河流，她是条船，一片小白帆。而我要说，人生是开在她心跳里的一朵花，她用她全部的智慧、热情、爱和信念浇灌着它，使它永远鲜活着、绚烂着、炫亮了这个世界。有人说，林徽因之后，再无林徽因。她成为这个世界的绝版。

生命是一场泅渡，由此岸，到彼岸。

多数人此岸寻常，一路无波无浪、无险无难。像轻尘落进水里，寂然无痕，也是一生。这多少有些空白得无趣。

上苍给林徽因设计的路上，遍布荆棘，她每走一步，都得烙下血的痕迹。她忍受疼痛的同时，也书写下生命的辉煌。

一九四七年冬，结核的病毒入侵了她的一个肾，得动大手术切除。她不得不暂放下工作，听话地住进医院，做全面检查，等待手术。凛冽的风，拍打着医院狭长的门窗，前庭水泥铺成的巴洛克式的台阶和通道上，飘落一点两点枯叶。她也像一枚挂在树梢的枯萎的叶，将落未落，再架不住一丝风吹。

尽管生死未卜，她还是以一贯乐观的口吻，告诉费慰梅她住院的事：

> 我应当告诉你我为什么到医院来。别紧张，我只是来做个全面体检，做一点小修小补——用我们建筑术语来说，也许只是补几处漏顶和装几扇纱窗。昨天下午，一整队实习和住院大夫来彻底检查我的病历，就像研究两次大战史一样。我们（就像费正清常做的那样）拟定了一个日程，就我的眼睛、牙齿、肺、肾、饮食娱乐和哲学建立了不同的分委员会。巨细无遗，就像探讨今日世界形势的那

些大型会议一样，得出了一大堆结论。同时许多事情也在着手进行，看看都是些什么地方出了毛病；用上了所有的现代手段和技术知识。如果结核菌现在不合作，它早晚也得合作。这就是逻辑。

这就是林徽因，如蚌育珍珠，痛留给她自己，呈现给世界的，永远是她的光华明朗、风清月白。

手术很成功。虽然因她体质太差，花了好几个月的时间，伤口才勉强愈合，但这足以让她对上苍感激万分，她走过人生的冬天，又侥幸回到春天。生命如雪融之后，柳枝上一抹鹅黄的新芽，重新启程。

梁家的茶会，又恢复正常。每天四点半，准时开始喝茶。茶客中，老朋友金岳霖是从不缺席的。张奚若夫妇、周培源夫妇和陈岱孙，也是常客，清华、北大的教授也占了一席。林徽因依然是茶会的中心，不管谈论什么，都能迅捷地抓住大家的注意力，她的语言又俏皮又活泼，格外惹听。

一次，她谈到苗族的服装艺术，着实实让大家吃了一惊，她简直就是个行家啊。从苗族的挑花图案，到建筑的装饰花纹，她都一一道来，还顺便介绍起我国古代盛行的卷草花纹的产生与流传，中国的卷草花纹实际上来源于印度，而印度的则来源于亚历山大东征。

梁思成的话不多，他总是微笑着，侧耳倾听林徽因说话，不时帮她挪挪靠垫，以使她坐得更舒服一些。或者，捉住林徽因一只手，轻轻抚。他偶尔插上一两句，准能引得大家哈哈大笑。

林徽因也笑，苍白的脸上，泛起红晕。一路走来，风雨兼程，他们两个夫唱妇随，不舍不离。因他，她放下大小姐的身架，为他生儿育女，洗手做羹汤。因她，他无师自通，成了第一流的"护士"：他学会肌肉注射和静脉注射；他学会添煤倒渣；他为她配营养套餐；他给她安放各种大大小小的靠垫和垫圈……

亲爱的人，只要你在，整个世界就在。

曾看过一个调查问卷：假如能够选择，你最愿意生活在哪个时代？

答案五花八门。说诗经年代的有。说唐朝的有。说宋朝的有。但没有一个人选择民国时期。

那个内有军阀割据、外有强敌入侵的年代，山河破碎，民不聊生，才华与理想，找不到立锥之地。能够侥幸活下来，已成了最为奢侈的事。

血泪成河，也只能无声无息地流。抗战的胜利，让伤痕累累的林徽因多么兴奋，她以为，从此可以共享太平。谁知内战跟着爆发，她欢喜的一口气还没喘过来，眼前的大好河山，又再次面临生灵涂炭。这个才华卓绝的女子，她深深热爱这个祖国，热爱她脚下的这片土地。她和思成都曾有机会离开它，到美国去，那里有好的医疗设施，有安稳的生活环境，有优厚的工作报酬。但他们拒绝了，他们说，我们的祖国正在灾难中，我们不能离开她，假如我们必须死在刺刀或炸弹下，我们要死在祖国的土地上。

现实回报给他们的，却是一次接一次的鲜血淋淋，无止无境。她近乎绝望了，给远在天边的朋友费慰梅写信，笔下字字是悲、是伤、是痛、是泪：

> 正因为中国是我的祖国，长期以来我看到它遭受这样那样的雇难，心如刀割。我也在同它一道受难。这些年

来，我忍受了深重的苦难。一个人一生经历了一场接一场的革命，一点也不轻松。正因为如此，每当我觉察有人把涉及千百万人生死存亡的事等闲视之时，就无论如何也不能饶恕他……我作为一个"战争中受伤的人"，行动不能自如，心情有时很躁。我卧床等了四年，一心盼着这个"胜利日"。接下去是什么样，我可没去想。我不敢多想。如今，胜利果然到来，却又要打内战，一场旷日持久的消耗战。我很可能活不到和平的那一天了（也可以说，我依稀间一直在盼着它的到来）。我在疾病的折磨中就这样焦躁烦躁地死去，真是太惨了。

战争的结局，却越来越明朗，国民党节节败退，做着南撤的准备，北大、清华要随之南迁。不少人劝梁思成、林徽因离开北平，或是出国，他们没有响应。他们早厌倦流亡的日子，对即将到来的新政权有着期待。

一九四八年十二月十三日晚，北平城内响起激烈的枪炮声。梁思成和林徽因彻夜未眠，他们焦虑不已忧心如焚，外面每一声炮响，都落在他们的心尖上，他们感觉到自己的生命，正一点一点被蚀去，珍贵的古城，完了。

然而，让他们做梦也没想到的是，不久后的一个深夜，几个戴着大皮帽子的解放军干部登门造访，诚恳地向他们夫妇请教，一旦被迫攻城时，哪些文物必须设法保护。来人摊开特地带来的军用地图，请梁思成在上面标出那些文物的位置。

绝处逢生，柳暗花明，是人生最大的欢喜。夫妇二人喜极而泣。

他们和相关人员一起，夜以继日，在极短的时间内，编写出《全国重要文物建筑简目》一书，交给解放军。全书共四百五十多个条目，每个条目下，都详细注明了该文物建筑所在的地点、文物性质、建造及重修年代，并且描述了它们的意义和价值。像北平，梁思成就在下面如此备注：

世界现存最完整最伟大之中古都市，全部为一整个设计。对称均齐，气魄之大举世无匹。

林徽因对所有条目进行最后审核，她在扉页上郑重地写下这样一行字：

本简目主要目的，在供人民解放军作战及接管保护文物之用。

解放后，这本书经修订，由国务院颁布，成为研究全国各地文物建筑的"标本"。

那个冬天，北平是残破的，苦寒的、凛冽的风，刮尽城内槐树上最后一片叶子。空气中，却隐约着一种气息，跃跃的，如梁家窗前梅枝上的蛛丝，像银，像玻璃，在人的心上，闪着亮。

林徽因的心中，又蓄满向往，等等，再等等，冬天过后，便是春暖花开。

倾我一生一世念

硝烟散去，再见晴好。

遭受重创的中华大地，终于迎来太平。

光阴消，人还在，虽伤痕累累，但胸腔的一口气尚热，九死一生。感激吧，上苍慈悲。

沉郁的一页翻过去，天也新，地也新，人也新。一九四九年三月，林徽因被清华大学正式聘为建筑系一级教授，主讲《中国建筑史》。五月，梁思成被任命为北京市都市计划委员会副主任，林徽因被任命为委员会委员。八月，梁思成被任命为国旗、国徽评选审查委员会委员。九月，林徽因接受了参与设计国徽的任务。九月三十日，梁思成、徽因被聘为人民英雄纪念碑建筑委员会委员。这年，林徽因还当选为北京市第一届人民代表大会代表、全国文代会代表等。

新中国成立后，林徽因在《新观察》上开辟专栏——我们的首都。很快撰写出《中山堂》《北海公园》《天坛》《颐和园》《雍和宫》《故宫》等十一篇文章，分期介绍北京的各个文物古迹的历史。

英雄终找到用武之地。

日子是新剥开的笋，清新、洁白、饱满，林徽因常常兴奋得夜不能寐。往事繁华也好，凄凉亦罢，都掩埋成冢。铅华洗尽，素颜对锦年，是欢喜不迭的。新社会提供的舞台那么大，她不再仅仅是梁太太的身份，而是作为独立的个体，由幕后走到前台，舒袖揽天光。她的心，日日在雀跃，仿佛回到十六岁的年纪，踮着脚，朝着理想的彼岸奔去。

梁家的下午茶，多出了许多新面孔，年轻人居多，那是建筑界的后备力量。他们热烈地讨论着、探究着、筹划着，林徽因的视野，不再是狭小的文艺的圈子，而是广阔的、参与新社会建设的。四野青碧，天高云淡，只等着她去策马纵横。

这年，林徽因四十六岁。病魔常来敲门，她很多时候，只能半卧在床上。但精神的愉悦，有时可以迸发无穷的力量，她全身心投入到参与国徽的创作之中，查阅了大量的古代典籍和国外资料，以她独特的审美视角，和建筑家的素养，提出了许多新的构思。譬如国徽只用红、金两色，既喜庆又吉祥，富丽庄严，很具中国特色。她又把建筑的理念，引入到国徽的设计中，使图徽的构图更加开阔和稳定。

这段时期，去梁家拜访的人，无一例外的，首先见到的景象是，满屋铺天盖地的图纸。女主人林徽因半卧在床，吃劲地伏在一张特制的小几上，全神贯注地在画图。

一九五〇年六月二十三日，全国政协一届二次大会召开，林徽因以设计小组代表的身份列席。当她亲眼见到全体代表起立，一致鼓掌通过了由梁思成领导、她参与设计的国徽图案时，她虚弱的身子，激动得战栗不已，热泪夺眶而出。

风起尘落，她的才华，终于如花肆意怒放。

时光是一只蹑手蹑脚走着的猫，才一眨眼，它已翻过墙头去了。

林徽因清醒地知道，自己的时日不多了。

她像个贪心的孩子，面对一堆花花绿绿的糖果，恨不得遍尝了去。

除了建筑外，她爱大自然，爱文学，爱音乐，爱戏剧，爱舞台设计……她对太多的事物，抱有浓厚兴趣，且都能很快融入进去。她听劳伦斯·奥列弗的莎剧台词唱片，能模仿这位英国名演员的语调，绘声绘色念出里面的台词。大冬天里，外面滴水成冰，她不顾梁思成的担忧和劝阻，坚持要外出，只因大礼堂里在演歌剧，她要去观看。而那不过是一无名文工团的演出。

突然的，她就撞见了景泰蓝。

那是一只漂亮的小花瓶，孔雀蓝的底色上，盘着赭色和金色的花纹，端庄艳丽，金碧辉煌。她的呼吸在瞬间变得急促，如在千万人之中，遇到对眼的那一个，四目相对的刹那，电光火石，她爱了。

她特地跑去制作景泰蓝的小作坊，看老工人们如何制胎、掐丝、点蓝、磨光、镀金，她觉得这项工艺充满了神奇。老工人们却忧伤地告诉她，这项工艺，已濒临停顿，快要失传了。

拯救景泰蓝！她发出这样的呼唤。

这个时候，她的身体状况极为糟糕，肺部布满黑洞，结核菌已从肺到肾、到肠，她整日咳嗽气喘，一天吃不了二两饭，即便依靠安眠药，她的睡眠也极少。但为了景泰蓝，她到达忘我的地步，在思成的陪同下，一次又一次跑到景泰蓝的制作作坊去搞调研，她很快找到了问题的症结所在：景泰蓝传统产品的造型庸俗，色彩单一，图案繁琐。

她和梁思成商议决定，在清华建筑系成立一个美术组，专门设计景泰蓝的新图案。她以惊人的毅力，和美术组的同仁们一起设计。她对我国历代图案，都进行了悉心研究。后来，敦煌壁画给了她启发，她立即着助手绘出以敦煌飞天为主题的景泰蓝图案。当成品出来，惊艳了所有在场的人。

这款景泰蓝，很快派上了用场。其时，亚太地区和平会议正在北京召开，会议筹备组为各国代表准备的礼物，就是这极具鲜明的中国特色的景泰蓝。当礼物抵达代表们的手中时，他们发出一连声的惊叹，真是美极了！最开心的莫过于林徽因，她在《新观察》上撰文《和平礼物》，如此写道：

　　我们选择它是因为解放以后，我们新图案设计的兴起，代表了我们新社会在艺术方面一股新生的力量。它在工艺方面正是剔除封建糟粕、恢复民族传统的一支文化生力军。这些似乎平凡的工艺品，每件都确是既代表我们的艺术传统，又代表我们蓬勃气象的创作。我们有很好的埋由拿它们来送给为和平而奋斗的代表们。

林洙有幸得到林徽因亲自设计的景泰蓝作品，那是两个精美的小罐，下半部是素净的浅驼色，上半部是黑地嵌有铜丝及赭色图案的花纹，造型优美，图案典雅。林洙后来在回忆林徽因时，深情地写下这样的话：

> 景泰蓝现在已被认为是具有中国民族特色的手工艺品，而立于世界手工艺品之林。有朝一日人们也许会专为北京景泰蓝写一本书，但是人们会不会记得有一个被结核病苦苦折磨的弱女子，为它献出了自己最后的心血。

记得如何，不记得又如何？林徽因要的是一个搏击无悔的人生，挥动她思想的利剑，舞它那一瞥最敏锐的锋芒。

"感谢生命的讽刺嘲弄着我，会唱的喉咙哑成了无言的歌。"林徽因写下这样的诗句时，是多么无奈，她对自己的生命，已无能为力了。但只要一息尚存，她就不甘心躺倒。

那几年，她为建筑系的研究生开设住宅设计和建筑史方面的专题讲座，家里常常学生满座，她就在床褥之间，开始她的演讲。其治学态度之严谨，令人动容。

一些年后，梁思成的学生在《梁思成文集》的序言中，描述了当时场景：

> 每有学生来访，（她）总以振奋的心情尽情地为学生讲解，古往今来，对比中外，谑语雄谈，敏思遐想，使初学者思想顿感开阔。学生走后，常气力不支，卧床喘息而不能吐一言。

林徽因对美术方面的钻研，也极其专业。一九五三年前后，北京文物整理委员会编纂一本《中国建筑彩画图案》，请她审稿并作"序"。她看后，对其中的一些彩插效果很不满意，就直言不讳地写信指出：

> ……原来的构图是以较黯的青绿为两端箍头藻头的主调，来衬托第一条梁中段以朱为地，以彩色"吉祥草"为纹样的枋心，和第二条梁靠近枋心的左右红地吉祥草的两段藻头。两层梁架上就只点出三块红色的主题，当中再隔开一块长而细的红色垫板，全梁青、绿和朱的对比就清清楚楚、明明白白，一点也不乱。
>
> 从花纹的比例上看，原来的纹样细密如锦，给人的感觉非常安静，不像这次所印的那样浑圆粗大，被金和白搅得热闹嘈杂，在效果上有异常不同的表现。青绿两色都是中国的矿质颜料，它们调和相处，不黯也不跳；白色略带蜜黄，不太宽，也不突出。在另外一张彩画上看到，原来细致如少数民族边饰织纹的箍头两旁纹样，在比例上也被你们那里的艺人们在插图时放大了。总而言之，那张印样确是"走了样"的"和玺椀花结带"，与太和门中梁上同一格式的彩画相比，变得五彩缤纷，宾主不分，八仙过海，各显其能，聒噪喧腾，一片热闹而不知所云。从艺术

效果上说，确是个失败的例子。

是什么造就这个女子，有如此机敏的洞察力、过人的鉴赏力和文采？百炼成钢绕指柔。

她犹如一支烛火，哪怕燃到生命的最后，也还要举着那枚熊熊红焰，明艳艳的，照亮周围的一切。

她一生盛开如许，幽香，四下里浮散。

诗人艾青有两句流传甚广的诗句：

> 为什么我的眼里常含泪水？
> 因为我对这土地爱得深沉。[1]

这两句诗，用来形容晚年的林徽因，真是再贴切不过了。她和思成爱北京，是爱到骨子里、爱到血液中的。新中国成立后，北京城面临着改造，她被任命为北京都市计划委员会的委员，梁思成被任命为副主任。她是何等的兴奋，以为一切的建筑活动，都能服从统一的计划，从而实现真正科学、合理的城市布局。

他们很快拿出方案，列出数条观点，其核心是，建议将中央行政中心设在月坛以西、公主坟以东，以完好地保存北京旧城的古建筑。

然而，他们的声音，多么微弱，如虫鸣深秋，无情地被秋风淹没。整个世界，一片砖瓦木石的碎裂声，他们眼睁睁看着一座座古建筑被拆除，一处处富有民族特色的王府和装满北京风味的四合院被铲平，那种滋味，如同把他们搁置在炭火上烧烤，又如同剥皮割

---

[1] 诗引自艾青《我爱这土地》。

肉。眼看着拥有五百年历史的古城墙，也将丧身在推土机之下，他们的心，在滴着血。

伟大的北京城墙，它的产生、它的变化、它的平面形成凸字形沿革，充满了历史意义。它的朴实雄厚的壁垒，宏丽嶙峋的城门楼、箭楼、角楼，也正是北京体形环境中不可分离的艺术构成部分。

——她和梁思成如此深情地写道，试图挽救这些人类瑰宝。然最终，他们的努力失败了。

梁从诫在纪念母亲的文章《倏忽人间四月天》中，行笔至此，难抑悲愤，几度哽咽：

> 母亲几乎急疯了。她到处大声疾呼，苦苦哀求，甚至到了声泪俱下的程度。她和父亲深知，这城墙一旦被毁，就永远不能恢复，于是再三恳求下命令的人高抬贵手，刀下留城，从长计议。然而，得到的回答却是：城墙是封建帝王镇压人民对抗农民起义的象征，是"套在社会主义首都脖子上"的一条"锁链"，一定要推倒！又有人动员三轮车（如此落后的交通工具！）工人在人民代表大会上"控诉"城门、牌楼等等如何阻碍交通、酿成车祸，说什么"城墙欠下了血债"！

清风朗朗，不见神明。林徽因和梁思成如一叶孤舟，在汹涌的海浪中上颠下簸，举头仰望，四海苍茫。林徽因绝望地向天诘问：

> 为什么经历了几百年沧桑、解放前夕还能从炮口下抢

五〇年代初的梁思成、林徽因

救出来的稀世古城，在新中国的和平建设中反而要被毁弃
呢？为什么我们在博物馆的玻璃橱里那么精心地保存起几
块出土的残砖碎瓦，同时却又要亲手去把保存完好的世界
唯一的这处雄伟古建筑拆得片瓦不留呢？

无知是人类最大的敌人，它对人类的伤害，有时是毁灭性的。
北京古城那些宏丽的牌楼、那些精美的古建筑，在历史的烟尘里呜
咽。令人扼腕的是，这样的无知，今天仍在延续，张眼处，到处都
在拆旧换新，我们脚下美丽的大地上，很难再寻到稍微上了点古的
建筑。当年林徽因的话，犹在耳边，振聋发聩：

你们真把古董给拆了，将来要后悔的！即使再把它恢
复起来，充其量也只是假古董！

人类啊，你到什么时候才能清醒？

当林徽因的生命进入倒计时，艺术的焰火，成了支撑她再走一
程的唯一的光。她接下了负责设计人民英雄纪念碑弥座装饰浮雕的
任务，梁思成和雕塑家刘开渠则主持纪念碑的整体设计。

病榻上，她参阅了世界各地、各时代的花草图案，反复对照、
研究，画下数千张草图，笔下的每一朵花、每一枚叶，她都要描绘
上百次。梁从诫每从学校归家，都会看到相同的景象，他亲爱的妈
妈的床头，几乎每一张纸片上，都有妈妈灵感来时，匆匆勾勒出的
某个图形。那些图形，像音符，如旋律，在纸上飞。

梁思成去莫斯科了，纪念碑设计的很多工作，便都落到林徽因
头上。林徽因不以此为苦，反倒以此为乐，那是她终身醉心的艺

术，她要为它献出最后一滴热血。

她和思成分居两地，彼此的挂念，只能通过书信来表达。北京的三月，还偶有雪花落下，彻骨清凉。她给思成写信，絮絮的，亲昵的，一如你我的家常：

> 思成：
>
> ......
>
> 我现在正在由以养病为任务的一桩事上考验自己，要求胜利完成这个任务，在胃口方面和睡眠方面都已得到非常好的成绩，胃口可以得到九十分，睡眠八十分。现在最难的是气管，气管影响痰和呼吸又影响心跳甚为复杂，气管能进步一切进步最有把握，气管一坏，就前功尽废了。
>
> 我的工作现实限制在碑建会设计小组的问题，有时是把几个有限的人力拉在一起组织一下分配一下工作，技术方面讨论如云纹，如碑的顶部；有时讨论应如何集体向上级反映一些具体意见作一两种重要建议，今天就刚开了一次会，有阮邱莫吴梁连我六人，前天已开过一次，拟了一信稿呈郑副主任和薛秘书长的，今天阮将所拟稿带来，又修正了一次，今晚抄出大家签名明天可以发出......再冰小弟都曾回来，娘也好，一切勿念。
>
> ......

这封信写于一九五三年三月十二日。隔几天，她又忍不住写下一封长信，依然是絮絮的家常，婚姻多年，寒暖共度，他们早已融入彼此的生命，成为最亲的亲人：

思成：

今天是十六日。此刻黄昏六时，电灯没有来，房很黑又不能看书做事，勉强写这封信已快看不见了。十二日发一信后仍然忙于碑的事。今天小吴老莫都到城中开会去，我只能等听他们的传达报告了。讨论的内容为何，几方面情绪如何，决议了什么具体办法，现在也无法知道……

中饭后老金小弟都走了。再冰留到下午六时，她又不在三月结婚了，想改到国庆，理由是于中干说他希望在广州举行，那边他们两人的熟人多，条件好，再冰可以玩一趟。这次他来时间不够也没有充分心理准备，六月又太热。我是什么都赞成。反正孩子高兴就好。

我和身体方面吃得那么好睡得也不错，而不见胖，还是爱气促和闹清痰打"呼噜出泡声"，血脉不好好循环冷热不正常等等，所以疗养还要彻底，病状比从前深点，新陈代谢作用太坏，恢复的现象极不显著，也实在慢，今天我本应该打电话问校医室血沉率和痰化验结果的，今晚便可以报告，但因害怕结果不完满因而不爱去问！

学习方面可以报告的除了报上主要政治文章和理论文章外，我连着看了四本书都是小说式传记。都是英雄的真人真事……

还要和你谈什么呢？又已经到了晚饭时候该吃饭了只好停下来（下午一人甚闷里头肇业来坐一会儿很好太闷着看书觉得晕昏）。（十六日晚写）

（十七日续）我最不放心的是你的健康问题，我想你的工作一定很重，你又容易疲倦，一边又吃Rimifon①，不知是否更易累和困，我的心里总是惦着，我希望你停Rimifon吧，已经满两个半月了。苏联冷，千万注意呼吸器官的病。

……

千言万语，化作一泓溪流，在彼此的心里，不倦地流——亲爱的人，你必得好好的，我亦会努力好好的。

纪念碑碑座的纹饰，林徽因最终决定采用唐代的风格。她认为，唐代雕塑吸收了南朝文化精致、细腻、华美的优点，又刚柔并济，浑厚中有灵巧，粗犷中有妩媚，豪放中有细腻，凝重中有轻盈。这种完满、和谐，能更好地表达人民对英雄的歌颂与怀念。

她和助手们反复推敲，最终选定三种花卉做碑座的装饰。一是牡丹，繁荣富强；二是荷花，洁白不染；三是菊花，坚贞不败。旁用橄榄枝环抱，形成了一个瑰丽的大花环。

这是她留在这世间的最后一件作品。她之后，风沙几度，掩埋掉无数的人和事，她的大美，却如碑座上的荷，洁白如初，倾倒众生。

又是一年秋。北京的秋天，色彩最为炫丽。香山的红叶红了。街边的银杏，撑着一树金黄的花朵般的叶。一切的花草树木，充满稚气，又充满豪奢。

林徽因却不能在这个秋天雀跃了，她的病情急剧恶化，她不停地咳着喘着，白天连着夜的黑。这一年，中国建筑学会成立，她还

---

① 雷米封，一种肺结核特效药。

被选为理事，筹办《建筑学报》。然《建筑学报》推出创刊号后，她就倒下了，成了一阕未完的歌。

一九五五年年初，林徽因住进了北京同仁医院。梁思成因旧病复发，也不得不住进去，夫妇二人的病房紧挨着。梁思成的病势只要稍稍好转一点，他就会撑着去徽因的病房，坐在那里陪她。彼时的林徽因，已衰弱到说话也难，但她瘦得凹陷下去的眼睛，望向伴她一生的这个人，蓄满深情。

病房里静静的，他们的眼神，交会缠绵在一起，从青春，到白头。记忆是繁密的一场花开，朵朵都是一往情深。倾我一生一世念。

外面风雨呼啸，一场轰轰烈烈的批判运动，正拉开序幕，全国建筑界亦开始了对"以梁思成为代表的资产阶级唯美主义的复古主义思想"的批判。病床上的林徽因，隐约听到风声如雷、雨声如注，她不要去争，她也无力去争了。

我自倾杯，君且随意。人生有时就是一场独饮独唱，几多无奈付东风。

第七章

一树花开四月天

一曲天籁

　　如果时光能够倒流，我们多想回到从前。从前，蓬勃的生命，饱满如一颗颗新鲜的水蜜桃。时光泼泼洒洒，像一叶橹摇的船，晃晃悠悠，满载着鲜花、爱情，还有葱茏的活泼和姣好。有好年华作底子，一路高歌，无所畏惧。

　　晚景却薄凉。

　　这是林徽因的晚年。她在病中，死神已一次一次来叩门。她时而迷惑，时而清醒。清醒时，思绪便如一群小羊，跑回到她的繁盛地。那里，水肥草美，春天是一支唱不完的歌。而她，容颜如水，才华灼灼，在一群宾客中间，她是众星捧月的那一个。

　　但到底，有些憾。她能让男人欣赏、追随、迷恋，身边却少有女性朋友。她生性要强，又聪明又漂亮，集万千宠爱于一身，自然隔开了和一般人的距离。加上那个时候，年轻气盛，又是顶顶小资的，爱喝下午茶，爱穿着白袍子对着荷花吟诗，爱谈艺术谈文学谈建筑这些高雅的话题，虽也洗手做羹汤，却做不到沦为庸常，这更让一般女性望而却步。她的光芒太过耀眼，终把别人给伤了，尽管那不是她本意。李健吾曾说过这样的话：几乎妇女

295

全把她当作仇敌。

这真是孤寂到寒凉，是一花独放的寒凉。

月色清浅，她多盼望能有一个同性知己，跟她一起，远离俗世琐碎，在精神的王国里畅游，栽花种草，做女王。

林徽因清楚地记得，那是一九三二年的五月。北平的春天，姗姗来迟，但到底来了。院子里的丁香花和马缨花，哗啦啦开了一树。阳光钻石一样的，镶嵌得到处都是。空气中，浸染着槐花甜蜜的气息。她和梁思成去参加一个欧美同学会，在聚会上，她被一对新人吸引，从此引为知己。

那是一对刚从美国来的新婚夫妇——费正清和费慰梅。这个时候，他们还没中文名。有着一头金色头发、个子高高的小伙子，叫约翰·金·费尔班克，他的父亲是名律师，母亲是名女权主义者，这样的家庭，熏陶出他敏感的政治嗅觉。他在哈佛读过书，又到牛津攻读东亚研究，对中国这个古老的东方国家，产生了浓厚的兴趣。他跑到中国来，想深入研究这个古老的国家，他最终成了美国研究中国的头号专家。

有着白皙肌肤深邃的蓝色眼睛的姑娘，叫维尔玛·丹尼欧·坎农，她的父亲是哈佛大学的生理学家，她在哈佛攻读的是艺术史，和约翰在哈佛相识。约翰来到中国，她追随而来，两个人在离北总布胡同数百米的羊宜宾胡同里，租房住下，结成连理。

古都的生活，令这对年轻人陶醉不已。黄昏时分，他们沿着古老的城墙漫步，然后乘车穿过宫殿大门，抵达他们居住的胡同，在烛光里，开始他们的晚餐。外面，传来人家举行婚礼的笛声和铜锣声，热热闹闹一片。

友谊的到来，有时还真说不清。它或许只是一个眼神的会意，只是一句话的交融，就那样，深深驻入彼此心里，我千寻万觅的友人，就是你了。在林徽因，还有美国的情结在里面，好几年前，她在美国求学时，就对美国女孩子留下了无比深刻的好印象：

> 我得承认刚开始的时候我认为她们很傻，但是后来当你已看透了表面的时候，你就会发现她们是世界上最好的伴侣。

两对年轻夫妇，很快打成一片。梁思成根据约翰和维尔玛的英文译名，分别给他们取了中文名费正清、费慰梅。

女人与女人的友谊，有时来得更为真切与深厚。因为只有女人更懂女人，一旦靠近，便成亲密。

费慰梅的出现，及时弥补了林徽因内心的漏洞——失去徐志摩的痛；养儿育女的繁琐与忙碌；家务的牵绊；林家和梁家两大家族的往来；和娘的矛盾……她终找到倾诉对象。不单单是这样，费慰梅的活泼，和对艺术的热情，以及极高的生活品位，和她极为相似。她们只要在一起，便热烈地交谈。她说一口流利的英语，带着爱尔兰口音，比母语还流畅动听。徐志摩在世时，她和徐志摩常用英语对话，书信往来，也都是英文。徐志摩失事后，她通向那个美丽语言的窗口，几乎关闭了。那种失落，只她自知。现在，她终于过足了英语瘾，仿佛重回十六岁的少女时期，酣畅淋漓。

她们的住处相距不远，这给她们频频接触提供了机会。费慰梅经常骑着自行车，或坐人力车，在天黑的时候到梁家来。仆人来开门，天井里，红漆的双扇大门，吱呀一声，费慰梅的心，就欢喜地跳出来。她径直穿过小花园，去找林徽因。两个人手执着手，在起居室的一个暖和的角落里坐下来，仆人端上两杯新泡的热茶，她们便开始了热烈的交谈，那是为对方蓄了一肚子的话。有时，她们会聊聊中国和美国的不同价值观和生活方式，很多时候聊的是文学、艺术和冒险方面的故事，一些藏在心头的秘密，也愿意让对方知道。

徐志摩，这个隐藏在林徽因心头的痛，终找到寄存的地方，那就是费慰梅的倾听和同情：

> 天才的诗人徐志摩当然是其中的一个。她不时对我谈起他，从来没有停止思念他。我时常想，她对我用流利的英语进行的题材广泛、充满激情的谈话，可能就是他们之间生动对话的回声，那是她作为一个小女孩在伦敦时就为她打开了一个更广阔的世界。

尽管几乎天天见面，她们还是喜欢给对方写信，情人一样的。林徽因在信的开头，喜欢写上：最最亲爱的慰梅。而费慰梅回应的则是：徽因我亲爱的。

你是五月，八百里为我吹开。两个女人完全回到她们的小姑娘年代，像一树的花开，天真、纯粹、透明，举着满身的欢喜。

受林徽因夫妇的影响，费慰梅也很快迷上了野外考察。还在哈佛念书时，她就对中国山东武梁祠的汉代拓片着迷，一到北平，她立马买了一套纸拓片研究，常常一看就是几个小时，简直到了神魂颠倒的地步。为此，她特地跑去山东，拜谒武梁祠。这次拜谒，让她把对中国艺术的美学兴趣，和对武梁祠石块这样的考古遗存的建筑设计欣赏结合在一起，她在这个学术领域，渐渐有了名气。

林徽因夫妇与费慰梅夫妇等

一九三四年夏，费慰梅夫妇决定到山西汾阳消暑，他们在一座古老的石头磨坊中安顿下来。那里树木蓊郁，清澈见底的峪道河，流经那里，环境十分幽静优美，夏天的燠热被挡在山外。费慰梅知道林徽因正被家事所困，特地邀请他们夫妇到山西来度夏。她的邀请，让林徽因喜出望外，能暂时从繁重的家事中解脱出来，看看外面美好的世界，还能顺便对一些古建筑进行考察，对林徽因来说，是莫大的恩赐。

他们在峪道河畔会合了。四个人很快投入到野外考察中。近处的，他们就徒步或是骑驴子。路远的，就租了车过去。他们几乎时时刻刻待在一起，近距离的相处，让他们的友谊进一步加深。多年后，费慰梅这样回忆道：

> 我们在北京和思成在一起的时间是很有限的，但在峪道河他就是我们中间的一员了。我们四个人每天三顿饭都在一起吃，头一天我们就发现他爱吃有辣椒的菜。这个沉默寡言的人在饭桌上可是才华横溢的。我们吃饭的时候总是欢闹声喧……

> 徽因就像她历来的那样，对于周围事物是极端敏感的。当她休息好了的时候，她对于美丽的景色和有意思的遭遇报以极端的喜悦。但是当她累了或由于某种原因情绪低落的时候，她可能是非常难对付的。当环境不好的时候我们大家都不好受，可是她在这种时候就会大声咒骂起来，这对于从小就受到父母教育要"为了别人做一个好运动员"的我来说刺激可就大了。我开始怀疑。她面对现实而大声抗议；而我，作为一个"好运动员"却静静地、消极地等待它的过去，到底谁对？可能两个都对，

可能两个都不对。我们是两个不同的人，两种出自完全
不同教养的人。

不装不伪，率性而为，这才是真实的林徽因。她的这种真，或
许才是吸引费慰梅这个美国女子的地方。费慰梅说：这一个星期我
们朝夕相处喜怒与共，孕育了长年的亲密友谊。

山西归来，林徽因夫妇和费慰梅夫妇回到近邻的日子里，还是
常常见面，一见面就滔滔不绝。

这样的宁静，却很快被打破，日本加紧了侵华步伐，北平成了
它觊觎的一块"肥肉"。清华的教授们准备南迁，林徽因无限悲伤
地打点行装：

> 思成和我已经为整理旧文件和东西花费了好几个小
> 时。这些年的生活居然积存了这么一大堆杂物！我看着这
> 许多故旧，它们是由这么多人和这么多可爱的事物组成
> 的，而现在它们都受到了威胁，我们发现这事情真是难以
> 形容的悲伤。特别是因为我们现在是在事物悲惨的一端悬
> 着，对于前途只有非常模糊的期望……

这是一九三五年。费慰梅夫妇在中国的学业也已结束，他们
决定在这年圣诞节离开。这个时候，又发生了一档事，林徽因所
钟爱的《大公报》，被日本人下令无限期停刊，这让林徽因愤懑
不已。外侮入侵，前途黯淡，加上离愁别绪，使林徽因的情绪跌
落到低谷。

为使这个好朋友快乐起来，费慰梅很是动了一番脑筋，最后

她想到骑马，这对恢复徽因的健康亦有好处。当时，驻北京的外国人为了玩马球，从蒙古引进了一批马。马童站在指定的城门外，把上好鞍的马牵给顾客，顾客可以骑着它，出发去往辽阔的乡村。

林徽因有在山西骑驴的经验，她很快爱上了这项运动，为此，她特地备了一套行头——一对马靴、一套暖和的衫裤，以及一顶舒服的皮帽子。她兴致勃勃地跟着费慰梅一起，扮演着她的新角色——女骑师，迎着料峭的寒风策马疾驰，姿势优美，两颊潮红，黑眼睛闪闪发亮，容光焕发。

这一小片快乐，如梦似幻，像一首歌，轻快又短暂。然给林徽因留下的美好，在经年之后，依然散发出幽香。她对费慰梅的喜爱之情里，融入了深深的感激：

　　　　自从你们两人在我们周围出现，并把新的活力和对生活、未来的憧憬分给我以来，我已变得年轻活泼和精神抖擞得多了。每当我回想到今冬我所做的一切，我都是十分感激和惊奇。你看，我是在两种文化教养下长大的，不容否认，两种文化的接触和活动对我来说是必不可少的。在你们真正出现在我们（北总布胡同）三号的生活中之前，我总感到有些茫然若失，有一种缺少点什么的感觉，觉得有一种需要填补的精神贫乏。而你们的"蓝色通知"恰恰适合这种需要。另一个问题，我在北京的朋友年龄都比较大也比较严肃。他们自己不仅不能给我们什么乐趣，而且还要找思成和我要灵感或让我们把事情搞活泼些。我是多少次感到精疲力竭了啊！

　　　　今秋或不如说是初冬的野餐和骑马（以及到山西的旅

行）使整个世界对我来说都变了。想一想假如没有这一切，我怎么能够经得住我们频繁的民族危机所带来的所有的激动、慌乱和忧郁！那骑马也是很具象征意义的。出了西华门，过去那里对我来说只是日本人和他们的猎物，现在我能看到小径、无边的冬季平原风景、细细的银色树枝、静静的小寺院和人们能够抱着传奇式的自豪感跨越的小桥。

分别之际，林徽因把一只在林家待了六十年的红木箱子送给费慰梅，里面装满了各种漂亮的中式服装。她用她最珍爱的，来回报这段友情。

我们常说聚散随缘。再好的友谊，也会随着离散而越走越淡，直至消失殆尽，隔些年回想起，彼此面容模糊，恍若梦一场。然世间却有这样一种友谊，它不因时间和空间的阻隔，而相忘于江湖，反倒离散越久，思念越深，历久弥新。

隔着一条大洋，隔着无数的山和水，林徽因和费慰梅这对异国朋友，罕见地维持着她们的友谊。云中锦书频传，仿佛她们从未曾分开过。在那些颠沛的流亡途中，在隐居四川乡下最为困顿的日子里，费慰梅的信，无疑成了林徽因最有力的支撑。无论悲欢疾苦，她都愿意拿出来，与这个亲密的朋友分享：

为了能挤上车，每天凌晨一点我们就要摸黑爬起，抢着把我们少得可怜的行李和我们自己塞进汽车，一直等到十点，汽车终于开动。这是一辆没有窗户、没有点火器、实际上什么也没有的家伙，爬过一段平路都很困难，何况

> 是险峻的高山……

这是在去往昆明的逃难途中,九曲回肠。

待抵达昆明,稍稍安顿后,林徽因又兴致勃勃欣赏起美来,她告诉慰梅:

> 这儿的阳光总是异常的明媚,天空昼夜湛蓝,云朵自在惬意地飘动。

然昆明也非避难地,敌机的轰炸转眼就到眼前:

> 最最亲爱的慰梅、正清:我恨不能有一支庞大的秘书队伍,用她们打字机的猛烈敲击声去盖过刺耳的空袭警报,过去一周以来这已成为每日袭来的交响乐。别担心,慰梅,凡事我们总要表现得尽量平静。每次空袭后,我们总会像专家一样略作评论,"这个炸弹很一般嘛"。之后我们通常会变得异常活跃,好像要把刚刚浪费的时间夺回来。你大概能想象到过去一年我的生活大体内容,日子完全变了模样。我的体重一直在减,作为补偿,我的脾气一直在长,生活无所不能。

他们迁往昆明的乡下龙头村,掏光所有家底,外欠一笔债,在那里搭建了一个温馨的小窝。这期间,费慰梅常常寄支票来,其中一笔钱,刚好帮他们偿还了建房欠下的那笔债务。那年中秋,林徽因给费慰梅写信,信中半是光彩、半是悲凉:

你们的信恰好在中秋前夜抵达。天气开始转凉，空中弥漫着愈来愈多的秋日泛光，景色迷人，花香四溢。——那些久已忘却的无数美好的记忆。

每个晨昏，阳光从奇诡的角度偷偷射来，触碰着我们对静谧和美，依然如此敏锐的神经，而这一切都混杂在眼前，这个满是灾难的世界里。

偏偏佳节降临，多像是对——逻辑的讽刺啊。别让老金看见这句。

他们在新居居住不过半年，又面临再次迁徙。这一次，长途跋涉到四川的李庄。这次迁徙，几乎丢掉林徽因半条命，到李庄后不久，她就卧床不起。费慰梅时刻关注着他们的一切，她给他们寄钱寄物，还寄来她首次出版的关于山东省武氏墓地汉代浮雕的一本书，让林徽因和梁思成喜出望外。那会儿，林徽因正沉浸在对汉代历史的研究中。

日本的轰炸，也不时骚扰到这个遥远的小乡村，中国的大地，几无净土。林徽因的信中，充满忧愤：

即使我几乎是百分百地肯定日寇决不会把炸弹扔到这偏远的小城镇李庄来，可是那一个小时前就在我们头顶上以那种无可名状的轰鸣声飞过的二十七架飞机仍然使我起鸡皮疙瘩——一种害怕在任何时候可能被击中的奇怪感觉。它们向上游飞去了，轰炸了什么地方，或许是宜宾，现在正以那种威胁的轰鸣声和致命的目的性从我们的头上缓缓飞过。我要说的是这使我感到恶心，然后我意识到我已经病得很厉害，而这不过是让我一时间里病得更厉害，体温有些微升高，心脏不适而心跳加速。在今天中国的任何地方，没有一个人能够远离战争。我们和它联成了一个不可分割的整体，不管我们是否实际参加打仗。

但随即，她又轻松起来，她是个不会把沉重扛在身上太久的女子，她跟费慰梅调侃起思成、她和老金来：

思成是个慢性子，喜欢一次就做一件事情，对做家务是最不在行了。而家务事却多得很，都来找寻他，就像任何时候都有不同车次的火车到达纽约中央火车站一样。当然我仍然是站长，他可能就是那个车站！我可能被轧死，但他永远不会。老金（他在这里待了些日子了）是那么一种客人，要么就是到火车站去送人，要么就是接人，他稍稍有些干扰正常的时刻表，但也使火车站比较吸引人一点和站长比较容易激动一点。

金岳霖抢过信，在下面告白：

当着站长和面对着站长，以及车站正在打字，那旅客迷惘得说不出任何话，也做不了任何事，只能眼睁睁地看着火车开过。我曾经经过纽约的中央火车站好多次，一次也没看见过站长，但在这里却两个都实际看见了，要不然没准儿还会把站长和车站互相弄混。

梁思成不甘落后，在信末加上这样几句：

现在该车站说话了。由于建筑上的毛病，它的主桁条有相当的缺陷，而由协和医学院设计和安装的难看的钢支架现在已经用了七年，战时繁忙的车流看来已动摇了我的基础。

这些信，写在不同质地、大小长短不一的纸上，信纸上的每一个空间，都密密麻麻写满字，最后一页常常被裁去，做了他用。这个时候，林徽因的日子，已困窘到山穷水尽。友谊却是一眼清泉，因为有你在，我再干涸枯竭的灵魂，也会迸出一抹新绿来。

一九四三年，费正清来到李庄，探望林徽因。他的到来，洞开了笼在林徽因头上阴霾天空的一角，注进了一团温暖的阳光。梁家的困窘，让费正清瞠目，他立即着手向美国政府提出援助中国学者的三年计划。这之后，他还帮助梁思成，完成了对中国建筑史绘图微缩胶片的制作，这对思成和徽因是莫大的安慰。

春末初夏的李庄，天气开始闷热起来，雨有时接连不断地下。每逢这时，林徽因都会整日整日地咳嗽，她很是厌恶这样的日子。可一九四五年的这个春末夏初，对林徽因来说，却有簇簇鲜花在开。她并不知抗战就要胜利了，她将重见天日，她欢喜的是，亲爱的慰梅要来了。她把费慰梅发来的电报，翻来覆去地看，看得每一个字母，都在心中烙下深刻的印记。

梁思成在给费慰梅的信中，这样写道：

最亲爱的慰梅，我们刚刚收到一封激动人心的电报，说你已经抵达新德里了！尽管过去十年来我们天天念叨，什么时候慰梅突然降临，但当一切终成现实，还是让人难以置信。孩子们已经长大，所以现在梁家有四名成员以同样的心情在盼望你的到来。

林徽因的信，则几乎是流着泪写下的：

慰梅亲爱的，一年前的这一天是诺曼底登陆日，今年我们获知这一天你将抵达重庆，而这一天——六月十日是我的生日，所有这一切加起来意味着一件事情：我们在欢庆慰梅的到来！

这对亲密的朋友，终于在李庄重逢了。林徽因的病似乎好了大半，她兴高采烈地乘着轿子，和费慰梅一起进城。外面的一切，对她而言，都如尘世里的初相见。她像稚嫩的孩童，睁着懵懂的大眼，看天、看地、看景、看人，不时发出欢喜的惊叹。

这年十二月，在费慰梅的安排下，她抵达重庆治病。生命的一页，因友谊的驾临和照拂，重又写满阳光。

你和费正清到李庄做客打破了她五年来在一个房间待着的单调生活，在你们走了很久以后她还能保持情绪高涨。而且，要是你们不来，她到重庆去就连想都不要想。心理的好效应是很大的。

梁思成给费慰梅的信中，充满谢意。她的复活，就是他的复活。

时代的手，总是太过强大，任你再努力挣扎，也逃不过它的掌心。

一九四八年，费正清在美国出版了《美国与中国》一书，这本书被称为"最好的单卷本中国史"。书抵达清华园，一度成了梁家茶会的主题。十二月，清华亟待解放，林徽因给费正清和费慰梅写信，从一个艺术家的角度，对费正清的书作了热情洋溢的评价。信的最后，林徽因凭着她特有的敏感，不无伤感地写道：

> 我冥冥中感觉，或许和美国间只有一到两个月的自由通信时间了。我觉得空气令人窒息，眼下只是希望这封信能在圣诞之前抵达。

她的预想成真。从此，关山路远，风沙漠漠，她与他们，天各一方，音讯隔绝。曾经的友谊，被尘封在她送给他们的那只红木箱子里。

三十多年后，费慰梅夫妇来到北京，在林徽因和梁思成曾经住过的房子里，举行了五十周年结婚纪念。恍惚就在昨天，丁香花和马缨花噼哩啪啦开了一院子。窗明几净的客厅里，高朋满座，杯子与杯子碰响，欢快的笑声，如大珠小珠落玉盘。可分明物非人非，那张有着深深梨涡的生动活泼的脸，只能在岁月里凭吊。

疼痛在那一刻袭上费慰梅的心头。此后的数个日日夜夜，她都沉浸在对林徽因的追忆中，终在八十岁那年，提笔写下了《梁思成与林徽因：一对探索中国建筑史的伴侣》这本书，作为对她的好友夫妇的祭奠。

二〇〇二年，九十二岁的费慰梅安详地告别人世。在她的追思礼程序单内页上，印着她年轻时的一张照片，伴着照片的，是林徽因所作的一首小诗。她把与她的友谊，谱成一曲天籁。

红颜，蓝颜

世上有这样一种男女关系，他们不是爱人，不是情人，不是亲人，他们是在精神世界里存活的那一个，彼此欣赏，体贴懂得，心灵契合，惺惺相惜。在距离外，他们一个如鱼，在水里自由游弋；一个似鸟，在天空自在翱翔。两不相干，却又关系紧密，他们谈山论水，赏花观月，少有烟火气。

她是他的红颜，他是她的蓝颜。

且让时光逆转，再回到那个花开繁茂的人间四月天。年轻的梁太太林徽因，衣食无忧在她的雕花窗下，谈笑有鸿儒，往来无白丁。因受徐志摩的影响，这期间，她的志趣，更多倾向于文学，除了自己写，她还大量阅读，关注时下的创作。

沈从文的《边城》，就是在这样的阅读中，撞进她的眼里的。她对这篇小说欣赏不已，认为其构思奇妙，纯美凄清，娓娓道来。这样的好感，一直到她故去，都未曾改变。她晚年躺在病榻上，跟人聊起文学，还说《边城》是最好的小说。

之前，她与沈从文算是故交。徐志摩在世时，他们是一个"圈子"里的人，梁家的下午茶，他也是座上客。彼时，仅比她大两岁的沈从文，已有大量作品问世，名气很响。且和杨振声合编了《大公报·文艺副刊》，把这份副刊办得有声有色。

林徽因极看重沈从文的作品，自然推及到写这些作品的人，尤其是看了《边城》之后，他们的关系，变得亲厚。

几年后，林徽因在流亡途中，经过沈从文的老家，一家人特地作了逗留，想看看沈从文笔下的湘西。她给当时在武昌的沈从文写信：

> 今天中午到了沅陵。昨晚里住在官庄的。沿途景物又秀丽又雄壮时，就使我们想到你二哥对这些苍翠的天，排布的深浅山头，碧绿的水和其间稍稍带点天真的人为的点缀如何的亲切爱好，感到一种愉快。天气是好到不能更好，我说如果不是在这战期中，时时心里负着一种悲伤哀愁的话，这旅行真是不知几世修来。

他们一家受到沈从文大哥的热情接待，这给林徽因苦寒孤寂的流亡生涯，增添了一丝温暖。她充满欢喜地写道：

> 今天来到沅陵，风景愈来愈妙，有时颇疑心有翠翠这种人物在！沅陵城也极好玩，我爱极了。你老兄的房子在小山上，非常别致有雅趣，原来你一家子都是敏感的有精致爱好的。我同思成带了两个孩子来找他，意外还见到你的三弟，新从前线回来，他伤已愈可以拐杖走路，他们待我们太好（个个性情都有点像你）。我们真欢喜极了，都又感到太打扰他们有点不过意。虽然，只有半天工夫在那楼上廊子上坐着谈天，可是我真感到无比亲切。沅陵的风景，沅陵的城市，同沅陵的人物，在我们心里是一片很完整的记忆。我愿意再回到沅陵一次，无论什么时候，最好当然是打完仗！

信的最后，她特别强调：

　　无限亲切的感觉，因为我们在你的家乡。

　　这种亲切，与其说是沈从文给予的，莫如说是他笔下的文字唤起的。那些纯真凄美的文字，已然生根在她的心里。当它们与真实的画面劈面相遇，便像失散多年的亲人，一头扎进对方的怀里。

　　他称她：一个绝顶聪明的小姐。

　　像多数仰慕她的人一样，在"太太的客厅"里，他也是微笑地望向她的那一个。她的话总是讲得又快又兴奋，他除了点头赞赏，还是点头赞赏。

　　他羡慕她的活泼，他是个多么内向甚至带点怯弱的人。

　　或许正是他这样的天真和怯弱，让她有保护的冲动。她是个性子要强的人，服软不服硬，与她那个同样性子刚强的娘，常常好似钢碰上钢，火花四溅。然遇到他的温软，她也立即变得温软。

　　他依赖她，像孩子依赖母亲。一遇麻烦就找她商量，请她拿主意。在情感上，他亦是天真的，常常像肆意的藤蔓，要把枝枝丫丫伸展到别处去，这给他带来麻烦和苦痛。费慰梅就曾亲眼目睹过，一天早晨，沈从文差不多是哭着赶到梁家来，寻求林徽因的安慰。原来，他年轻的爱妻张兆和回了南方的娘家，他每天都给她写信，把他的感觉、情绪和想法告诉她，连同他给一位北京的年轻女作家写了封长信，表达爱慕和关心之情的事，也坦诚地告诉了她。这引起妻子的嫉恨，妻子回信就不那么客气了，让他痛苦不已，不得其解。他在林徽因跟前辩护，当我爱慕和关心某个人时，我就是这么做了，我怎么可能不写信告诉她呢？我可以爱这么多的人和事，我就是那样的嘛。

林徽因简直被他逗乐了：

> ……那个沉默寡言的、善解人意的、又有感情又有生气的人，他本身是个小说家，是这方面的天才！他陷入这个困境，就跟任何一个年轻和无经验的小孩子遇到这种事时的感受一样。他身上的诗人气质背叛了他，并且在生活及其冲突面前感到如此困惑和不知所措，使我想起了雪莱并回忆起志摩如何同世俗的悲伤奋斗。我不由得感到天真的欢乐。他那天早晨是何等的迷人和讨人欢喜……

她坐在那儿，听他诉说，跟他谈话，像个小母亲似的斥责他、劝说他，同他讨论生活及其不平、人的天性及其魅力、理想和现实等等，突然觉得自己的苍老和疲乏。心底里，她是多么羡慕他的勇气和一往无前的天真啊。

在给他的另一封信里，她表露出她的这种羡慕：

二哥：

> 世间事有你想不到的那么古怪，你的信来的时候正遇到我双手托着头在自恨自伤的一片苦楚的情绪中熬着。在廿四个钟头中，我前前后后，理智的，客观的，把许多纠纷痛苦和挣扎或希望或颓废的细目通通看过好几遍，一方面展开事实观察，一方面分析自己的性格情绪历史，别人的性格情绪历史，两人或两人以上互相的生活、情绪和历史，我只感到一种悲哀、失望……
>
> 在这样的消极悲伤的情景下，接到你的信，理智上，我虽然同情你所告诉我的你的苦痛（情绪的紧张），在情

感上我却很羡慕你那么积极那么热烈、那么丰富的情绪，

至少此刻同我的比，我的显然萧条颓废消极无用。你的是

在情感的尖锐上奔进！

在她，也有倾诉的意思了。像小母亲偶尔对孩子抱怨过日子的劳累，自然而然。

情感的纠结只是一段小插曲，他们聊得最多的是文学。当时，能跟她的文学鉴赏旗鼓相当的，也唯有他了。徐志摩留下的空白，在很大程度上，被他填上。这或许是她把他当成蓝颜的缘由之一。

这段时期，也是她文学创作的鼎盛期。她的诗才喷涌而出，在他主编的《大公报·文艺副刊》上，接二连三地发表作品。如烟花，陡地炸开一团一团的绚烂，让人目不暇接经久难忘。她诗人和文学家的地位，是在这个时候确立的。

一九三五年，徐志摩的学生、一个才华横溢年仅二十七岁的诗人方玮德得肺病去世，林徽因极度悲痛，她爱惜他的才华，哀叹他的年轻，她想起志摩来，天堂里，他们会相会吗？她含泪写下了《吊玮德》，在诗末，她写道：

> 玮德是不是那样
>
> 你觉得乏了，人间的怅惘
>
> 你不管；莲叶上笑着展开
>
> 浮烟似的诗人的脚步
>
> 你只相信天外那一条路？

她是在悼玮德，也是在悼她的灵魂的知音徐志摩。她的悲她的

痛，都落在沈从文眼里，他懂。他能做的，是陪伴。此后不久，方
玮德的恋人黎宪初小姐，把她和方玮德过去往来的情书，全部交给
了沈从文保管整理。林徽因成了第一读者，怀念逝者的心，减缓了
疼痛。

一九三五年十一月，《大公报》被日本人下令无限期停刊，组
建出一份《联合亚洲先驱报》来代替它。林徽因接到了这样的改头
换面的报纸，并被约请给该报的文艺副刊写稿，她生气地发现在该
报工作的大约有五十位中国人。难道他们不知道他们在做些什么？
林徽因说。她扔掉报纸，还是气愤难平。最后，梁思成把报纸扔进
了火炉。

她给沈从文写信，探寻这事：

二哥：

怎么了？《大公报》到底被收拾，真叫人生气！有办
法否？

昨晚我们这里忽收到两份怪报，名叫《亚洲民报》，
篇幅大极，似乎内中还有文艺副刊，是大规模的组织，且
有计划的，看情形似乎要《大公报》永远关门。气糊涂了
我！我只希望是神经过敏。社论看了叫人毛发能倒竖。

这日子如何"打发"？我们这国民连骨头都腐了！有
消息请告一二。

她与他，休戚与共，息息相关。

九年流亡，她尝遍人间疾苦。与他，却未曾断过音讯。他们几
度离散，几度相聚，其中悲喜交集，不一而足。

好的情绪坏的情绪，她都愿拿出来与他分享，就像他把他的与她分享一样。初到昆明，她在情绪里浮沉，她给沈从文写信，一方面是为了对朋友们的牵挂一个交代，一方面也是为了倾诉。情绪总要找到一个突破口，还好，她总能找到寄托：

二哥：

事情多得不可开交，情感方面虽然有许多新的积蓄，一时也不能够去清理（这年头也不是清理情感的时候），昆明的到达既在离开长沙三十九天之后，其间的故事也就很有可纪念的。我们的日子至今尚似走马灯地旋转，虽然昆明的白云悠闲疏散在蓝天里。现在生活的压迫似乎比从前更有分量了……

……

到如今我还不大明白我们来到昆明是做生意，是"走江湖"，还是做"社会性骗子"——因为梁家老太爷的名分，人家常抬举这对愚夫妇，所以我们是常常有些阔绰的应酬需要我们笑脸的应付——这样说来，好像是牢骚，其实不尽然，事实上就是情感良心均不得均衡！前昨同航空毕业班的几个学生谈，我几乎要哭起来，这些青年叫我一百分的感激同情……天天那些热血的人在我们上空练习速度、驱逐和格斗，底下芸芸众生吃喝得仍然有些讲究，思成不能酒，我不能牌，两人都不能烟，在做人方面已经是十分惭愧！现在昆明人才济济，哪一方面人都有，云南的权贵，香港的服装，南京的风度，大中华民国的洋钱，把生活描画得十三分对不起那些在天上冒险的青年，其他更不用说了……

陇海全线的激战使我十分兴奋，那一带地方我比较熟悉，整个心都像在那上面滚，有许多人似乎看那些新闻印象里只有一堆内地县名根本不发生感应，我就奇怪！我真想在山西随军，做什么自己可不大知道！

铁骨铮铮，一个弱女子的怜悯和热血，让沈从文在原先的仰慕里，又添一份敬重。

北平解放后，饱受战争摧残的知识分子们，有的被新时代接纳，并受到尊重，戴上了耀眼的光环。有的却被打入"冷宫"，跌入深渊。林徽因和沈从文这对知己，命运也走上了截然不同的路。新社会给予林徽因一个前所未有的、新的、崇高的社会地位，沈从文却受到左翼文化界的猛烈批判。他先是被北京大学解聘，接着被称之为"反动作家"，全国第一次"文代会"把他拒之门外。就在那次文代会上，郭沫若斥责他为"地主大资产阶级的帮凶和帮闲"。一九五一年的"镇反运动"中，他行伍出身的胞弟沈荃，同许多起义投诚人员遭到错误对待，被判处死刑。这些接二连三的突变和打击，让他夜不能寐，眼前出现幻象，耳朵出现重听。在极度痛苦中，他曾割腕自杀，幸被抢救过来。

沈从文病倒了，由身到心。

林徽因和梁思成商量，把沈从文接来清华园。林徽因觉得，身体上的疾患可治，心病却难医。沈从文要的，是在愉悦的环境中，慢慢疗伤，而清华园的氛围，幽静安宁，非常适合他来养病。

结果也真是这样，沈从文来了没几天，受他们快乐情绪的影响，又得她亲自照拂，饮食起居，无微不至，他的情绪平稳很多，夜里也能睡个囫囵觉了。

当一切安排妥当，心细如麻的林徽因，又忙着和梁思成一起给沈从文的妻子张兆和回信，事无巨细地向她做了汇报，以使那个远在家乡的人儿安心：

三小姐：

收到你的信，并且得知我们这次请二哥出来的确也是你所赞同的，甚为欣慰。这里的气氛与城里完全两样，生活极为安定愉快。一群老朋友仍然照样地打发日子，老邓、应诠等就天天看字画，而且人人都是乐观地，怀着希望地照样工作。二哥到此，至少可以减少大部分精神上的压迫。

他住在老金家里。早起八时半就同老金一起过我家吃早饭；饭后聊天半小时他们又回去；老金仍照常伏案。

中午又来，饭后照例又聊半小时，各自去睡午觉。下午四时则到熟朋友家闲坐；吃吃茶或（乃至）有点点心。六时又到我家，饭后聊到九时左右才散。这是我们这里三年来的时程，二哥来此加入，极为顺利。晚上我们为他预备了安眠药，由老金临睡时发给一粒。此外在睡前还强迫吃一杯牛奶，所以二哥的睡眠也渐渐地上了轨道了。

信写至此，她因事搁下。等再拿起时，她觉得之前说得过于潦草，怕张兆和因此担忧，所以接下来又补充了一番话：

徽因续写：

二哥第一天来时精神的确紧张，不晚显然疲倦但心绪却愈来愈开朗。第二天人更显愉快但据说仍睡得不多，所以我又换了一种安眠药交老金三粒（每晚代发一粒给二哥）且主张临睡喝热牛奶一杯。昨晚大家散得特别早。今早他来时精神极好。据说昨晚早睡，半夜"只醒一会儿"，说是昨夜的药比前夜的好，大约他是说实话不是哄我。看三天来的进步，请你放心他的一切。今晚或不再给药了。我们熟友中的谈话都是可以解除他那些幻想的过虑的，尤以熙公的为最有力，所以在这方面他也同初来时不同了。近来因为我病，老金又老在我们这边吃饭，所以我这里没有什么客人，他那边更少人去，清净之极。今午二哥大约到念生家午饭。噜噜嗦嗦写了这大篇无非是要把确实情形告诉你放心，"语无伦次"一点，别笑话。

这里这几天天晴日美，郊外适于郊游闲走，我们还要设法让二哥走路——那是最可使他休息脑子，而晚上容易睡着的办法，只不知他肯不肯，即问。

你自己可也要多多休息才好，如果家中能托人一家都来这边，就把老金家给你们住，老金住我们书房也极方便。

思成、徽因同上

这世上，多的是落井下石之人。纵使不落井下石，也会渐渐疏离，以保存自己。林徽因却反其道而行之，朋友越是在难处，她越是挺身而出。何况，她也是病人一个，肺病已到晚期，整夜咳嗽，却全然忘却自己，不顾"身份"的悬殊，不畏人言，去悉心照顾被打入另册的沈从文。她只遵从内心善良的呼唤，她做人的真，把"情""义"二字，书写成隽永。

沈从文后来致力于文物研究，特别是对古代服饰的研究，出版了《中国古代服饰研究》等专著，成为有名的历史学家和考古学家。而这，恰恰是林徽因曾经所热衷的。或许，他是用这种方式，在报答她的知遇之恩。斯人已去，她人性的光芒，却如一轮太阳，照亮这个世界的卑微和黯淡。

一树花开四月天

他比她年长九岁，是叔叔辈的人了。

本是两条平行线，他研究他的逻辑学和哲学，戴呢帽，穿烟草黄的麂皮夹克，或是长缎子袍子，围一条很长的驼色羊绒围巾，和美国女友同居。她浅笑出她的梨涡，钻研她的建筑、文学和艺术，恋爱、结婚、生子，过她的人间四月天。

然命运，偏偏让他们在万千人中相遇了，演绎了一场旷世奇恋。

他其实，早就听说过她的名字。

那年，他在美国获得了哥伦比亚大学政治学博士学位后，转道求学英国，在伦敦大学经济学院听课。与同在英国的徐志摩相识，两人志同道合，遂成好友。

徐志摩为她神魂颠倒时，他是有所耳闻的。后来徐志摩发展到抛妻别子，离婚的现场，他也在，做了见证人。那个时候，他是埋怨徐志摩的，虽然他很欣赏他，但徐志摩任由情感漫溢，是他的逻辑不认可的。

他对她，就有了几分好奇。暗地里猜测，到底是何方神圣，惹得徐志摩如此离经叛道？

她在他的想象里，也不过是万花丛中的一朵。

他们的正式见面，是在"太太的客厅"开张之后。

林徽因夫妇与金岳霖、费慰梅等

那是一九三一年。林徽因因肺病复发，从东北回到北平养病，一家人在北总布胡同安下家。家里常常宾客盈门，往来的都是北平知识界的精英。徐志摩是这里面跑得最勤快的一位，一天，他把他的好友、当时执教于清华的金岳霖给带来了。

彼时，她二十七岁，他三十六岁。各自握着一把繁茂葱郁的年纪，曾经沧海，千帆已过。

心底里还是泛起波澜。在林徽因，当是兴奋的，又结识一位新朋友，且这个人研究着别人不懂的哲学和逻辑。在金岳霖，当是惊艳，他也算是个走南闯北的人了，东西方的美人见过无数，但能像林徽因这样，把美和气质和才华，融合成一体，光芒灼灼的，少之又少。

他成了林徽因最忠实的追随者，是"太太的客厅"里不可或缺的人。他很快和美国女友分了手，把家搬到梁家的隔壁住，从此，傍林而居，坚如磐石，无有改变。

在梁家见过他好几次的梁家亲戚，多年后，是这么描述他的：

> 他的出现是戏剧性的。他穿着一身缎子的长袍，脖子上又围着一条英国制的精细的马海毛围巾。真是奇怪的组合！所有的眼睛都看着他。他的外表多少有些女性化却富有刺激性。他的出现使全体都充满活力。徽因是活泼愉快的，而思成总是那么热情好客。

他这种充满活力的单纯，缩短了他的年龄，让林徽因打心眼里欢喜。从见他的最初，林徽因就没拿他当长辈，而是做兄长看待，亲切地称他"老金"。

徐志摩的出事，或许是一个楔子。让她与他，迅速靠近。

对徐志摩，林徽因的悲痛里，自责有，内疚有，爱恋有，怜惜有，是下了一场六月雪，说不清的突兀、难过和茫然。

这个时候，她需要的不是安慰不是同情，而是靠近。她需要一个宁静的港湾，让她在里面暂歇，什么也不要去做，什么也不要去想。

照理说，梁思成是她最坚实的后盾。然夫妻头几年，磨合多于融洽，她和梁思成也逃不脱俗世夫妻的模式。加上生儿育女的繁重，梁家亲朋一堆，要迎来送往，她一下子跌进家事的琐碎中。这种极大的生命浪费，她是痛惜且抱怨的。

梁思成自然是欣赏她的。他说过，文章是老婆的好，老婆是自己的好。但这种欣赏，多是内敛的，需要日久渗透，才能让对方感知。在婚姻的最初，女人要的是不断表白，是说在嘴上听在耳里的，纵使才女亦不例外。

金岳霖却不同，他对林徽因的欣赏与赞美，简直要从每一个毛孔里渗透出来，让林徽因作为女人的虚荣，得到了极大的满足。如果说徐志摩是火热的，梁思成是稳重的，那么金岳霖就是既有天真的单纯，又有理智的稳重。他做事严谨，为人笃定，总能让林徽因的坏情绪渐渐平稳，把乱如麻的一团事情，帮她一一厘清。他每日必到梁家，给林徽因读读书，说些有趣的话。他也能说一口流利的英语，因为曾留洋英美，生活相当西化。这种西化的生活方式，对林徽因本是一个情结，林徽因对他，又多了几分亲近。

他对她人品及才华的赞美，也绝不像别的人，只是一味地仰慕，或是浮光掠影。前后院子住着，他关注着她的每一点每一滴，她的激情、她的诗意、她无限的创造力、她敏锐的感受力和鉴赏力，无一遗漏，他都抱以最诚挚的赞叹。

更多的时候，他像兄长呵护着一个淘气的小妹妹，纵容着她，溺爱着她。

五十多年后，老了的他，身体已极度羸弱，记忆力衰退，记不住眼前事了。然一提到林徽因，却像谁给他打了兴奋剂，他立即昂扬起来：

> 林徽因啊，这个人很特别，我常常不知道她在想什么。好多次她在急，好像作诗她没作出来。有句诗叫什么，哦，好像叫"黄水塘的白鸭"……

他这么回忆道，带着亲昵与亲切。她轻轻吟哦的一句，他记了这么多年。纵使忘掉所有，悲欢辛苦都不提了，可是，我还记得你的一颦一笑，记得曾经的碧海蓝天。此情可待，天涯芳径。

朝夕与共，他们在彼此的眼里，读出了另外的东西。那种东西，滚热的，烫得心儿绵软，如初恋。

他终于忍不住对她表白。她一下子乱了方寸。

当梁思成从宝坻考察归来，林徽因不像往日那样雀跃着去迎，而是苦着一张脸，对梁思成说，她同时爱上了两个人，不知如何是好。她那副模样，完全像极迷了路的小姑娘，茫然失措得让人心疼。梁思成如挨一记闷棍，他痛苦思索了一夜，比较了金岳霖和他各自的优点，虽然他在文学艺术各方面有一定的修养，但他缺少金岳霖那哲学家的头脑，他认为自己不如金岳霖，他决定放手，成全他们。他流着泪对林徽因说：你是自由的，如果你选择了老金，我祝愿你们永远幸福。

林徽因哭了。她把梁思成的话告诉了金岳霖，金岳霖沉吟半晌，坦诚地说：看来思成是真正爱你的，我不能伤害一个真正爱你的人，我应该退出。

他用他的逻辑，为这段情画了一个句号。爱你，并不一定要占有你，只要你幸福，那便是我的幸福。

从此之后，他一如既往地关注她、追随她，却不再涉及"情"字。君子坦荡，如海洋，如旷野，他获得了她和梁思成的尊重。他们仍然毗邻而居，关系却更为亲密。缘浅爱深，他选择做他们的亲人。他几乎成了梁家的一员，饭常在梁家吃。梁家的下午茶，也常移到他家去喝。他有专门做点心的西式厨师，会做好吃的甜点，那是梁思成最爱吃的。梁思成在工作上遇到难题，会去请教他。小夫妻闹别扭了，也多半找他做"仲裁"。他总能把事情迅速厘清，让他们夫妻和好如初。

爱原是一个人的事。霜天峥嵘，山峰退隐江上，疼痛埋于江底，他呈现给她的，永远是蓬蓬青绿的欢喜。

烽烟突起，他们被迫踏上了流亡路。途中，金岳霖与林徽因一家分离。

对金岳霖而言，随时砸下的炮弹并不可怕，可怕的是，他离开林徽因他们。他给美国的费慰清夫妇写信吐露心声：我离开梁家就跟丢了魂似的。

这个丢了魂的男人，几个月后，绕道香港、海防，从河内乘火车终于抵达昆明，与在那里的徽因一家团聚了。让他颇得安慰的是，林徽因仍然是那么迷人、活泼、富于表情和光彩照人。他在给费正清的信中，忍不住如此赞叹道：我简直想不出更多的话来形容她。

她是他的白月光。即便硝烟弥漫、荒草萋萋，她的光芒，也丝毫无损。

不久，林徽因和梁思成带着一家老小，到了昆明乡下，并在那里亲手盖了几间房住。他跟着跑去，掏出身上所有积蓄，在旁边加盖了一间"耳房"，北京总布胡同的模式仿佛重又回来，他们还是亲亲热热的一家子。每当在城里上完课，他总是迫不及待回到乡下的这个"家"，给徽因读读书，陪着徽因的两个孩子玩，写他的"玄学著作"。

人世间，有一种爱，不求地久天长，只愿日日能见着。安好着，便是最大的福分。

他喜养鸡。曾有个笑话，说他日日喂母鸡鱼肝油，导致母鸡营养过剩，蛋太大了，生了三天也生不出来，最后只好请人手术取出。又有一笑话，说他养公鸡，他吃饭时，鸡也伸头到桌上啄食，他安之若素。

他涉千山渡万水，跑到四川偏僻的乡下李庄去养鸡，却只为了给她补身子。那个时候，她被搁浅在李庄，日子艰难，病魔缠身，几乎一步跨入衰老的行列——苍白、消瘦、枯萎。他的出现，是浓雾里出太阳，在她周边洒下温暖的光。

看过林徽因写给他的一封信，信中无非一些家常话，但信末的署名却极特别，写的是：徽寄爱。在林徽因所有的通信中，不管是对胡适、对徐志摩、对梁思成、对沈从文、对费慰梅等人，她都称"徽因"，独独对他，她称"徽"。

她曾说过一句话，是评价他的：他真是能了解同时又极客观极同情极懂得人性。

她给他的，只能这么多。他索要的，也只有这么多。

他曾随口吟出"梁上君子，林下美人"之句，来赞美梁思成和她。

她不喜。说，什么美人不美人的，好像女人没有什么事可做似的，我还有好多事要做呢。

他击掌赞叹。她牢牢吸引他的，外貌早就剔除在外，而是她浑身迸发的活力。工作着的女人是美丽着的，即便她瘦弱得连她自己都认为，都老得不像样子了，他依然当她是光彩照人饱满葱茏的那一个。

战争终于结束了，他们回到北平。旧时光仿佛重又回转了来，他还是傍她而居。每日里必跑来她家吃午饭和晚饭，饭后聊一会儿天。他还爱养鸡，养大公鸡，一人，一鸡，好度时光。鸡常跑到林徽因的前院来，林徽因总是戏说：呀，我们的雄鸡先生来了。一九四八年二月十八日，她写下她今生创作的最后一首诗《我们的雄鸡》：

> 我们的雄鸡从没有以为
>
> 自己是孔雀
>
> 自信他们鸡冠已够他
>
> 仰着头漫步——
>
> 一个院子他绕上了一遍
>
> 仪表风姿
>
> 都在群雌面前！
>
> 我们的雄鸡从没有以为
>
> 自己是首领
>
> 晓色里他只扬起他的呼声

　　这呼声叫醒了别人

　　他经济地保留这种叫喊

　　（保留那规则）

　　于是便象征了时间！

　　他对她，是一日三餐的妥帖，是体己的家常衣的温暖，是亲切到灵魂里的。他们之间没有百转千回，有的，是细水长流的一段。两岸野花野草遍地，散淡的气息，把人生的爱与情，一一消融其中。落在心尖上的，不是浪漫宛转，而是俗世里小小的幸福。

　　她病入膏肓。

　　北京的春天，才刚刚露出个头。北海边上的柳树，有了鹅黄的芽了吧？街道边的迎春花，绽开了花苞苞吧？古城墙的砖缝里，又该钻出嫩绿的小草了吧？想到古城墙，她的心一阵绞痛，现在，它们和她一样，都无力抗争命运的突袭了。

　　她拒绝吃药。她累了，要放手了。世事浮云，终归入冥冥。

　　一九五五年四月一日清晨六时，她永远闭上了她美丽的大眼睛，沉睡在她的四月天里，年仅五十一岁。

　　一向理智冷静的他，闻之她走的消息，悲伤得无法自已。当办公室只剩下他和他的学生周礼全时，他先是沉默，后来突然说：林徽因走了！边说边号啕大哭。周礼全回忆道：

　　他两只胳臂靠在办公桌上，头埋在胳臂中，他哭得那

　么沉痛，那么悲哀，也那么天真，我静静地站在他身旁，

　不知说什么好。几分钟后，他慢慢地停止哭泣……擦干眼

泪，静静地坐在椅子上，目光呆滞，一言不发。

他和另一个教授给她提写的挽联是：

一身诗意千寻瀑

万古人间四月天

她是他永远的一树繁花四月天。她走，把他的一颗心也带走了，从此，他是活得没有灵魂的躯壳。后来的政治风暴一浪高过一浪，他在其中沉浮，随波逐流，学术停滞，怎么着他都无所谓了。

她的生日，他却牢牢记着，每年都会给她过。有一年，他还特地请了一些好友去北京饭店赴宴，正当大家百思不得其解时，他突然大声宣布：今天是林徽因的生日！听者无不动容。她若地下有知，双眼一定会感动得濡湿了。

他晚年时，有记者上门采访，希望他能写点有关林徽因的文字。隔着近半个世纪的风云，他沉默良久，一字一顿回道：我所有的话，都应该同她自己说，我不能说。停顿了一下，他的面色更是神圣庄重地说：我没有机会同她自己说的话，我不愿说。

此情依依，天上人间。

他在她之后又活了三十四年，仿佛只为维护她。他说：林徽因这个人了不起啊……她的感觉比我们快多了。她有多方面的才能，在建筑设计上也很有才干，参加过国徽和人民英雄纪念碑的设计，不要抹杀了她其他方面的创作啊……

君应有语，渺万里层云，千山暮雪，只影向谁去？长烟一空，皓月千里。